气候智慧型农业系列丛书

U0612635

气候智慧型农业的
理论与模式

QIHOU ZHIHUIXING NONGYE DE
LILUN YU MOSHI

陈 阜 吴晓春 王全辉 张卫建 尹小刚 编著

中国农业出版社

北 京

图书在版编目（CIP）数据

气候智慧型农业的理论与模式/陈阜等编著．—北京：中国农业出版社，2020.12
（气候智慧型农业系列丛书）
ISBN 978-7-109-27592-8

Ⅰ.①气…　Ⅱ.①陈…　Ⅲ.①气候变化—影响—农业经济发展—研究报告—中国　Ⅳ.①F323

中国版本图书馆 CIP 数据核字（2020）第 236053 号

中国农业出版社出版
地址：北京市朝阳区麦子店街 18 号楼
邮编：100125
丛书策划：王庆宁
责任编辑：李　梅　　文字编辑：张田萌
版式设计：王　晨　　责任校对：沙凯霖
印刷：中农印务有限公司
版次：2020 年 12 月第 1 版
印次：2020 年 12 月北京第 1 次印刷
发行：新华书店北京发行所
开本：787mm×1092mm　1/16
印张：13.25
字数：330 千字
定价：58.00 元

本书编写委员会

主　　编：陈　阜　吴晓春　王全辉　张卫建　尹小刚

副 主 编：赵　鑫　邢可霞　黄　波

编写人员（按姓氏笔画排序）：

万　馨　王全辉　尹小刚　邢可霞　刘　灏

严炤璇　李文杰　杨雨豪　吴晓春　邹　军

张卫建　陈　阜　郑浩宇　赵　欣　赵　鑫

胡素雅　贺　聪　黄　波

序 | PREFACE

每一种农业发展方式均有其特定的时代意义，不同的发展方式诠释了其所处农业发展阶段面临的主要挑战与机遇。在气候变化的大背景下，如何协调减少温室气体排放和保障粮食安全之间的关系，以实现减缓气候变化、提升农业生产力、提高农民收入三大目标，达到"三赢"，是21世纪全世界共同面临的重大理论与技术难题。在联合国粮食及农业组织的积极倡导下，气候智慧型农业正成为全球应对气候变化的农业发展新模式。

为保障国家粮食安全，积极应对气候变化，推动农业绿色低碳发展，在全球环境基金（GEF）支持下，农业农村部（原农业部，2018年4月3日挂牌为农业农村部）与世界银行于2014—2020年共同实施了中国第一个气候智慧型农业项目——气候智慧型主要粮食作物生产项目。

项目实施5年来，成功地将国际先进的气候智慧农业理念转化为中国农业应对气候变化的成功实践，探索建立了多种资源高效、经济合理、固碳减排的粮食生产技术模式，实现了粮食增产、农民增收和有效应对气候变化的"三赢"，蹚出了一条中国农业绿色发展的新路子，为全球农业可持续发展贡献了中国经验和智慧。

"气候智慧型主要粮食作物生产项目"通过邀请国际知名专家参与设计、研讨交流、现场指导以及组织国外现场考察交流等多种方式，完善项目设计，很好地体现了"全球视野"和"中国国情"相结合的项目设计理念；通过管理人员、专家团队、企业家和农户的共同参与，使项目实现了"农民和妇女参与式"的良好环境评价和社会评估效果。基于项目实施的成功实践和取得的宝贵经验，我们编写了"气候智慧型农业系列丛书"（共12册），以期进一步总结和完善气候智慧型农业的理论体系、计量方法、技术模式及发展战略，讲好气候智慧型农业的中国故事，推动气候智慧型农业理念及良好实践在中国乃至世界得到更广泛的传播和应用。

　　作为中国气候智慧型农业实践的缩影，"气候智慧型农业系列丛书"有较强的理论性、实践性和战略性，包括理论研究、战略建议、方法指南、案例分析、技术手册、宣传画册等多种灵活的表现形式，读者群体较为广泛，既可以作为农业农村部门管理人员的决策参考，又可以用于农技推广人员指导广大农民开展一线实践，还可以作为农业高等院校的教学参考用书。

　　气候智慧型农业在中国刚刚起步，相关理论和技术模式有待进一步体系化、系统化，相关研究领域有待进一步拓展，尤其是气候智慧型农业的综合管理技术、基于生态景观的区域管理模式还有待于进一步探索。受编者时间、精力和研究水平所限，书中仍存在许多不足之处。我们希望以本系列丛书抛砖引玉，期待更多的批评和建议，共同推动中国气候智慧型农业发展，为保障中国粮食安全，实现中国 2060 年碳中和气候行动目标，为农业生产方式的战略转型做出更大贡献。

编者

2020 年 9 月

目　录 CONTENTS

第一章

绪 论

提 要

　　绪论综述了全球气候变化与农业生产的关系，明确了气候智慧型农业提出的背景，概述了气候智慧型农业的理论框架，阐明了气候智慧型农业的目标与含义，总结了中国气候智慧型农业的初步实践效果。具体来讲，气候智慧型农业是指导农业生产方式转型的一种新方法，旨在解决粮食安全和气候变化的共同问题。气候智慧型农业包括提升农业生产适应气候变化的能力、尽可能减少或消除农业温室气体排放、持续提高农业生产力和农民收入等3个核心目标，是全球农业生产应对气候变化的主要发展方式。气候智慧型农业与中国农业转型发展目标基本吻合，是推动我国农业绿色可持续发展的重要途径。我国气候智慧型作物生产项目的顺利实施推动了气候智慧型农业的理论发展与实践应用，为我国农业转型提供了科学支撑。

一、气候智慧型农业的提出

　　保障人类粮食安全与减缓气候变化影响是当今全球社会面临的双重挑战。据预测，全球人口在2050年将达到91亿，新增加的人口中将有20亿生活在经济相对落后的发展中国家，全球农业至少需要增加60％的产量才能满足人类的食物需求。因此，保持农业生产能力持续稳定增长是减少贫困人口、保障粮食安全的必然出路。然而，以大气温度升高和极端气候事件频繁发生为主要特征的气候变化已经给全球农业带来了不同程度的影响。相关研究表明，气候变化导致全球玉米和小麦的平均单产分别下降了3.8％和5.5％，如果未来大气温度持续升高，将导致更为严重的作物减产。特别是在低纬度地区，即使小幅的升温（1～2℃）也会显著影响种植业和畜牧业的生产能力，不利于全球粮食安全。由人类干扰而引起的大气中 CH_4、N_2O 和 CO_2 等温室气体浓度不断升高是气候变化的主要驱动因素，而农业生产和与之相关的土地利用变化（主要是森林砍伐）导致了温室气体的大量排放，占人类活动引发的全球温室气体排放总量的 30% 左右，此外畜牧业的温室气体排放占全球人为温室气体排放的 18% 左右。这种以资源大量投入为前提的传统农业发展模式还导致了生物多样性与生态系统服务功能的退化，以及土壤与水体的污染。近几十年来，相关国家和机构出台了一系列应对气候变化、促进农民增产增收和农业可持续发展的相关政策，然而这些政策措施大都关注某一方面的问题，气候变化应对政策对农业生产涵盖很少，可持续性较差。因此，必须采取行之有效的办法来提升农业生产，以实现保障粮食安全和减缓气候变化的任务目标。基于此，联合国粮食及农业组织（Food Agriculture Organization of the United Nations，FAO）于 2010 年在荷兰海牙召开的农业、粮食安全和气候变化会议上率先提出了气候智慧型农业（Climate Smart Agriculture，CSA）理念，强调气候智慧型农业是一项综合政策，可增加农业生产，为消除贫困做出贡献，也可使农业更适应气候变化，减少温室气体排放，提升作物生产系统固碳能力。

2013 年 FAO 首次发布《CLIMATE-SMART AGRICULTURE Sourcebook》一书，从气候智慧型农业起源的背景目标、气候智慧型农业土地管理、气候智慧型农业水资源管理、气候智慧型农业土壤管理、气候智慧型农业合理农业管理、农业与食品遗传资源保护与可持续利用、气候智慧型作物生产系统、气候智慧型畜牧业、气候智慧型森林、气候智慧型渔业、可持续的气候智慧型农业食物链、气候智慧型农业的社区团体、气候智慧型农业在国家政策和项目中的主流化、气候智慧型农业融资、降低灾害风险、气候智慧型农业保险、气候智慧型农业能力建设、评估检测与评价等 18 个方向详细阐述了气候智慧型农业发展理念、研究方法和相关案例，为全球气候智慧型农业发展应用奠定了理论基础。

二、气候智慧型农业的目标与含义

（一）气候智慧型农业的目标

气候智慧型农业是一种发展技术、政策和投资的综合体系，以实现气候变化下农业可持续发展和保障粮食安全的目标。气候智慧型农业旨在通过整合经济、社会和环境等三个可持续发展的重要方面来更好地应对粮食安全和气候变化的挑战。气候智慧型农业包括提升农业生产适应气候变化的能力、尽可能减少或消除农业温室气体排放、持续提高农业生产力和农民收入等 3 个核心目标，是全球农业生产应对气候变化的主要发展方式。

提升农业生产适应气候变化的能力是气候智慧型农业三大目标之一。核心是建立粮食生产系统和粮食生产者对气候变化影响的恢复能力，并使其能够适应长期的气候变化。目前，气候变化对农业生产的影响越来越大，严重影响到粮食的可获得性，粮食供应短缺将导致价格飙升。因此，建立农业系统的气候变化恢复力对于保障粮食安全至关重要，有助于确保粮食供应，以及获得周年内和年际生产的稳定。实现"提升农业生产适应气候变化的能力"目标的主要策略包括：生产体系多样化，计划生产活动，以减少风险、降低敏感性，并适应不断变化的条件，管理农业生态系统、生态系统服务和生物多样性。

尽可能减少或消除温室气体排放是气候智慧型农业的重要目标。气候智慧型农业强调从绝对排放量和排放强度两方面减少粮食生产的温室气体排放。政府间气候变化专门委员会（Intergovemmental Panel on Climate Change，IPCC）发现，将全球变暖限制在高于工业化前水平 $2.0℃$，将有利于实现可持续发展目标，将减少面临气候风险和易受贫穷影响的人数，将增加消除贫穷和减少不平等现象的机会。农业方面的气候变化缓解措施是应对气候变化行动的重要举措。实现气候智慧型农业"尽可能减少或消除温室气体排放"目标的主要策略包括：提高资源利用效率，增强农业生态系统的固碳能力，用可再生能源取代化石燃料能源。

持续提高农业生产力和农民收入是气候智慧型农业的关键目标。实现粮食生产力和粮食生产者收入的可持续提高是气候智慧型农业关注的核心问题。气候智慧型农业应综合考虑经济、社会和环境三个方面的因素以保障粮食安全。持续提高农业生产力和农民收入主要从两个方面保障粮食安全，一是生产力的提升增加了家庭和地方市场上粮食的供应，二是收入的增加进一步保障了粮食的供应。实现气候智慧型农业"持续提高农业生产力和农民收入"目标的主要策略包括：提高资源利用效率，生产体系多样化，管理农业生态系统、生态系统服务和生物多样性。

（二）气候智慧型农业的含义

气候智慧型农业需要综合考虑当地气候、自然环境、市场需求、经济和文化环境等情况，因此应将气候变化对农业系统影响的直接性、程度和范围等综合纳入气候智慧型农业规划。大量气候智慧型农业项目的实践结果表明，要实现气候智慧型农业的多重目标，需要形成一种针对当地具体条件的综合方法。其中，农业部门与其他部门之间的协同作用，对优化自然资源利用和提升生态系统服务价值至关重要。气候智慧型农业不是可以普遍应用的单一特定农业技术或手段，其需要因地制宜地进行调整，以适应不同发展目标的需要。发展气候智慧型农业的主要内涵包括：①应对粮食安全、社会发展和缓解气候变化等相互关联的挑战，确定可产生多维度协同增效并有效减少整体效益损耗的综合方案；②具体方案应当取决于具体实际情况及相关的社会、经济和环境背景，充分评估部门之间的相互作用及不同利益相关者的需求；③明确气候智慧型农业在农民推广应用中的障碍，提出政策、战略、行动和激励措施方面的解决方案，力求通过政策、金融投资和体制安排来协调并创造有利的推广环境；④努力实现多个目标，明确不同目标的优先序，并就不同的利益和取舍做出集体决定；⑤优先通过改善知识传播途径、资源配置方式、服务方式、金融政策和市场配置方式等来增加农户的收入；⑥增强农业生产抵御气候变化冲击的能力是气候智慧型农业的首要任务，减缓农业生产的温室气体排放是潜在的次级共同利益；⑦寻求与气候有关的资金支持，并将其与传统的农业投资资金配合使用。气候智慧型农业将推广应用、政策制定和服务机构结合在一起，有助于解决农业-粮食系统面临的多重挑战。

气候智慧型农业是指导农业生产方式转型的一种新方法，旨在解决粮食安全和气候变化的共同问题。气候智慧型农业与可持续集约化等概念紧密相连，具有可持续发展和绿色经济的目标与指导原则，旨在为实现粮食安全和保护自然资源做出贡献。气候智慧型农业不是新的农业系统，也不是具体的技术指导。气候智慧型农业整合了可持续发展的三个方面来解决粮食安全和气候变化问题，有助于实现可持续发展的具体目标。气候智慧型农业着眼于当前亟须解决的全球性问题，凸显出可持续发展的切实性与必要性。气候智慧型农业的重点是提高生产能力、提高农民收入和确保稳定性，聚焦在粮食安全、可获得性、稳定性等相关的关键方面。生产方式的多样化是提高效率和系统恢复力的有效方法，也是实现使饮食营养更加均衡的必经之路。气候智慧型农业与作物生产的可持续集约化有着共同的目标和原则，可持续集约化意味着农业生产中应当保护和提高自然资源利用率，与之相比，气候智慧型农业兼顾了前瞻性的维度，更加关注未来的潜在变化，以及为这些变化做好必要的准备。

气候智慧型农业十分关注小农户的生计和粮食安全，强调通过改善对自然资源的管理和利用，采用适当的方法和技术来生产、加工和销售农产品。为了实现利益最大化和损耗最小化，气候智慧型农业不仅考虑了社会、经济和环境背景，还评估了对能源和当地资源的影响。气候智慧型农业的顺利实施要求必要的政策、技术和财务支持，将气候变化考虑到农业发展计划中，以实现农业绿色可持续发展。气候智慧型农业的推广需要适当的机制和体制支持，要确保参与的广泛性和政策的协调性。实践上气候智慧型农业的多重目标不可能一次实现，应当建立一定的评估机制，根据实际情况确定不同目标的优先等级，分阶段重点关注特定目标和评估依据。

三、中国气候智慧型农业实践

气候智慧型农业与中国农业转型发展目标基本吻合。气候智慧型农业强调不能因为应对气候变化影响到粮食安全和农业发展，突出适应与缓解气候变化，实现作物高产、资源高效与固碳减排并重，与我国农业绿色发展目标一致。气候智慧型农业强调政策与制度创新、利益协调和合作共赢，构建部门、行业之间的协调机制和有弹性的管理体系，这正是推进我国农业转型发展的关键支撑。气候智慧型农业强调创新技术研究与推广模式，构建一整套与政策和管理体系相适应的生产模式和综合技术体系，符合我国农业推进制度性技术进步的需求。根据气候智慧型农业发展理念，在全球环境基金（Global Environment Facility，GEF）和世界银行（World Bank，WB）支持下，2015年农业部组织实施了气候智慧型主要粮食作物生产项目，为我国气候智慧型农业发展提供了理论与实践支撑。

气候智慧型主要粮食作物生产项目探索了中国特色的气候智慧型农业发展路径，主要包括技术示范与应用、政策与制度创新、知识管理、监测与评估等四个方面的内容。气候智慧型主要粮食作物生产项目在粮食主产区的安徽省怀远县和河南省叶县各建立了5万亩*示范区，开展小麦-水稻生产系统和小麦-玉米生产系统的气候智慧型生产技术模式试验示范。项目旨在探索主要粮食作物生产系统固碳减排相关政策措施，增强项目受益者环保意识，提升项目区人员素质及其对农业主要投入品使用与管理水平，提高我国水稻、小麦和玉米三大主要粮食作物生产的水肥药等农业投入品的利用效率和农机作业效率，减少作物生产系统温室气体排放，增强农田土壤碳储量，增强作物生产系统应对气候的适应能力，实现农民持续增产增收。2016年，全球环境基金支持的"西北绿洲气候智慧型农业生态高效立体栽培示范项目"也开始实施。

本书在"气候智慧型主要粮食作物生产项目（P144531）"资助下，系统查阅了近10年联合国粮农组织（FAO）、世界银行和国际农业研究磋商组织（CGIAR）等权威机构关于气候智慧型农业的报告，广泛收集了近20年国内外气候变化及其对农业生产影响与适应、农业温室气体减排和保护性农业的相关文献资源，全面深入总结了国际气候智慧型农业发展现状与趋势、气候智慧型农业研究方法与发展战略、气候智慧型农业监测评估与推广、国际气候智慧型农业典型案例、中国气候智慧型农业发现状与趋势等相关内容，详细阐述了国际气候智慧型农业发展现状、趋势及其对我国气候智慧型农业发展的启示，为我国气候智慧型农业发展提供科学支撑。结合"气候智慧型主要粮食作物生产项目"实施情况，从中国气候智慧型麦-稻生产实践与探索、中国气候智慧型麦-玉生产实践与探索等角度，系统梳理了项目实施5年以来取得的相关经验和不足。在此基础上，结合国内气候智慧型农业发展现状、经验和挑战，综合考虑了我国农业绿色可持续发展政策，提出了我国未来气候智慧型农业发展的政策建议和技术体系，以期为实现我国农业绿色可持续发展提供科学支撑。

---

* 亩为非法定计量单位，1亩≈667m²，后同。——编者注

本书共包含九章内容：第一章绪论，第二章国际气候智慧型农业发展现状，第三章国际气候智慧型农业实践途径，第四章气候智慧型农业监测、评估与推广，第五章国际气候智慧型农业案例，第六章中国气候智慧型农业发展背景，第七章中国气候智慧型麦-稻生产实践与探索，第八章中国气候智慧型麦-玉生产实践与探索，第九章中国气候智慧型农业模式经验总结。

参考文献

Battisti D S，Naylor R L，2009. Historical Warnings of Future Food Insecurity with Unprecedented Seasonal Heat [J] . Science，323：240-244.

Celeridad R，2018. Contextual and universal：Scaling context-specific Climate-Smart Agriculture [J/OL]. https：//ccafs. cgiar. org/blog/contextual-and-universal-scaling-context-specific-climate-smart-agriculture♯. XLYjytJKhdi.

FAO，2009. Food and Agriculture Organization of the United Nations. How to feed the world in 2050 [M]. Rome：FAO.

FAO，2011. Save and grow：a policymaker's guide to the sustainable intensification of smallholder crop production [C] . Rome：FAO.

FAO，2013. CLIMATE-SMART AGRICULTURE Sourcebook [M] . Rome：FAO.

FAO，2018. Transforming food and agriculture to achieve SDGs [M] . Rome：FAO.

IPCC，2013. Climate Change 2013：The physical science basis [R] //Stocker T F，Qin D，Plattner G K，et al. Contribution of working group I to the Fifth Assessment Report of the Intergovernmental Panel on Climate Change. Cambridge：Cambridge University Press.

IPCC，2014. Climate Change 2014：impacts，adaptation and vulnerability [R] . Cambridge：Cambridge University Press.

Lipper L，Thornton P，Campbell B M，et al. ，2014. Climate-smart agriculture for food security [J]. Nature Climate Change，4：1068-1072.

Lobell D B，Schlenker W，Costa-Roberts J，2011. Climate Trends and Global Crop Production Since 1980 [J] . Science，333：616-620.

第二章
国际气候智慧型农业发展现状

提　要

近百年来，全球以温度升高和降雨时空分布不均为主的气候变化，导致高温、干旱洪涝等极端气候事件频繁发生，加剧了粮食安全、固碳减排和稳产增收的多重挑战。如何有效应对气候变化带来的挑战依然是社会关注的焦点。气候智慧型农业旨在通过整合经济、社会和环境等三个可持续发展的重要方面来更好地应对粮食安全和气候变化的挑战，是国际农业可持续发展的关键途径，为缓解气候变化和保障粮食安全提供了新思路和新方案。国际气候智慧型农业主要包括构建气候智慧型作物生产系统、制度与政策改进、资金筹措和能力建设等三个方面的内容。全球环境基金、世界银行和联合国粮农组织等国际机构在不同国家和地区牵头执行了一批气候智慧型农业项目，并推动了国际气候智慧型农业联盟的成立，促进了气候智慧型农业理论与实践发展。综合全球各国气候智慧型农业近10年的发展成效，为未来气候智慧型农业发展提供借鉴的经验主要包括以下三个方面：一是制定详细的气候智慧型农业发展目标与实施计划，二是注重新材料、新技术与新方法在气候智慧型农业实践中的整合与应用，三是长期稳定的项目资金投入。发展中国家气候智慧型农业发展面临更加严峻的挑战，更需要有利的国家政策环境、畅通的数据获取与信息传播途径、切实可行的补贴激励机制与保险服务。

一、气候变化加剧了粮食安全、固碳减排和稳产增收的多重挑战

（一）气候变化是影响农业生产的关键因素

气候变化对作物生产的影响是全球普遍关注的一个焦点问题（Lobell et al.，2011；IPCC，2013）。以全球变暖和极端气候事件频繁发生为主要特征的气候变化已成为事实，IPCC第五次评估报告显示，过去百年全球地面温度升高了0.89℃，高温和干旱等农业气象灾害发生频率和强度明显增加；近百年来，全球平均降雨变化不明显，但区域差异显著，极端干旱和洪涝事件频繁发生（IPCC，2013）。全球变暖给农业生产带来了诸多影响（Lobell et al.，2011；Trnka et al.，2014；Ray et al.，2015）。研究表明，日最高温度大于30℃将对玉米生产造成不利影响，温度每升高1℃将导致玉米减产1.7%（Schlenker et al.，2009；Lobell et al.，2011；Lobell et al.，2013）。全球变暖背景下，高温干旱等极端气候事件的频繁发生造成小麦和玉米等作物严重减产，严重威胁着全球粮食安全（Webber et al.，2018；Kahiluoto et al.，2019）。在满足人类生存和发展需求的前提下，IPCC预测在不同排放情景下到2050年全球气温将持续升高（IPCC，2013）。这也将加剧作物生产面临高温和干旱等的风险（Trnka et al.，2014；Deryng et al.，2014），从而导致更为严重的作物减产。

恰当的适应策略是应对气候不利影响的重要解决方案，可以维持农业系统的生产能力，甚至为提升系统可持续能力提供新机遇（Moore et al.，2014；Adenle et al.，2015；Burke et al.，2016）。适应气候变化是指调整自然或人工系统以增强其对预期的气候变化所带来影响的适应能力，包括主动适应和自动适应等（Smit et al.，2006；Olesen et al.，2011）。主动适应是指政府通过调整相关政策，使得气候变化的适应措施能够更好地发挥作用，主要包括加强基础设施建设、加大抗逆育种投入、完善抗灾制度法规、提供灾害风险补助等方式（Howden et al.，2007）。自动适应是指农户为应对气候变化采取技术调整，自动适应的技术主要包括调整作物播期、选择更加适宜的作物品种、改变土壤耕作技术、优化水肥管理和加强植物病虫害防治等（Olesen et al.，2011）。气候变化的实际影响及脆弱性与农户的特征密切相关，这主要是由于农户特征会影响管理措施和适应技术的使用效果。

（二）减缓气候变化是农业可持续发展的重要组成部分

由人类活动而引起的大气中CH_4、N_2O和CO_2等温室气体浓度不断升高是加速气候变化的主要驱动因素，而农业生产和与之相关的土地利用变化，尤其森林砍伐，

是温室气体排放重要来源，占全球温室气体排放总量的30%左右；通过毁林开垦农田造成的温室气体排放，大约占全球总排放量的17%（IPCC，2007；IPCC，2013）。农业生产不仅是CO_2的重要排放来源，也是N_2O和CH_4的重要排放来源，分别占全球N_2O和CH_4排放的60%和61%；N_2O排放主要是由土壤活动和肥料施用造成的，CH_4排放主要是由水稻种植和反刍动物肠道消化造成的（IPCC，2013）。随着农业生产投入的增加，IPCC预计到2030年农业生产造成的N_2O和CH_4的排放量将分别增加35%~60%和60%（IPCC，2007）。农业温室气体排放取决于自然过程和农业生产管理，合理的管理措施能够有效减缓农田温室气体排放。农业生产可以通过两种方式来缓解气候变化，一是降低生产每千克粮食所带来的排放量，二是增强土壤碳汇功能。IPCC估计2030年全球通过农业技术改良可实现每年5 500~6 000t CO_2的减排潜力，约占农业行业排放量的3/4；发展中国家将贡献70%的减排潜力，经合组织国家和经济转型国家分别贡献20%和10%的减排潜力（IPCC，2007）。IPCC估计全球农业减排潜力的9/10来自合理的土壤碳库管理，包括增加土壤碳固存、减少土壤扰动、改善放牧管理、提高土壤有机质和修复退化土地等（IPCC，2007）。

（三）保障粮食安全和农民生计是农业应对气候变化的核心目标

粮食安全是全球社会关注的焦点问题。据FAO估计全球约有8.2亿人口营养不良，全球9.2%的人口面临严峻的粮食危机，需要国际紧急支援（FAO，2019）。60%的营养不良者是粮食生产者，对于贫穷的生产者而言，粮食不仅是基本需求，而且是维持生计的唯一来源。FAO预测全球人口在2050年将达到91亿，其中约有20亿新增人口生活在经济相对落后的发展中国家。同时，随着城市化进程加快，全球将有70%的人口居住在城市中，这也加速了动物产品消费的增长（FAO，2018a）。鉴于此，FAO估计到2050年全球粮食产量必须增加70%才能满足对粮食和饲料的预期需求（FAO，2018b）。此外，近几十年来全球气候持续恶化，显著影响农业生产，加剧了保障全球粮食安全的挑战（IPCC，2014）。因此，未来气候变化背景下，保持农业生产能力持续稳定增长是减少贫困人口、保障粮食安全的必然出路。未来气候智慧型农业发展在提升农业系统应对气候变化的适应力和忍耐力、减少温室气体排放的同时，要更加注重保障粮食安全和增加农民收入，这也是气候智慧型农业发展的关键环节。

二、气候智慧型农业是农业可持续发展的关键途径

全球人口不断增长，粮食安全形势日益严峻，加之全球变暖对农业的影响越来越大，使得气候智慧型农业的应用变得更加紧迫。气候智慧型农业为气候变化下的农业

粮食安全管理提供了全球适用的原则，为联合国粮农组织等多边组织的相关政策建议提供了科学支撑。气候智慧型农业是在针对国际气候政策领域的相关局限，深入理解农业在粮食安全中的重要作用及农业适应气候变化和减缓温室气体排放之间的协同作用潜力的基础上发展起来的。气候智慧型农业致力于实现可持续的提高农业生产力和收入、建立抗灾能力、使农业适应气候变化及减少和消除农业温室气体排放等目标。气候智慧型农业需要考虑其成果总体的可持续性，以便在战胜饥饿和气候变化的斗争中取得真正积极和持久的效果。2015 年，联合国通过了《改变我们的世界——2030年可持续发展议程》（以下简称《2030 年可持续发展议程》），其阐明了 17 个可持续发展目标，全面阐述了可持续发展的内涵。气候智慧型农业为帮助各国实现可持续发展目标及其国家确定的贡献目标提供了可能性。《2030 年可持续发展议程》的实施与气候智慧型农业相结合，为提升气候智慧型农业成果整体的可持续性、促进气候智慧型农业与其他可持续发展策略融合提供了机会。气候智慧型农业的目标与可持续发展目标的相互联系需要得到充分理解，以便更好地实现《2030 年可持续发展议程》包含的可持续发展目标（FAO，2019）。

农业是国家决策和实现可持续发展目标的重要组成部分。农业是社会发展的关键驱动力，特别是在发展中国家，农业部门的产出往往占国内生产总值的 30% 以上（World Bank，2019）。联合国粮农组织指出粮食和农业是《2030 年可持续发展议程》的核心（FAO，2016a）。可持续发展的核心是消除贫穷和饥饿、维持自然资源可持续利用和解决气候变化问题。《2030 年可持续发展议程》侧重于最紧迫的可持续发展优先事项，包括消除贫穷和饥饿、减少不平等、应对气候变化、创造体面工作和经济增长。《巴黎协定》也强调了农业在各国决策贡献中的重要地位。联合国粮农组织对22 个国家数据中心和 140 个国家确定的预期捐款进行分析，结果表明 131 个国家将农业部门的适应和/或缓解气候变化行动列为优先领域，近 95% 的发展中国家提到农业部门的适应问题；农业在多数国家具有很高的优先发展次序，71% 的发展中国家和98% 的发达国家都提到了农业发展（FAO，2016b）。此外，《巴黎协定》强调了气候行动对于实现"保障粮食安全和结束饥饿的基本优先事项"的重要性。

气候智慧型农业是实现可持续发展目标和国家决策贡献的关键。气候变化、农业生产、自然资源、生态系统和粮食安全是可持续发展目标的重要内容，这与气候智慧型农业的目标十分吻合，气候智慧型农业在应对这些挑战方面将发挥重要作用。由于气候智慧型农业的多目标性质，它提供了实现更多可持续发展目标的可能性，而不是以更单一的重点进行农业或气候干预；农业生产适应和缓解气候变化是国家可持续发展的重要组成部分（FAO，2016b）。以温室效应加速带来的海平面上升、洪涝和干旱等极端气候事件频繁发生是未来人类所面临的"新常态"，这对实现可持续发展的若干目标构成了较大的挑战，相关部门和政策制定单位需要全面考虑到气候变化所带来的各种潜在影响。气候智慧型农业为应对未来气候变化影响提供了丰富的机会，特别是气候智慧型农业展现出较大的推进可持续发展目标的潜力。气候智慧型农业强调可持续地提高农业生产力和收入、提升农业应对气候变化的适应能力、在可能的情况下减少和/或消除温室气体排放，为解决日益严峻的粮食安全挑战和其他可持续发展挑战提供了重大机会。因此，气候智慧型农业的发展应是各国实现可持续发展的优先事项。各国需要对气候智慧型农业进行战略规划，提升农业部门在制定发展战略、方案和项目时的发展协同作用，减少可持续生产、适应气候变化和缓解气候变化等相互关联的目标之间的取舍，同时考虑到国家发展优先事项和具体地点的重点需求与实际情况。

三、国际气候智慧型农业发展现状

（一）国际气候智慧型农业主要建设内容

国际气候智慧型农业的研究和实践涉及范围非常广泛，基本都是按照气候智慧型农业理念，围绕气候变化背景下适应能力提升、温室气体减排、生产力可持续提高及收入增加等目标，在种植业和养殖业生产、土地管理、资源和能源利用、生态治理等相关领域开展。国际气候智慧型农业主要包含三个方面的建设内容。一是构建气候智慧型作物生产系统，围绕气候智慧型农业高产、集约化、弹性、可持续和低排放目标，通过作物生产系统优化与技术改进，探索提高生产系统整体效率、应变能力、适应能力和减排潜力的可行途径。在剖析当前生产系统发展气候智慧型农业的制约因素及其原因的基础上，提出可行的优化途径与相应技术支撑。主要的技术包括培育适应气候变化的新品种、提高水肥资源利用效率、发展可持续的土壤管理技术、开发新的病虫害综合防治技术、提升农情信息预测技术、发展温室气体减排技术等。二是制度与政策改进，国家层面的政策与行动计划：综合考虑农业发展、适应和减缓气候变化，制定国家应对气候变化行动计划及相关推进政策；部门协调与相关利益者联合行动：围绕目标任务集成资源管理，部门协调一致推进，激励各方共同参与；体制改革与机制创新：从生产到销售的相关法规和标准制定；推进信息快速传播与资源共享；改进农业技术推广服务机制和培养农民参与式能力；融资和保险制度改革。三是资金筹措和能力建设，将粮食安全、农业发展和气候变化协调起来的气候智慧型农业不是没有成本的，需要大规模投资来满足。国家层面气候智慧型农业政策的制定、研究和推广，包括相关的能力建设、支持农民行动等都需要充足投资。气候智慧型农业发展面临融资渠道和机制创新的挑战。

2012年1月由联合国粮农组织和欧盟（Europäische Union，EU）共同实施的第一批气候智慧型农业项目已于在马拉维、越南和赞比亚三个国家启动,筹措530万欧元资金,目的是推广气候智慧型农作方法,并同时对政策支援等配套问题展开研究。全球环境基金近年来支持厄瓜多尔、几内亚、马里、塞内加尔、柬埔寨等发展中国家开展气候智慧型农业项目,应对气候变化、土壤退化等农业风险,开展少耕、永久性土壤覆盖和轮作等保护性农业,以及构建气候智慧型价值链等。2014年,IMELS-FAO气候智慧型农业项目的启动和全球气候智慧型农业联盟的成立,将全球气候智慧型农业的研究与应用推向了另一个高峰。

(二)国际气候智慧型农业行动

全球环境基金围绕《联合国气候变化框架公约》(United Nations Framework Convention on Climate Change,UNFCCC)的目标,设置了气候变化重点领域并划拨专项资金,用于支持全球发展中国家开展减缓与适应气候变化方面的研究,以减少温室气体的排放和改善当地经济及其环境条件并创造效益,实现发展中国家能源市场转型,气候智慧型农业也是其资助的主要方向之一。主要表现在三个方面:一是通过创新金融和市场机制实现可持续土地管理措施,保证小农农田的固碳减排;二是通过维持土壤有机质,改善农业和草原土地管理;三是增加作物、树木和畜牧生态服务功能技术的可获得性,扩大气候智慧型农业范围(管大海等,2017)。

世界银行正致力于培育气候智慧型农业,在世界银行《气候变化行动计划》中,承诺为1亿人建立早期预警系统,协助至少40个国家制定气候智慧型农业投资计划,并继续开发和主流化相关项目产出的措施和指标,将温室气体排放纳入相关项目。世界银行全球实践发展局开发了全球气候智慧型农业指标体系(McCarthy,2014),包括政策指标、技术指标和结果指标,通过收集全球农业生产数据,并对其进行综合评估,形成不同国家气候智慧型农业发展排名,为气候智慧型农业建立了标准和评价体系,有助于气候智慧型农业在世界更大范围的推广。

2014年,联合国粮农组织与意大利环境、领土与海洋部(IMELS)启动了气候智慧型农业项目,通过签署谅解备忘录,加强气候智慧型农业的国际协调与合作,并在包括国家、国际组织、非政府组织和农民在内的不同利益相关者之间积极建立全球环境双边信托基金。该项目在气候智慧型农业科学发展的基础上,支持开展具体活动,以确定气候智慧型农业的知识需求和将要采取的行动。该项目旨在通过发展自然资源的管理和利用措施,并采用适当的方法和技术来生产、加工和销售农产品,以此加强农户的生计和粮食安全。农民及其知识应被视为自然资源遗产的重要保管者,因此可以在改善生态系统和社区适应力的同时,帮助改善景观适应性方法。该项目的主要产出包括通过多种沟通途径、能力建设和扩展渠道,以及通过生产和传播联合国粮农组织用于南南合作的知识产品、支持信息和知识共享。利益相关者咨询、分享的经验教训和信息共享是项目增强的其他核心要素。该项目通过在博茨瓦纳、厄瓜多尔和埃塞俄比亚开展积极双边合作的预可行性研究案例的基础上，希望在气候变化领域实现进一步的发展，以探索在发展中国家建立气候智慧型农业项目来加强国家能力建设和传播农业专业知识的可能性。该项目重点聚焦当地的农业专业知识和传统知识，以制定适应和缓解气候变化的战略，减少气候变化的影响，同时提供政策支持、技术援助和财政支持。评估当地的潜力和局限性是为了更好地制定适应和缓解气候变化的方案。受益者不仅包括决策者、技术顾问和研究人员，还包括其他易受到气候变化影响的农村社区和生产者。IMELS-FAO 气候智慧型农业项目的顺利开展也是推动全球气候智慧型农业联盟成立的核心力量。

（三）国际气候智慧型农业组织

2014 年 9 月 24 日由美国主导的全球气候智慧型农业联盟（Global Alliance for Climate-Smart Agriculture，GACSA）在纽约成立，第一批成员包括 18 个国家（美国、加拿大、英国、法国、荷兰、西班牙、墨西哥、尼日利亚、日本、菲律宾、越南等）和 32 个国际研究机构〔FAO、CGIAR、International Fertilizer Association（IFA）等〕。全球气候智慧型农业联盟制订了相应的发展目标和行动计划：可持续且公平地提高农业生产率和农民收入、增加粮食系统和农业生计的弹性、减少农业温室气体排放等。全球气候智慧型农业联盟是一个包容的、自愿的、以行动为导向的气候智慧型农业平台。它的目标是保障粮食安全、提高粮食营养和应对气候变化。全球气候智慧型农业联盟致力于实现气候智慧型农业的三个目标：①以可持续的方式提高农民的农业生产率和收入；②增强农民应对极端天气和气候变化的能力；③尽可能减少与农业相关的温室气体排放。具体的优先事项和解决办法需要与国家政策和优先事项相一致。全球气候智慧型农业联盟旨在促进并帮助建立转型伙伴关系，以鼓励采取反映气候智慧型农业的三大目标——生产力、适应和缓解的行动与方法。联盟的任务是通过利用其成员之间的资源、信息和专业知识等财富，来应对粮食安全和农业生产面临的挑战，以促进所有层面的具体行动。它为从事气候智慧型农业工作的人们提供了讨论交流的平台，在平台上相关人员可以针对亟须解决的问题分享和交换经验、信息与观点，具体来说就是在农业部门适应气候变化和减少温室气体排放相关措施等。

非洲气候智慧型农业联盟（Africa Climate-Smart Agriculture Alliance，Africa CSA）于 2014 年 6 月联合国气候变化周边会上成立，其目标是在 2021 年前支持撒哈拉以南非洲地区 600 万农户采用气候智慧型实践和方法，改善小农户的生计，保证农业系统发展的公平性和可持续性。2014 年 9 月联合国气候峰会上，美国提出成立北美气候智慧型联盟（The North America CSA Alliance，NACSAA）联盟，其主要目的是为农场主及其价值链伙伴联合提供开发改善农业生产系统弹性方法的平台，减缓和适应气候变化，增加未来气候变化风险下的农业弹性。

（四）国际气候智慧型农业发展经验

全球各国气候智慧型农业经过 10 余年的发展，取得了诸多成绩并积累了丰富的经验，为未来气候智慧型农业发展提供借鉴。主要的发展经验包括以下四个方面：一是制定了详细的气候智慧型农业发展目标与实施计划。无论美国和意大利等发达国家，还是巴西和埃塞俄比亚等发展中国家，均提出了符合国家发展水平的实际目标，并且发布了详细的重点领域支持指南，为实现农业向气候智慧型农业转型提供帮助。二是注重新材料、新技术与新方法在气候智慧型农业实践中的整合与应用。当前农业科学研究在固碳减排新材料（如硝化抑制剂、减排饲料添加剂）、新技术（如耕作技术、农业模型、遥感技术）与新方法（如生命周期分析方法、信息管理系统）等方面取得的新成果为实施气候智慧型农业提供了必要的支撑。三是长期稳定的项目资金投入。气候智慧型农业是一种新型农业发展模式，目前多数国家都启动了一批项目，提供了稳定的资金，用于长期支持气候智慧型农业的研究与应用。四是全球化的合作方式。实现农业生产的可持续发展需要世界各国的共同努力，而联合国粮农组织、世界银行及美国、欧盟等在技术和资金方面具备优势，近年来通过各种形式的国际合作为发展中国家气候智慧型农业研究提供了具体的支持与帮助（管大海等，2017）。

参考文献

管大海，张俊，王卿梅，等，2017. 气候智慧型农业及其对我国农业发展的启示 ［J］. 中国农业科技导报，19（10）：7-13.

管大海，张俊，郑成岩，等，2017. 国外气候智慧型农业发展概况与借鉴 ［J］. 世界农业，4：23-28.

Adenle A A，Azadi H，Arbiol J，2015. Global assessment of technological innovation for climate change adaptation and mitigation in developing world ［J］. Environmental Management，161：261-275.

Asfaw S，Lipper L，Mccarthy N，et al.，2017. Climate Smart Agriculture-building resilience to climate change ［M］. Rome：FAO.

Barrett C B，Barnett B J，Carter M R，et al.，2007. Poverty Traps and Climate and Weather Risk：Limitations and Opportunities of Index- based Risk Financing ［J］. IRI Technical Report ：7-3.

Burke M，Emerick K，2016. Adaptation to Climate Change：Evidence from US Agriculture ［J］. American Economic Journal：Economic Policy，8（3）：106-140.

Celeridad R，2018. Contextual and universal：Scaling context-specific Climate-Smart Agriculture ［J/OL］. Nairobi：World Agroforestry Centre. https：//ccafs. cgiar. org/blog/contextual-and-universal-scaling-context-specific-climate-smart-agriculture#. XLYjytJKhdi.

Deryng D，Conway D，Ramankutty N，et al.，2014. Global crop yield response to extreme heat stress under multiple climate change futures ［J］. Environmental Research Letters，9（3）：034011.

FAO，2007. The State of Food and Agriculture，Paying Farmers for Environmental Services ［R］. Rome：FAO.

FAO，2008. Institutions to Support Agricultural Development［R］. Rome：FAO.

FAO，2009a. Food security and Agricultural Mitigation in Developing Countries：Option for Capturing Synergies［R］. Rome：FAO.

FAO，2009b. The State of Food and Agriculture—Livestock in the Balance［R］. Rome：FAO.

FAO，2009c. Increasing crop production sustainably，the perspective of biological processes，November 2009［R］. Rome：FAO.

FAO，2009d. The Investment Imperative，paper from the FAO High Level Conference on World Food Security：The Challenges of Climate Change and Bioenergy［R］. Rome：FAO.

FAO，2015. The economic lives of smallholder farmers：An analysis based on household data from nine countries［R/OL］. Rome：FAO. http：//www. fao. org/3/a-i5251c. pdf.

FAO，2016a. Food and agriculture：Key to achieving the 2030 Agenda for Sustainable Development［R/OL］. Rome：FAO. http：//www. fao. org/3/a-i5499e. pdf.

FAO，2016b. The agriculture sectors in the Intended Nationally Determined Contributions：Analysis［R/OL］. Rome：FAO. http：//www. fao. org/3/a-i5687e. pdf.

FAO，2018a. Transforming food and agriculture to achieve SDGs［M］. Rome：FAO.

FAO，2018b. World livestock：Transforming the livestock sector through the Sustainable Development Goals［R/OL］. Rome：FAO. http：//www. fao. org/3/CA1201EN/ca1201en. pdf.

FAO，2019. Climate-smart agriculture and the Sustainable Development Goals：Mapping interlinkages，synergies and trade-offs and guidelines for integrated implementation［R］. Rome：FAO.

Hansen B，Thorling L，2008. Review of survey activities 2007：use of geochemistry in groundwater vulnerability mapping in Denmark［J］. Geological Survey of Denmark，Greenland Bulletin，15（15）：45-48.

Howden S M，Soussana J F，Tubiello F N，et al.，2007. Adapting agriculture to climate change［J］. Proceedings of the National Academy of Sciences of the United States of America，104（50）：19691-19696.

IPCC，2001. An Assessment of the IPCC［R］// Synthesis Report – Summary for policymakers. Cambridge：Cambridge University Press.

IPCC，2007. Climate Change 2007：mitigation［R］//Metz B，Davidson O R，Bosch P R，et al. Contribution of Working Group III to the Fourth Assessment Report of the IPCC. Cambridge：Cambridge University Press.

IPCC，2013. Climate Change 2013：The physical science basis［R］//Stocker T F，Qin D，Plattner G K，et al. Contribution of working group I to the Fifth Assessment Report of the Intergovernmental Panel on Climate Change. Cambridge：Cambridge University Press.

IPCC，2014. Climate change 2014：Mitigation of climate change［R］//Edenhofer O，Pichs-Madruga R，Sokona Y，et al. Contribution of Working Group III to the Fifth Assessment Report of the Intergovernmental Panel on Climate Change. Cambridge：Cambridge University Press.

Kahiluoto H，Kaseva J，Balek J，et al.，2019. Decline in climate resilience of European wheat［J］. PNAS January 2，116（1）：123-128.

Lipper L，Sakuyama T，Stringer R，et al.，2009. Payment for Environmental Services in Agricultural Landscapes：Economic Policies and Poverty Reduction in Developing Countries［M］. London：Springer.

Lobell D B，Hammer G L，McLean G，et al.，2013. The critical role of extreme heat for maize production in the United States［J］. Nature Climate Change，3（5）：497-501.

Lobell D，Schlenker W，Costa-Roberts J，2011. Climate trends and global crop production since 1980［J］.

Science，333（6042）：616-620.

McCarthy N，2014. Climate-smart agriculture in Latin America: Drawing on research to incorporate technologies to adapt to climate change [R] . Washington: Inter-American Development Bank.

McCarthy N，Swallow B，2000. Property Rights，Risk，and Livestock Development in Africa: Issues and Project Approach [C] // McCarthy N，Swallow B，Kirk M，et al. Property Rights，Risk，and Livestock Development in Africa. Washington: IFPRI.

Moore F C，Lobell D B，2014. Adaptation potential of European agriculture in response to climate change [J] . Nature Climate Change，4（7）：610-614.

Olesen J E，Trnka M，Kersebaum K C，et al.，2011. Impacts and adaptation of European crop production systems to climate change [J] . European Journal of Agronomy，34（2）：96-112.

Ray D K，Gerber J S，Macdonald G K，et al.，2015. Climate variation explains a third of global crop yield variability [J] . Nature Communications，6：5989.

Roy J，Tschakert P，Waisman H，et al.，2018. Sustainable development，poverty eradication and reducing inequalities [R] //Masson-Delmotte V，Zhai P，Pörtner H O，et al. Global warming of 1.5℃. Cambridge: Cambridge University Press.

Schlenker W，Roberts M，2009. Nonlinear temperature effects indicate severe damages to U. S. crop yields under climate change [J] . Proceedings of the National Academy of Sciences of the United States of America，106（37）：15594 - 15598.

SEI，2008. Climate Change and Adaptation in African Agriculture [R] . Stockholm: SEI.

Smit B，Wandel J，2006. Adaptation，adaptive capacity and vulnerability [J] . Global Environmental Change，16（3）：282-292.

Trnka M，Rotter R P，Ruiz-Ramos M，et al.，2014. Adverse weather conditions for European wheat production will become more frequent with climate change [J] . Nature Climate Change，4（7）：637-643.

United Nations EnvironmentProgramme（UNEP），2010. Assessing the environmental impacts of consumption and production: priority products and materials [R] // Hertwich E，Van Der Voet E，Suh S，et al. A Report of the Working Group on the Environmental Impacts of Products and Materials to the International Panel for Sustainable Resource Management. Nairobi: UNEP.

Webber H，Ewert F，Olesen J E，et al.，2018. Diverging importance of drought stress for maize and winter wheat in Europe. Nature communications，9（1）：1-21.

World Bank，2019. Agriculture，forestry，and fishing，value added（% of GDP）[J/OL] . https: // data. worldbank. org/indicator/NV. AGR. TOTL. ZS? name _ desc＝true.

第三章
国际气候智慧型农业实践途径

提 要

　　气候变化对许多地区的农业和粮食安全产生了显著的负面影响，尤其是在高度依赖旱作农业的发展中国家。IPCC第五次评估报告发现，世界上大多数贫困人口和农业依赖人口所在的热带地区受气候变化的负面影响最为明显，提高这些地区的农业增长率对于实现消除贫穷和满足日益增长的粮食需求的目标至关重要。气候智慧型农业理念在全球获得了相当大的关注，气候智慧型农业的目标是将适应和缓解气候变化的特殊性纳入可持续农业发展政策、方案和投资策略中。气候智慧型农业的原则与实践应遵循可持续农业和粮食系统的要求。联合国粮农组织公布了一套为了实现农业和粮食生产系统可持续发展的准则和指导意见，主要包括：①提高资源利用效率；②养护、保护和恢复自然资源；③保护和改善农村生计；④增强人类、生态系统和社区的恢复力；⑤有效的治理机制。气候智慧型农业的重点是评估其三个主要目标之间的取舍和协同作用，解决气候智慧型农业所面临的障碍。气候智慧型农业实际上解决了可持续农业中最重要的一个问题：农业生产实践实现大规模转型需要什么？气候智慧型农业方法中实现多维目标之间的取舍是许多可持续农业方法的一种进步。然而，气候智慧型农业的概念及其理论基础仍然存在许多混乱的地方，气候智慧型农业在国家层面的实践经验也比较缺乏。本章系统梳理了气候智慧型农业的主要实践途径，包括气候智慧型农业在技术、管理和制度等方面的创新，气候脆弱性评估的方法及其效果，提高农业系统对气候变化的适应能力的方法和途径，农业温室气体减排和气候智慧型农业的发展战略等，为进一步完善气候智慧型农业理论和技术体系提供了科学支撑。

一、气候智慧型农业创新

创新农业管理策略是有效适应和缓解气候变化的重要对策。气候变化对农业生产的影响随着时间和空间的变化而变化，具有高度的不确定性。气候智慧型农业需要农业生产系统有更大的气候变化恢复力，也需要在适应和缓解气候变化方面实现更高的资源利用效率。这样需要重新思考如何促进创新，以应对气候变化影响的异质性和不确定性。在发展中国家和发达国家向气候智慧型农业系统迈进的过程中，创新将是关键。技术创新在品种适应、提升水肥利用效率和农业生产可持续能力等方面发挥关键作用。而管理方式和体制创新有利于丰富适应气候变化的手段和形式，能有效提高新技术的采用率，防止或者促进生产/人口的迁移，增强贸易和援助，提高保险效率和库存可行性等，在应对气候变化的异质性和不确定性上更为重要。

（一）技术创新

1. 培育适应气候变化的新品种

由于气温上升和气候变异性增加，培育能够承受这些变化的新作物品种将非常重要。由于气候变化的频率增大，检测变化并开发能够较快地适应这种变化的遗传物质也将非常重要。

2. 提高水肥资源利用效率的技术

不同农业技术的理论资源利用效率与田间实际利用率之间经常存在较大差距，比如大水漫灌时灌溉水利用效率仅达到50%，而滴灌等技术的水分利用效率可以提高到90%。前人研究结果表明，采用资源高效利用技术往往会增加产量、节省投入和减少污染。技术创新可以减少水、肥料和化学品的使用，提高资源利用效率的同时减少温室气体排放。

3. 发展可持续的土壤管理技术

发展中国家的农业实践经常导致土壤质量下降，极端天气可能会使这一问题恶化。可持续土壤管理旨在不减少土壤和水资源质量的情况下提高产量，同时提升土壤的固碳能力。改进现有实践模式以实现可持续的土壤管理意义重大。当前生产上已存在的可持续土壤管理技术包括增施有机施肥、减少土壤扰动、构建农林复合系统等。

4. 开发新的病虫害综合防治技术

控制害虫迁移促使人们开发新的害虫治理技术，新的害虫治理技术能够实现环境友好、成本效益高、使用方便和效果显著等综合效果。开发这种技术需要利用生物、机械和化学控制及遗传等多学科的方法。当前科研人员正在努力查明新出现的害虫问题，这将有利于发展创新的害虫防治方式。

5. 提升农情信息预测技术

气象预报对农业生产影响深远，气象信息预测直接影响农民灌溉和病虫害防治，并有助于提高产量和资源利用效率（Parker et al.，1996）。未来气候变化加剧，农业生产面临更大的气象不确定性，可靠的天气信息预报尤其重要。建立必要的气象站和传送系统，是提升农业气象预测技术的重要途径。

6. 发展温室气体减排技术

减少温室气体排放是有效缓解气候变化的关键，也是气候智慧型农业的一个重要目标。温室气体减排技术包括创新栽培管理措施、改变作物品种、使用生物炭和保护性农业技术等。采用高产品种和保护性技术来减少农业生态系统的土地、大气和化石燃料的环境负效应是重要的温室气体的缓解策略（McCarthy et al.，2012）。

7. 改进农场储存设施条件，延长农产品保质期

Parfitt 等（2010）发现在缺乏基本储存能力的发展中国家，农场的收获后损失很大，而且大部分损失发生在自给自足的农民身上。创新的农场储存基础设施有助于解决温度升高和地震频率增加带来的产量损失。在气候变化异质性的背景下，设计价格合理、易于安装和操作的可靠系统是最大挑战，增加单位面积产量，往往会减少农业生产足迹，有利于减少气候变化造成的生产损失。气候变化背景下提高保质期有助于减少温度升高导致的变质风险。较长的保质期将降低运输成本、储存成本，特别是与农业分配有关的废物。

（二）管理创新

1. 通过采用信息密集型管理做法，优化投入品使用的时间和数量，显著提高农业用水或化学投入的利用效率

Dobermann 等（2004）建议采用精确管理技术以节省投入和增加产量。水肥一体化技术是提高水肥利用效率的关键，已在美国等发达国家被广泛采用。然而，发展中国家水肥资源利用效率依然低下，为资源贫乏的发展中国家开发精确管理技术是一项特殊的挑战。

2. 害虫综合管理（IPM）会提高虫害管理在检测和协调虫害防治活动方面的有效性，以便有效应对气候变化带来的虫害压力增加

应对气候变化的有效性将得益于制定负担得起、易于实施的综合防治策略。害虫综合管理（IPM）强调对害虫发生压力的测量，并结合其他方法（化学、基因改造和生物）以优化处理的净效益，同时考虑害虫的动态和环境副作用。IPM 的应用受到有害生物监测成本和针对生物气候条件定制 IPM 方法难度的限制（Waterfield et al.，

2012）。

3. 加强土地利用和农场管理

随着技术和经济条件的变化，气候变化加剧了农场管理的挑战，土地利用和农场管理都需要改进管理工具，以促进作物类型和作物品种的选择、作物布局的配置、生产实践技术的选择与应用。数据质量、计算能力和通信能力的提高将为引进新的管理工具提供机会。

4. 改进投入使用和管理，建立农民共享知识库

比如综合治理和提高用水效率都依赖于区域气象站收集并提供的气象信息；制定应对作物病害的策略及控制害虫防治抗性的措施都需要集体行动；有效的土地利用管理应考虑到一个区域内作物和其他生产活动之间的外部性。因此，建立并发展区域合作机构，以便为小生产者提供公共产品和扩大生产规模，为区域农产品生产提供更多的价值。Poteete等（2010）提出发展多种形式的管理决策机构来应对气候变化背景下各种集体行动的需求。但不同的情况可能需要不同的解决方案，创新的机构设计将适应新出现的气候变化。

5. 加大农业保险推广力度是提升气候变化下风险管理策略的重要抓手

农业保险可以减少其他预防活动，从而减少了产量损失风险，其他适应策略的实施也降低了对保险的需求。因此，必须同时设计风险评估和适应战略（Tol，2009）。实施农业保险可能需要良好的行为监控，以克服逆向选择的困难，制定应对气候变化的保险战略必须谨慎行事。

6. 优化供应链的弹性管理设计

供应链的弹性管理设计对于提高其使用效率至关重要（Luet et al.，2015）。发展中国家的农业正在经历一场粮食生产的系统性革命，其特点是引入了更合理的供应链，以便更好地储存农产品和提高产品的多样性，同时能将发展中国家的农民与超市直接联系起来（Reardon et al.，2012）。这种现代供应链采用了许多创新做法，在应对气候变化的影响时有很大的潜力。

（三）制度创新

气候智慧型农业的制度创新是指在一定背景下提出新的做事方式，发生在宏观和农业管理制度层面，包括能够启动创新过程的制度和允许实施适应策略的制度。适应气候变化，包括缓解气候变化，需要在物理技术及体制和政策方面的高度创新。制定适应气候变化政策的一个关键因素是加强对科技研发和国际合作的投资，建立对气候变化和适应带来的收益的认识。要实施制度创新，必须扩大生产经营规模，然后在实施层面进行测试；需要完善的市场营销和教育计划来为实践者提供创新的思想。气候智慧型农业的实施需要创新的网络设计，用以将技术从科学家扩展到生产经营者上；

这种扩展工作不仅应包括公共推广服务，还应包括私营公司、合作社和非政府组织等的推广服务。良好的管理与灵活的机制可以加强各种适应策略的主导机构的合作，在农业部门应对气候变化时体现出了相应价值（FAO，2016）。

二、准确的气候脆弱性评估是制定应对气候变化策略的重要前提

（一）基于卫星遥感技术的农作物生产监测

基于卫星的遥感技术是监测水资源动态和农业生产状况以评估区域粮食安全的重要手段。近年来，卫星观测广泛应用于减轻极端事件的不利影响和提高对气候变化影响的抵抗和恢复能力。发展中国家的人口增长和资源需求将增加农业生产的脆弱性，并可能因气候变化的影响而加剧。客观的卫星数据可以作为：①作物生长条件和食物供应的探测器；②风险管理的指数，以减轻作物歉收的影响；③作物选择、资源管理和其他适应或缓解策略方面的重要教育和信息工具；④粮食援助和运输方面的重要工具；⑤水资源配置管理工具。卫星数据在监测世界许多地区的作物生产、粮食安全、河流流量和流域规划方面有较高价值。这些数据可以作为气候智慧型农业有价值的智能决策工具。卫星观测的优势在于：①它们对可获得的粮食产量提供灾害预警，从而降低减产的风险；②湿度和温度异常可以作为保险项目的指示指标，用于补偿农民的损失；③生长条件的历史记录可以用来识别不同程度作物歉收的重现期，也可以用来定义不同程度作物歉收的脆弱性，这是保险业风险管理和保费计算的重要信息；④利用气候学确定替代作物生产的可行性，替代作物有可能超越该地区传统种植的作物。多种作物的生产是防止灾难性作物歉收的一个有效的措施，同时可能是减缓气候变化活动、增强农业生产力、气候恢复能力和自然资源管理的重要补充（Larson et al.，2015）。监测作物产量时，产量预测模型针对每种作物和特定地点需要进行特异性校准。具体来说，产量预测模型根据历史值进行校准，使用温度和湿度异常值的线性变化作为预测因子。监测河流流量时，河流流量的定量和独立测量对于水利使用权和分配计划至关重要（Dinar et al.，2010），有助于将流域水合理规划和分配到各用水部门。此外，卫星遥感技术也广泛应用于作物表型监测，为应对气候变化的作物育种提供技术平台支撑。

（二）作物模型综合评价方法

气候变化的预测效果评价需要一种多维的方法来评估其在不同农业系统中的经济、环境和社会效益方面的表现。气候智慧型农业将气候变化适应、缓解和恢

复这三个目标结合起来纳入可持续农业体系的框架，目前还缺乏明确的系统性实现气候智慧型农业综合目标的方法。全球作物模型比较和改进项目（AgMIP）开发了一种在区域尺度综合评估气候变化影响及适应和缓解气候变化的方法（AgMIP区域综合评价方法），为气候智慧型农业评估提供了一个框架（Antle et al.，2015；AgMIP，2015）。该方法通过评估并量化利益相关方和科学家确定的农业生产系统的性能指标，评估生产系统应对气候变化的脆弱性和弹性，以提高农业系统的能力；通过模拟未来气候情景和社会经济状况对农业生产的影响，评估系统性能如何应对气候和其他变化，包括用于适应和缓解气候变化的系统变化，并预测生产技术进步在农业生产中的贡献，优化适应措施。AgMIP区域综合评价方法基于利益相关方座谈和研究评估文献，综合考虑农产品生产、人口贫困度、粮食安全、环境等指标，利用模型模拟的思路，评估气候变化影响和系统适应的效果。AgMIP区域综合评价方法旨在使研究团队能够与利益相关方合作，解决四个核心问题：①当前农业生产体系对气候变化的敏感性如何？②适应策略对当今世界的影响是什么？③气候变化对未来农业生产体系有何影响？④适应气候变化的好处是什么？AgMIP区域综合评价方法广泛用于支持技术发展，例如，促进针对农场类型的农业干预，设计和评估因地制宜的安全网、保障粮食安全或面向市场的干预措施。

（三）基于数理统计模型的气候脆弱性评价

基于长时间历史统计数据构建数理统计模型，比如线性模型和最大熵模型等，广泛应用于气候变化脆弱性评估，是预测区域气候变化对作物生产影响的重要工具。气候变化已是不争的事实，以气候变暖为主要特征的气候变化导致干旱和高温等极端气候事件发生频率明显增加，显著影响水稻、小麦和玉米等全球主要粮食作物生产。通过历史统计数据挖掘，预测气候变化对未来作物生产的影响具有重要意义。相关研究结果表明，高温事件显著影响作物单产水平，尽管在过去的几十年里，由于技术的稳步进步，美国中西部的玉米产量以每10年17%的速度增长，但气候变化将产生越来越大的反噬效应。利用非线性模型评估温度对产量影响的研究结果表明，在1℃、3℃和5℃的均匀升温情景下，玉米产量将分别下降4.2%、21.8%和46.1%（Schlenker et al.，2009；Lobell et al.，2011）。玉米产量每10年增加6.6%才能完全抵消未来30年温度升高3℃造成的不利影响。国内研究表明，日最低温度升高有利于玉米产量增加（Tao et al.，2006）；温度升高使得东北农作区北部地区积温增加，低温冷害风险降低，玉米产量增加（Meng et al.，2013）。研究表明，东北农作区5月和9月日最低温度与玉米单产呈显著正相关，日最低温度每增加1℃，玉米单产将分别增加303 kg/hm² 和284 kg/hm²（Chen et al.，2011）。

三、提高农业系统应对气候变化的适应能力

(一) 适应的定义和效果评价

气候变化对作物生产系统的影响是多方面的，适应是减少气候变化对作物生产系统造成不利影响的一项政策选择，合适的适应技术可以显著减轻气候对作物造成的不利影响，同时为作物生产提供新的机遇 (Smit et al.，2006；Howden et al.，2007；Thornton et al.，2010；Reidsma et al.，2010；Tao et al.，2010；Olmstead et al.，2011)。适应变化是指调整自然或人工系统以增强其适应预期的气候变化刺激或者影响的能力。根据适应性措施研究的角度不同，适应可以分为多种类型；适应通常包括主动适应和自动适应，也称为长期适应和短期适应 (IPCC，2001；Smit et al.，2006；Olesen et al.，2011)。主动适应是指政府通过调整相关政策，使得气候变化的适应措施能够更好地发挥作用，政府应对气候变化的适应措施主要包括加强基础设施建设、加大抗逆育种投入、完善抗灾制度法规、提供灾害风险补助等 (Howden et al.，2007)。自动适应是指农户为应对气候变化采取技术调整 (Olesen et al.，2011)。气候变化背景下，农民主要通过调整作物播期、选择更加适宜的作物品种、改变土壤耕作技术、优化水肥管理和加强植物病虫害防治等来适应气候变化对作物生产的影响 (Smit et al.，2002；Challinor et al.，2007；Tubiello et al.，2007；Wang et al.，2010；Kato et al.，2011；Olesen et al.，2011；Olmstead et al.，2011)。气候变化的实际影响及脆弱性与农户的特征密切相关，农户特征将影响管理措施和适应技术的使用情况 (Reidsma et al.，2007；Reidsma et al.，2009；Reidsma et al.，2010；Bryan et al.，2009；Thorton et al.，2010)。Reidsma 等 (2010) 研究表明，欧洲不同规模的农户对气候变化的响应有所区别。Deressa 等 (2009) 研究表明，非洲尼罗河流域农户选择应对气候变化的适应技术与该地区具体的生态类型区显著相关。

影响农户采取适应技术的因素大致分为三类：政策制度因素、农户家庭特征和社会经济特征 (Stringer et al.，2009；Huang et al.，2014)。前人研究结果表明，在灾害发生情况下，政府提供的气象预警、资金支持和技术支持可以有效促进农户采用各种适应技术 (Chen et al.，2014)。农户户主的受教育程度、性别、年龄、家庭收入水平和有关气候变化信息的获取都将显著影响农户采用适应技术 (Deressa et al.，2009)。

目前，关于适应技术的抗灾效果的定量研究较少，关于适应能力的研究大都基于作物生长模型，模型中农民对气候变化的响应多为假设情景，模型的模拟效果和实际生产有一定的差距 (Easterling et al.，2000)。因此，定量评价适应技术在应对极端

气候事件的效果具有重要意义。

（二）农业保险和补贴有助于提升适应能力

气候变化的冲击在发展中国家的农村地区导致贫穷恶化和粮食不安全，农业保险能够有效地减轻气候变化对贫困和粮食安全的不利影响。保险是应对气候变化带来的粮食不安全问题的一种成本低效益高的手段。良好的保险合同能够在一个合理的水平上定价并执行，这有助于提升农民应对气候变化的适应能力。一方面，保险赔偿金能够帮助家庭维持其经济资产和长期经济生存能力，更简单地说，保险应该帮助家庭避免陷入贫困；另一方面，保险增加了事后保障，可通过提高预期水平和投资回报的确定性来产生事前效应，能让更多的家庭摆脱贫困和粮食不安全。与简单地以粮食援助转移等方式处理气候冲击造成伤亡的政策不同，一项包括保险因素的综合政策可以通过解决粮食不安全的根源而不仅仅是症状来减少所需的社会保护支出总额。东非牧区家禽保险项目（IBLI）的经验表明：保险可以依据气候变化的影响产生积极的理论评估。利用农业保险解决气候风险和粮食不安全并不是一个容易的办法；对 IBLI 经验的持续分析表明，要扩大和维持高质量的保险合同，还有许多工作要做。在合同的条款和体制设计方面仍然需要创新，建立更有效的公私合作关系也需要进行方法创新，以便在一定程度上规范农业保险定价，使保险能够发挥其潜力，成为气候变化时代社会保护和粮食安全综合管理的一部分。

未来气候变化将加剧作物产量的波动，农业保险可以在这一背景下发挥重要作用。在发展中国家农民个人产量损失的评估可能非常昂贵，因此保险合同是基于当地对天气的认识而制定的。保险收益率的波动性取决于天气等因素，因此人们可以将这一保险合同视为部分家庭免受农业风险的保障。保险作为一种国家所有的合同，农民获得的付款将取决于特定天气现象发生的概率，以及购买的保险金额。这种保险不同于通过使用技术购买的保险，因为保险降低了下行风险，而技术通过压缩波动降低了下行和上行风险。

联合国粮农组织实施的从保护到生产项目（PtoP）讨论了现金转移方案风险管理工具在提高撒哈拉以南非洲地区复原力方面的作用。结果表明，这些方案对家庭恢复能力具有重要影响。虽然对风险管理的影响不那么统一，但现金转移方案似乎加强了社区联系，使家庭能够储蓄和偿还债务，并减少了依赖不利风险应对机制的必要性。赞比亚案例发现接受现金转移的家庭受天气冲击的影响要小得多，其中最贫穷的家庭获得最大的收益，粮食安全有所提高，尽管各国情况不同。因此，社会保护方案作为安全网，在设计和实施过程中明确考虑到气候风险，可以更加有效。

四、减缓气候变化

(一) CO₂ 减排

减少农业生产系统温室气体排放是气候智慧型农业的核心目标之一，保护性农业技术和作物生产水肥优化管理技术是减少农田温室气体排放的重要调控手段。《巴黎协定》提出的千分之四计划明确了通过增加土壤固碳的方式来减少温室气体排放。土壤碳储存能力和潜力，取决于不同农业气候区的不同土地使用类型和使用强度。土壤有机质分解和周转的速率主要受到土壤生物区系、温度、湿度及其化学和物理组成的综合影响。它也受土地利用和管理实践方式的影响。在过去的 $50\sim100$ 年中，与土壤退化有关的耕作农业实践已使许多地区的土壤有机碳（SOC）下降了 $1\%\sim3\%$。土壤有机碳损失 3% 不仅代表着巨大的水存储损失（每公顷 43.2 万 L），而且还代表每公顷向大气排放了近 400t 的额外 CO_2。土壤有机碳和持水能力的丧失与破坏多年生地被植物、重复耕种或连续放牧、裸露休耕、清除农作物残留物和焚烧草地等做法有关。经济作物和依赖高投入的单一种植方式已经实现可能的最高收益率与最小的劳动投入。然而，化石燃料的价格不断增加，高耗能化学肥料和杀虫剂成为温室气体排放的主要来源。此外，如果使用不当，这些化学投入品会渗入地下水，由此造成的水污染会对生态系统和人类健康产生严重的有害影响。多样化的作物轮作及改良的肥料、种子和农药管理技术可以使投入物的使用更加有效。在这一领域提高效率还可以潜在地减少温室气体排放。通过改善土壤结构和增加土壤生物多样性，免耕种植和土壤密实度的控制也将减少温室气体排放。

(二) CH₄ 减排

稻田被认为是农业生产中 CH_4 的主要排放源，其排放约占全球人为源 CH_4 排放总量的 11%（IPCC，2013）。据估计，每年我国稻田排放的 CH_4 总量为 6.15 Mt，约占中国每年 CH_4 排放总量的 17.93%。稻田 CH_4 排放涉及 CH_4 产生、再氧化、向大气传输三个基本过程。在厌氧环境下，产甲烷菌作用于水稻根系分泌物、脱落物、土壤有机质等，通过厌氧发酵产生 CH_4。$30\%\sim90\%$ 的 CH_4 在水土界面、根土界面等区域被甲烷氧化菌氧化（Bosse et al.，1997；Ye et al.，2017）。土壤中的 CH_4 氧化过程主要在有氧环境下进行。未氧化的 CH_4 通过气泡、扩散、水稻植株的通气组织等途径进入大气圈。其中，通过水稻的通气组织向外界传输是 CH_4 传输的主要途径。稻田水分管理、秸秆还田、氮肥施用、耕作措施、使用有机肥、施用生物炭等会影响稻田 CH_4 排放（Zhao et al.，2019）。

水稻季水分管理对 CH_4 排放有着决定性的影响。CH_4 的产生是严格厌氧条件下产甲烷菌作用于产甲烷基质的结果。当稻田淹水时，稻田水层限制大气中 O_2 向土壤运输，降低土壤氧化还原电位（Eh），有利于土壤形成厌氧还原环境，是产甲烷菌生长和保持活性的必要条件。在水稻分蘖后期排水和烤田会影响 CH_4 产生所需的厌氧环境，稻田 CH_4 排放会显著降低。采用合理的水分管理措施（如间歇灌溉、控制灌溉等）可以显著降低稻田 CH_4 排放。

非水稻季水分管理也会对 CH_4 排放产生很大影响。在西南冬水田地区，稻田冬季长期淹水导致土壤强还原性，产甲烷菌数量不能得到有效控制，造成次年水稻生长季的 CH_4 排放量远高于冬季排水稻田（Kang et al.，2002）。稻田施铵态肥料主要会在水稻植株、微生物群落、生物化学三个层次上影响 CH_4 排放（马静 等，2010；Zhou et al.，2017）。在水稻植株水平上，氮肥促进根系发育，增加水稻地下部生物量，增加根系分泌物，为产甲烷菌提供更多产甲烷基质，从而促进 CH_4 排放；在微生物群落水平上，氮肥促进 CH_4 氧化菌的生长和活性，CH_4 被大量氧化，从而减少了 CH_4 排放；在生物化学水平上，NH_4^+ 与 CH_4 化学结构相似，竞争 CH_4 氧化，从而促进 CH_4 排放。尿素施用对稻田 CH_4 排放的影响也取决于这三个方面影响因素的相对强弱（Schimel，2000）。稻田施用有机肥和秸秆还田会增加 CH_4 排放。一方面，有机肥和秸秆中易分解有机碳可作为产甲烷菌产生 CH_4 的底物；另一方面，淹水条件下有机肥的快速分解加速稻田氧化还原电位的下降，有利于产甲烷菌生长和保持活性，从而促进稻田 CH_4 排放（全孝飞 等，2017；Zhao et al.，2020）。

不同耕作方式对土壤的扰动程度不同，会影响土壤理化性质及生物学性状，如土壤氧化还原电位、土壤通气性、土壤结构、土壤水分动态、产甲烷菌和甲烷氧化菌等微生物活性及水稻根系生长等，进而影响 CH_4 排放（Cai et al.，2003；Zhao et al.，2016）。前人研究发现，免耕降低稻田 CH_4 排放的原因主要是：降低了土壤中可溶性有机碳的含量，提高了总氧化铁含量及土壤容重，以及增加了土壤孔隙，特别是土壤大孔隙（Feng et al.，2013；Li et al.，2013）。Mangalassery 等（2014）的研究也表明，免耕处理下 CH_4 排放降低与土壤中的几何多孔结构增加相关。因此，改善土壤状况、提高稻田土壤的通气性能够增强免耕措施的 CH_4 减排效果。秸秆还田条件下，免耕措施的 CH_4 减排效果有所降低（Zhao et al.，2016；Zhao et al.，2020）。这主要是因为还田秸秆提供了更多的呼吸底物，促进了土壤产甲烷菌的代谢，从而刺激了 CH_4 排放（Feng et al.，2013；Liu et al.，2014）。水分利用方式的差异也是造成 CH_4 排放差异的主要因素。稻田因淹灌提供了厌氧条件，促进了土壤呼吸产生 CH_4 的过程，从而增加了 CH_4 排放（Smith et al.，2008）。

（三）N_2O 减排

N_2O 是重要的温室气体之一，其在 100 年尺度上的增温潜势是 CO_2 的 269 倍，同时，农业生产尤其氮肥投入是 N_2O 的主要排放源，占 60% 以上的人为 N_2O 排放总量（IPCC，2013）。N_2O 主要产生于土壤的硝化与反硝化作用，土壤的温度与湿度是重要的影响因素（Mosier，1998；Smith et al.，2004）。氮肥投入是影响农田生态系统中 N_2O 排放的一个主要驱动因素，也是估算农业 N_2O 排放量的一个重要参数（IPCC，2013；Yue et al.，2019）。关于如何减少农田 N_2O 排放的研究很多，但是目前尚无认识较为一致的减排策略。对于间歇性灌溉、保护性耕作、秸秆还田、施用生物炭、添加硝化抑制剂等研究较多，但随着技术的使用环境发生变化，其减排效果往往也随之变化（Zhao et al.，2016；Zhao et al.，2019）。

N_2O 的排放规律相对复杂，现有的研究结果并不一致。有研究表明，总体上免耕对 N_2O 排放影响不显著；但在秸秆还田条件下，在免耕使用初期的 5 年内，免耕秸秆还田增加了酸性土壤稻田的 N_2O 排放（Zhao et al.，2016）。不同尺度上的 Meta 分析（一种定量的文献分析方法）均报道了免耕与秸秆还田同时使用会增加 N_2O 排放（Feng et al.，2013；Mangalassery et al.，2014），但 Van Kessel 等（2013）的分析结果表明，少免耕不会显著增加 N_2O 排放。N_2O 的产生是由土壤微生物参与下的土壤硝化与反硝化作用驱动的，这一过程受到土壤通气性、水温状况、土壤结构、紧实度、有机质分布、土壤温度及土壤 pH 等诸多因素的调控（Godde and Conrad，2000；Cai et al.，2003）。有研究表明，秸秆还田显著提高了 N_2O 排放（Feng et al.，2013；Liu et al.，2014），还田秸秆为微生物提供了呼吸底物，刺激了微生物活性，加速了 O_2 耗竭，促进了反硝化作用，从而加强了 N_2O 排放（Chen et al.，2013；Zhao et al.，2020）。调节土壤 pH 可能是影响 N_2O 排放的一个重要手段，土壤有机质投入的增加能够提高土壤 pH、降低酸性组分，进而改变土壤反硝化速率和 N_2/N_2O 排放比；此外，土壤 pH 与土壤氧化还原电解质协作，进一步影响了有机质的腐解过程。美国一项 Meta 分析的研究结果表明，与传统耕作措施相比，免耕在中东部地区促进了 N_2O 排放，但在中西部减少了 N_2O 排放，这一区域差异可能是不同的作物种类、气候条件、土壤类型引起的。然而，一些 Meta 分析结果却显示不同气候或土壤条件下对免耕的 N_2O 排放效应影响不显著（Li et al.，2013；Van Kessel et al.，2013）。Ussiri 和 Lal（2009）研究指出，N_2O 排放通量与降水量、空气和土壤温度相关性较高。N_2O 排放相关研究结果的不一致主要与土壤的反硝化作用、土壤含水量、反硝化细菌可有效利用底物的量、土壤全氮含量、土壤温度的不同有关（Choudhary et al.，2002；Mangalassery et al.，2014）。全球尺度的 Meta 分析结果显示，其他位点条件因素，如室内研究的时长、还田秸秆的碳氮比、秸秆还田的量、土壤含水量、土壤结构和黏粒含量都显著影响了 N_2O 排放（Chen et al.，2013）。

五、气候智慧型农业发展策略

（一）加强气候智慧型灌溉在农业应对气候变化中的应用

农业生产系统水土资源优化管理是有效适应气候变化的措施，然而推广率不高。采用这些技术存在相当大的障碍，主要是新的适应技术导致劳动力/资本投入增加，投资见效慢。气候风险较大地区的农民有可能使农业生产、劳动力和收入多样化，从而降低极端天气事件的脆弱性。前人研究结果表明，水资源管理是适应气候变化和提高农业复原力的关键所在，但它需要大量的公共投资，在资源匮乏的情况下，这可能是一个严重问题。在初次投资之后的灌溉计划也可能导致比最初预期的收益更小。为了更广泛地采用气候智慧型灌溉，决策者、研究人员和农民迫切需要改变思维方式，以特定地点和具体情况的方式探索这些机会，以便进行当地适应。

灌溉是应对气候变化最重要的优先事项，因为它是保护农民和其他人免受气候风险的关键措施。以非洲地区为例，该地区农业高度依赖降雨，近年来降雨时空变化差异巨大，灌溉对农业稳产增产至关重要；灌溉不仅缓解了水资源紧张，而且在丰富作物的播期方面有很大潜力，也可以增加肥料和其他投入的投资回报。灌溉是作物生产的关键，经过一段时间专注于为生产发展服务的大型灌溉基础设施建设之后，现在人们越来越关注为适应气候变化服务的灌溉工程，并将其列为新的优先事项：提高当地需求、适当调整灌溉管理以改变生产方式、保护景观、保护水资源和提高最有效地利用设计设施的能力；改革运行机制，更好地利用现有的基础设施系统，提高用水和管理效率；考虑多种用水方式，推广节水做法；实施 PES（Project Evaluation System）计划，共享部分用水，利用森林种植户和保护者的利润，在上游流域再生水资源；投资于重要的防灾基础设施；在地方加强对中小型灌溉基础设施的管理。设置管理机构是妥善管理水资源和提高适应效率的关键，灌溉水价和水资源的来源是制约灌溉系统可持续发展的重要条件。技术创新可以在促进可持续水利用方面发挥重大作用。无论灌溉水如何进入农田，从沟灌和重力流转移到喷灌或滴灌，灌溉水都可以更有效地利用，而且有利于应对气候变化。滴灌通常被称为一种节水技术，对节约资源和提高水资源生产率有很大帮助（FAO，2013）。

（二）将气候变化纳入农业研究与技术推广

将气候变化的影响明确纳入农业研究和推广活动有助于提升农业生产对气候变化的适应能力和恢复力。联合国粮农组织相关报告案例表明：①加强相关研究，以确定特定气候条件和农业特点的管理措施（如作物品种选育计划、适应轻简化要求的农业做法），阐明适应当地农业生态条件的土壤和水管理措施；②持续的农户培训和推广方案，可以提高农业家庭的复原力和粮食安全。加强农业生产者获得气象数据的机会与途径十分重要，应给予更高的优先地位。目前气象数据和农业数据之间存在脱节，两者之间几乎没有整合，包括从地方到全球范围的整合；农民（或任何类型的农业生产者）缺乏利用气候信息的能力，小农户对气候变化危险的了解越多越好，因此需要在气候和农业技术服务机构之间开展教育和联合行动。此外，能力缺乏仍是一个关键的限制因素，不仅农民缺乏获取和吸收知识的能力，而且相关的知识机构也缺乏应对这些新的复杂问题的能力。因此，不仅需要对农民进行培训教育，而且需要对影响政策的公众进行相关的培训教育。

（三）将作物生产应对气候变化作为作物生产的优先级

未来农业可持续发展要求更加综合和系统化的方法来分析农业生产系统，作物生产适应气候变化的相关研究应被设置更高的优先级。发展中国家的公共部门研究机构越来越认识到，鉴于农业部门目前的工作环境已发生变化，同时农业面临着水资源匮乏、土壤养分缺乏、气候变化、农业能源供应、生物多样性丧失等挑战，且新的有害生物和疾病的出现、农场的分散、城乡移民以及新的知识产权和贸易条例的发布，使得农业研究方案必须进行转变，充分利用现代科学的潜力，鼓励技术创新，并提供有利的政策和投资支持。未来作物生产研究中必须优先考虑基因组学、分子育种、作物水肥一体化技术、纳米技术、二次农业、农业机械化等关键技术。目前已经有大量的信息来支持更好的农业系统研究，但需要更好的协调来有效地获取这些信息。考虑到生物多样性、规模、管理系统、文化多样性和资源基础的巨大差异，Kosura 阐明了建立具有代表性的农业系统类型的技术途径。

（四）加强农业技术推广

推广通常是指自上而下、单向的技术转让方法，长期以来已被农业知识与信息系统（AKIS）所取代，后来又被农业咨询服务所取代。所有专家都认为，从自上而下的体系转向知识向多个方向流动的体系是绝对必要的。基于目前所面临的挑战，应该采取新的推广方式、设置新的推广机构。过去农业革命的基础是重大的颠覆性创新，如遗传学、机械化或化学投入。未来的农业转型或未来的农业革命必须评估不同类型的创新。将颠覆性的创新和技术与农民的专业知识结合起来，以便从中做出最佳选择。绿色革命以来，以商品为导向的推广和以农业系统为导向的推广之间存在着竞争关系，这在一定程度上与公共和私营部门角色的变化有关。印度的研究表明，农民获得的信息只有 6.5% 来自公共推广，20% 来自农民与农民之间的联系，20%～29% 来自报纸、收音机和电视。随着研究和投入交付进入私人手中，投入和市场准入在多样化的农业生产体系中变得越来越重要，私人经销商已经成为农民重要的信息来源；同时，新的私营部门推广系统已成为不断增长的价值链的一部分；新兴的投入提供者正在学习向农民提供综合服务。

公共推广系统和政府在技术转让中的作用需要重新定义，随着对可持续农业的日益重视，推广的重点应放在整个农业系统的自然资源管理上，包括在水、土壤、农林以及气候变化方面。一般来说，传统的推广系统使用的是专门从事农业科学某一方向的技术人员，如农学、植物病理学、土壤科学、植物育种及畜牧业、渔业，而不必使用农业系统方法全面了解农业。由于供应驱动，公共部门的推广服务在及时向整个农场管理部门传播信息方面的作用弱化，超出了农民的需要或期望，无法管理农场的外部因素。因此，有必要在推广系统中建立适当的激励机制，以促进更高质量的服务以及与农民更好的互动和交流。包括通过适应性研究和推广方案，发展研究人员和农民之间的有效联系。采用创新方法，如咨询服务，利用信息和通信技术为农民团体提供信息和咨询服务。

（五）鼓励发展农业保险

保险在农业中的地位越发重要，补贴保险是促使人们进入一种新的做事方式的重要途径。在非洲乌干达和赞比亚等地实行的指数保险被证明是管理气候风险的有效工具。基于天气指数的保险可以使农民获得风险控制的效益。指数保险通过建立有效管理方式，主要包括促使当地保险公司从事农业保险业务，同时帮助人们了解保留记录、作为一个团体订阅和通过团体所有权开展工作的意义，有效推动农业保险。近年来，印度推出一种名为总理作物保险计划（PMFBY）的新方案。其解决了保险费较高和保险承保范围不足等两个问题，还扩大了风险的定义，包括产量损失、预防性播种和收获后的损失。农民现在根据农作物的种类支付统一的保险费，政府将完全弥补实际保费与农民应付费用之间的差距。为了提高公共财政的可持续性，应将保险作为私人融资机构投资的风险管理产品与政府的减贫政策结合起来。政府是否应该支持针对小户主的指数保险计划是一个财政政策问题，即对补贴对象补贴一定保额，是对政府资源的最有效利用，还是外国机构或非政府组织提供的援助（FAO，2017）。

（六）气候智慧型农业发展优先序

1. 政策一致性是发展气候智慧型农业的最高优先级

必须将气候变化考虑纳入农业和非农业部门工作并加以协调，以取得更好的成果。应建立激励机制，鼓励政府各部之间的协调和统一，并鼓励许多行为体调整行为。在中央和省一级的决策和各级的执行工作中，必须认识到气候变化活动需要趋同，必须建立一个支持性的证据基础，必须明确承认取舍和妥协的必要性，这对于实现有效的协调是重要的。要成功实施气候变化倡议，必须合理化/协调各种政府法规、信贷政策、补贴计划和土地保有法，并将这些倡议有效地纳入部门规划和预算；还必须使处理气候变化问题的不同政府部门及其在景观一级的地方办事处相互融合，以便能够利用社区/参与的方法有效地实施气候变化适应规划和实施，至少要付出代价。减少重复和冗余是一个重要方面。

2. 修订相关的政策规划、促进利益相关方和机构参与这些进程是关键

参与气候变化适应规划进程的机构需要的能力因国而异，但一般而言，需要通过相关培训和技能提高来发展人力资本；通过有针对性地为促进气候智慧农业发展的优先项目调动资源、筹集财政资本；制定明确的政策和管理框架，并形成政治意愿；还必须保持经常性的公私部门会议和圆桌讨论，以确保政治意愿；这对于机构改革，以及立法和立法政策的成功至关重要。

3. 强化交叉学科研究，有助于形成更加完善的气候智慧型农业方案

有许多机构参与信息的生产和传播，因此必须有一个鼓励不同部门、部委、私营公司和农民协会之间交流的政策框架。在促进生产力和环境问题之间将有取舍和协同作用，需要一个有利的政府环境以合理的方式处理这些问题。教育和信息对促进这一进程十分重要，特别是在发展中国家。

4. 将气候变化考虑纳入部门规划和发展十分必要

越南目前正在进行农业结构调整，在部门内外、各级管理层同步调整和实施长期计划、战略、政策、组织创新，以及改善公共投资。要改进和加强沟通，倡导从中央到地方转变管理人员的思维方式。以证据为基础的机制和公众支持也应成为有效管理自然资源的组成部分。两者都需要良好的科学信息和研究活动。最后，形成长期行动计划下的统一协调体系和有效的跨部门、区域协调机制，是促进有效融合的关键。

参考文献

马静，徐华，蔡祖聪. 2010. 施肥对稻田甲烷排放的影响［J］. 土壤，2：153-163.

全孝飞，颜晓元，王书伟. 2017. 长期施用有机物料对稻田生态系统服务功能的影响［J］. 农业环境科学学报，7：1406-1415.

Agricultural Model Inter-comparison and Improvement Project（AgMIP）. 2015. Guide for Regional Integrated Assessments：Handbook of Methods and Procedures，Version 6. 0.

Antle J. M.，Valdivia R. O.，Boote K. J.，et al. 2015b. AgMIP's Trans-disciplinary Agricultural Systems Approach to Regional Integrated Assessment of Climate Impact，Vulnerability and Adaptation. Handbook of Climate Change and Agroecosystems：The Agricultural Model Intercomparison and Improvement Project Integrated Crop and Economic Assessments，Part 1［M］. Imperial College Press，London.

Barrett Christopher B.，Barry J.，Barnett Michael，R. Carter，et al. 2007. Poverty Traps and Climate and Weather Risk: Limitations and Opportunities of Index- based Risk Financing, IRI Technical Report.

Bosse U., P. Frenzel. 1997. Activity and Distribution of Methane-Oxidizing Bacteria in Flooded Rice Soil Microcosms and in Rice Plants (Oryza sativa L.) [J]. Applied and Environmental Microbiology, 63 (4): 1199-1207.

Bryan E., Deressa T. T., Gbetibouo G. A., et al. 2009. A daptation to climate change in Ethiopia and South Africa: options and constraints [J]. Environmental Science and Policy, 12 (4): 413-426.

Cai Z. C., Tsuruta H., M. Gao. 2003. Options for mitigating methane emission from a permanently flooded rice field [J]. Global Change Biology, 9 (1): 37-45.

Challinor A., Wheeler T., Craufurd P., et al. 2007. Adaptation of crops to climate change through genotypic responses to mean and extreme temperatures [J]. Agriculture, ecosystems and environment, 119 (1): 190-204.

Chen H., Li X., Hu F., et al. 2013. Soil nitrous oxide emissions following crop residue addition: a meta-analysis [J]. Global Change Biology, 19 (10): 2956-2964.

Chen C., Lei C., Deng A., et al. 2011. Will higher minimum temperatures increase corn production in Northeast China: An analysis of historical data over 1965—2008 [J]. Agricultural and Forest Meteorology, 151 (12): 1580-1588.

Chen H., Wang J., Huang J. 2014. Policy support, social capital, and farmers' adaptation to drought in China [J]. Global Environmental Change, 24: 193-202.

Choudhary M. A., Akramkhanov A. S. Saggar. 2002. Nitrous oxide emissions from a New Zealand cropped soil: tillage effects, spatial and seasonal variability [J]. Agriculture Ecosystems & Environment, 93: 33-43.

Deressa T. T., Hassan R. M., Ringler C., et al. 2009. Determinants of farmers' choice of adaptation methods to climate change in the Nile Basin of Ethiopia [J]. Global Environmental Change, 19 (2): 248-255.

Dinar A., Blankespoor B., Dinar S. et al. 2010. Does precipitation and runoff variability affect treaty cooperation between states sharing international bilateral rivers [J]. Ecological Economics, 69 (12): 2568-2581.

Dobermann A., Simon B., Simon E. C. et al. 2004. Adamchuk. Precision farming: challenges and future directions [C]. In Proceedings of the 4th International Crop Science Congress, vol. 26.

Easterling D. R., Meehl G. A., Parmesan C., et al. 2000. Climate extremes: observations, modeling, and impacts [J]. Science, 289 (5487): 2068-2074.

FAO. 2013. Climate-smart agriculture: sourcebook [J]. FAO, Rome.

FAO. 2016. Supporting agricultural extension towards Climate-Smart Agriculture An overview of existing tools [J]. Food and Agriculture Organization, Rome.

FAO. 2017. Improving climate risk transfer and management for Climate-Smart Agriculture A review of existing examples of successful index-based insurance for scaling up [J]. Food and Agriculture Organization, Rome.

Feng J., Chen C., Zhang Y., et al. 2013. Impacts of cropping practices on yield-scaled greenhouse gas emissions from rice fields in China: A meta-analysis [J]. Agriculture, Ecosystems and Environment, 164: 220-228.

Godde M., Conrad, R. 2000. Influence of soil properties on the turnover of nitric oxide and nitrous oxide by nitrification and denitrification at constant temperature and moisture [J]. Biology and Fertility of Soils, 32 (2): 120-128.

Howden S. M. , Soussana J. F. , Tubiello F. N. , et al. 2007. Adapting agriculture to climate change [J]. Proceedings of the National Academy of Sciences of the United States of America, 104 (50): 19691-19696.

Huang J. K. , Wang Y. J. 2014. Financing Sustainable Agriculture Under Climate Change [J] . Journal of Integrative Agriculture, 13 (4): 698-712.

Intergovernmental Panel on Climate Change (IPCC) . 2001. An Assessment of the IPCC. Synthesis Report-Summary for policymakers [R] . Cambridge, United Kingdom and New York, USA, Cambridge University Press.

IPCC. 2013. Climate Change 2013: The physical science basis. Contribution of working group I to the Fifth Assessment Report of the Intergovernmental Panel on Climate Change [J] . Cambridge, United Kingdom and New York, NY, USA.

IPCC. 2014. Climate change 2014: Mitigation of climate change. Contribution of Working Group III to the Fifth Assessment Report of the Intergovernmental Panel on Climate Change [J] . Cambridge, UK, Cambridge University Press, and New York, NY, USA.

Kang G. D. , Cai Z. C. , Feng Z. H. 2002. Importance of water regime during the non-rice growing period in winter in regional variation of CH_4 emissions from rice fields during following rice growing period in China [J] . Nutrient Cycling in Agroecosystems, 64 (1-2): 95-100.

Kato E. , Ringler C. , Yesuf M. 2011. Soil and water conservation technologies: A buffer against production risk in the face of climate change Insights from the Nile basin in Ethiopia [J] . Agricultural Economics, 42 (5): 593-604.

Zilberman D. , Madhu K. 1997. Incentives, precision technology and environmental protection [J]. Ecological Economics, 23 (1): 25-43.

Rattan L. 2011. Sequestering carbon in soils of agro-ecosystems [J] . Food Policy, 36: 33-39.

Larson D. F. A. , Dinar B. B. 2015. Aligning Climate Change Mitigation and Agricultural Policies in ECA, in Asia and the World Economy [R] . World Scientific Reference on Asia and the World Economy, pp. 69-151.

Li C. , Zhang Z. , Guo L. , et al. 2013. Emissions of CH_4 and CO_2 from double rice cropping systems under varying tillage and seeding methods [J] . Atmospheric Environment, 80: 438-444.

Liu C. , Lu M. , Cui J. , et al. 2014. Effects of straw carbon input on carbon dynamics in agricultural soils: a meta-analysis [J] . Global Change Biology, 20 (5): 1366-1381.

Lobell D. B. , Bänziger M. , Magorokosho C. , et al. 2011. Nonlinear heat effects on African maize as evidenced by historical yield trials [J] . Nature Climate Change, 1 (1): 42-45.

Lu L. , Thomas R. , David Z. 2015. Supply Chain Design and Adoption of Indivisible Technology [C]. Presentation at Allied Social Sciences Association Annual Meeting.

Mangalassery S. , Sjogersten S. , Sparkes D. L. , et al. 2014. To what extent can zero tillage lead to a reduction in greenhouse gas emissions from temperate soils [J] . Scientific Report, 4: 4586.

McCarthy N. L. , Lipper W. M Branca G. et al. 2012. Evaluating synergies and trade-offs among food security, development and climate change [J] . Climate Change Mitigation and Agriculture, pp. 39-49.

Meng Q. , Hou P. , Lobell D. B. , et al. 2013. The benefits of recent warming for maize production in high latitude China [J] . Climatic Change, 122 (1-2): 341-349.

Mosier A. R. 1998. Soil processes and global change [J] . Biology and Fertility of Soils, 27 (3): 221-229.

Olesen J. E. , Trnka M. , Kersebaum K. C. , et al. 2011. Impacts and adaptation of European crop production systems to climate change [J] . European Journal of Agronomy, 34 (2): 96-112.

Olmstead A. L. , Rhode P. W. 2011. Adapting North American wheat production to climatic challenges,

1839—2009 [J] . Proceedings of the National Academy of Sciences, 108 (2): 480-485.

Parfitt J. , Mark B. , Sarah M. 2010. Food waste within food supply chains: quantification and potential for change to 2050 [J] . Philosophical Transactions of the Royal Society of London B: Biological Sciences, 365 (1554): 3065-3081.

Parker D. , David Z. 1996. The use of information services: The case of CIMIS [J] . Agribusiness, 12 (3): 209-218.

Poteete A. R. , Janssen A. , Elinor O. 2010. Working together: collective action, the commons, and multiple methods in practice [J] . Princeton University Press, Princeton, New Jersey.

Reardon T. , Peter T. C. 2012. The economics of the food system revolution [J] . Annual Review of Resource Economics, 4 (1): 225-264.

Reidsma P. , Ewert F. , Lansink A. O. , et al. 2010. Adaptation to climate change and climate variability in European agriculture: The importance of farm level responses [J] . European Journal of Agronomy, 32 (1): 91-102.

Reidsma P. , Ewert F. , Lansink A. O. , et al. 2010. Adaptation to climate change and climate variability in European agriculture: The importance of farm level responses [J] . European Journal of Agronomy, 32 (1): 91-102.

Reidsma P. , Ewert F. , Lansink A. O. , et al. 2009. Vulnerability and adaptation of European farmers: a multi-level analysis of yield and income responses to climate variability [J] . Regional Environmental Change, 9 (1): 25-40.

Reidsma P. , Ewert F. 2007. Oude-Lansink, Analysis of farm performance in Europe under different climatic and management conditions to improve understanding of adaptive capacity [J] . Climatic Change, 84 (3-4): 403-422.

Schimel J. 2000. Global change - Rice, microbes and methane [J] . Nature, 403 (6768): 375.

Schlenker W. , Roberts M. 2009. Nonlinear temperature effects indicate severe damages to U. S. crop yields under climate change [J] . Proceedings of the National Academy of Sciences of the United States of America, 106 (37): 15594-15598.

Smit B. , Skinner M. W. 2002. Adaptation options in agriculture to climate change: a typology [J]. Mitigation and adaptation strategies for global change, 7 (1): 85-114.

Smit B. , Wandel J. 2006. Adaptation, adaptive capacity and vulnerability [J] . Global Environmental Change, 16 (3): 282-292.

Smith K. A. , Conen F. 2004. Impacts of land management on fluxes of trace greenhouse gases [J] . Soil Use and Management, 20: 255-263.

Smith P. , Martino D. , Cai Z. , et al. 2008. Greenhouse gas mitigation in agriculture [J] . Philosophical Transactions of the Royal Society B-Biological Sciences, 363 (1492): 789-813.

Stringer L. C. , Dyer J. C. , Reed M. S. , et al. 2009. Adaptations to climate change, drought and desertification: local insights to enhance policy in southern Africa [J] . Environmental Science and Policy, 12 (7): 748-765.

Tao F. , Zhang Z. 2010. Adaptation of maize production to climate change in North China Plain: Quantify the relative contributions of adaptation options [J] . European Journal of Agronomy, 3 (2): 103-116.

Tao F. , Yokozawa M. , Xu Y. , et al. 2006. Climate changes and trends in phenology and yields offield crops in China, 1981—2000 [J] . Agricultural and Forest Meteorology, 138 (1-4): 82-92.

Thornton P. K. , Jones P. G. , Alagarswamy G. , et al. 2010. Adapting to climate change: Agricultural system and household impacts in East Africa [J] . Agricultural Systems, 103 (2): 73-82

Tol Richard S. J. 2009. The economic effects of climate change [J] . The Journal of Economic

Perspectives：29-51.

Tubiello F. N. ，Soussana J. F. ，Howden S. M. 2007. Crop and pasture response to climate change ［J］. Proceedings of the National Academy of Sciences，104（50）：19686-19690.

Ussiri D. A. N. ，Lal R. ，Jarecki M. K. 2009. Nitrous oxide and methane emissions from long-term tillage under a continuous corn cropping system in Ohio ［J］. Soil & Tillage Research，104（2）：247-255.

Van Kessel C. ，Venterea R. ，Six J. ，et al. 2013. Climate，duration，and N placement determine N_2O emissions in reuced tillage systems：a meta-analysis ［J］. Global Change Biology，19（1）：33-44.

Wang J. ，Huang J. ，Zhang L. ，et al. 2010. Why is China's Blue Revolution so "Blue"? The determinants of conservation tillage in China ［J］. Journal of soil and water conservation，65（2）：113-129.

Wang J. ，Mendelsohn R. ，Dinar A. ，et al. 2010a. How Chinese farmers change crop choice to adapt to climate change ［J］. Climate Change Economics，1（03）：167-185.

Waterfield G. ，David Z. 2012. Pest management in food systems：An economic perspective ［J］. Annual Review of Environment and Resources，37：223-245.

Ye R. Z. ，Horwath W. R. 2017. Influence of rice straw on priming of soil C for dissolved organic C and CH_4 production ［J］. Plant and Soil，417：231-241.

Yue Q. ，Wu H. J. ，Sun F. et al. 2019. Deriving Emission Factors and Estimating Direct Nitrous Oxide Emissions for Crop Cultivation in China ［J］. Environmental Science & Technology，53：10246-10257.

Zhao X. ，Liu B. Y. ，Liu S. L. ，et al. 2020. Sustaining crop production in China's cropland by crop residue retention：A meta-analysis ［J］. Land Degradation & Development，31：694-709.

Zhao X. ，Pu C. ，Ma S. T. ，et al. 2019. Management-induced greenhouse gases emission mitigation in global rice production ［J］. Science of The Total Environment，649：1299-1306.

Zhao X. ，Liu S. L. ，Pu C. ，et al. 2016. Methane and nitrous oxide emissions under no-till farming in China：a meta-analysis ［J］. Global Change Biology，22：1372-1384.

Zhou M. ，Zhu B. ，Wang X. ，et al. 2017. Long-term field measurements of annual methane and nitrous oxide emissions from a Chinese subtropical wheat-rice rotation system ［J］. Soil Biology and Biochemistry，115：21-34.

第四章
气候智慧型农业项目监测、评估与推广

提　要

　　监测、评估和推广是发展气候智慧型农业的重要环节。首先，需要构建一整套气候智慧型农业监测和评估体系，明确其范围、目的和框架。其次，通过设计评估、气候影响评估和气候智慧型农业选项评估等步骤完成对气候智慧型农业的评估。最后，从农业气象预报、农民田间学校等方面完善气候智慧型农业推广的方法论和实践，并进一步通过数字农业、预警系统的应用和气候智慧型农业与农民组织培训等方面加强气候智慧型农业的推广和技术创新。从监测、评估和推广方面共同发力，协调共同推动气候智慧型农业的可持续发展。

一、气候智慧型农业项目监测和评估框架与目标

　　气候智慧型农业的实施需要有效的监测和评价方法。农业和气候变化部门与多边开发银行等共同推进气候智慧型农业的实施，比如世界银行在气候智慧型农业项目中投入了数十亿美元的国际资金。同时，各国项目需要满足捐助方的某些条件来证明获得资金的合理性，诸如全球环境基金、绿色气候基金（Green Climate Fund，GCF）和适应基金（Adaptation Fund，AF）等气候融资机构已通过制定监测和评价框架，来评估项目对降低气候脆弱性和增强气候弹性的贡献。自 2015 年以来，各国政府承诺达成了《2030 年可持续发展议程》《2015—2030 年仙台减少灾害风险框架》和《巴黎协定》三项全球协议。《巴黎协定》特别要求各国对减缓和适应气候变化的目标和计划的进展情况进行报告，并为即将到来的该协定的整体进展情况提供相应信息。气候智慧型农业项目有助于各国履行对《巴黎协定》和可持续发展目标的承诺。促使主要捐助者与三项全球协议的指标、监测和评价框架保持一致性对于气候智慧型农业项

目十分重要，有利于减轻各国报告负担，以及避免重复等。监测气候智慧型农业三大目标非常复杂，特别是关于适应和恢复力的监测；在追踪和衡量流入气候智慧型农业项目的资金的同时，还需要减轻由于各个协议要求不同而造成提交报告的负担，因此构建合理的监测评估系统至关重要。

（一）气候智慧型农业项目设计的评估

气候智慧型农业是一个具有区域特异性的系统项目，没有适合于所有情况的普适做法，需要在对各种社会、经济和环境条件下的利益和损失进行详细战略评估的基础上来制定相应的政策和方案。这种评估可以确定当地气候条件及其对农业、粮食安全和生计产生的影响，以及预期的未来变化。此外，这种评估还可以确定某些措施在特定情况下是否对缓解气候变化有利。值得注意的是，良好的气候智慧型农业措施可能同传统的农业发展和自然资源管理存在差异。

对政策和项目设计的评估能够确定气候变化对农业部门、粮食安全和生计的影响。气候影响评估确定了气候变化的影响特征，以及需要采取适应行动的最脆弱地点与环境。气候影响评估是一种战略规划，通常在项目的概念化阶段进行，也用于直接为政策提供信息。气候影响评估的主要内容：对气候变化的评估，气候变化对农业生产影响的评估，生计的脆弱性评估，粮食安全和对气候变化的响应等。分析气候和农业之间的关系，可以结合现在及过去的相关数据预测未来气候可能的变化情况，并进一步推断对农业生产的潜在影响，以及对脆弱性进行相应的描述。在此基础上，根据该评估的结果做出基线预测。

系统评估农业和商业经营、政策环境等措施的变化是否有利于实现适应、减缓、粮食安全和发展等气候智慧型农业目标具有十分重要的意义。一般在项目筹备阶段进行气候智慧型农业备选方案的评估，并由相应人员确定项目和方案基线，从而最终确定气候智慧型农业的实施方案。可以根据历史、当前和预测的气候对农业的影响，以及对生计和粮食安全的脆弱性分析，模拟并筛选更适合于适应气候变化的策略，探索气候变化有效的适应方案。减缓气候变化可以通过两种主要方式来实现：减少温室气体排放；在生物量及土壤中封存更多的碳。评估不同措施的缓解潜力对于减缓气候变化影响非常重要。在国家层面上，监测和评估碳封存的影响对于减缓气候变化的国际协议具有重要意义。气候智慧型农业还应满足更广泛的粮食安全和发展目标的需求。气候智慧型农业最好的干预措施是在不损害粮食安全和发展目标的情况下有效地促进适应和减缓气候变化。理想情况下，应该优先考虑包含尽可能多的气候智慧型农业目标的选项。对政策和项目设计的评估是在进行干预之前开展的，其中一些评估需要贯穿整个项目周期。它们可以是气候、生物物理和社会经济等方面。

1. 气候影响评估

气候影响评估将历史、当前或未来的变化具体化，并基于此建立农业、林业和渔业部门的生产力与气候变化之间的关系。气候影响评估能够直观地展示不同利益相关者对气候变化的脆弱性，以及气候变化对农业的潜在影响。其中，脆弱性评估针对的利益相关者包括男性和女性小农、无地劳动力、商业农民和在价值链中工作的人。在气候影响评估中，气候影响是指气候变化对自然和人类系统的影响。气候智慧型农业中，气候影响体现在景观、生态系统、流域、基础设施、农场、农业生产和市场等不同尺度。气候影响的评估考虑了暴露程度和对暴露的敏感性。脆弱性是潜在影响和适应能力的综合（Carter et al.，2007）。适应能力指系统避免潜在损害、利用机会和处理损害后果的能力。弹性是指一个系统和它的组成部分对一个危险事件的预见、吸收、容纳或者恢复的能力或者效果（IPCC，2012）。自适应能力是一个给定的系统对弹性造成影响的能力（Walker et al.，2004；Folke，2006；Walker et al.，2006；Engle，2011）。气候影响评估可以为科学、政策和公众提供重要的参考。有效的气候影响评估必须考虑到广泛的利益相关者，并验证过程、解释结果，将其转化为支持气候变化的适应和减缓选择。

2. 气候智慧型农业选项评估

在气候影响评估之后，气候智慧型农业选项评估可以评价不同的气候智慧型农业措施可以多大程度实现提高生产力、增强气候变化适应和缓解能力、改善粮食安全的目标，并明确气候变化的预期影响。这有助于相关人员识别有效的气候智慧型农业选项，为实现多个目标共同发挥作用。此外，可以制定气候智慧型农业项目来落实相关有效措施的实施；在理想情况下气候智慧型农业策略应该定期回顾和更新。

（二）气候智慧型农业项目的监测和评价

监测和评价对于确保气候智慧型农业相关措施的适当实施并取得预期结果至关重要。监测和评价框架是在对气候变化情况做出评估之后，拟订气候智慧型农业方案和详细的项目计划时进行设计的。监测和评价气候智慧型农业项目时，以气候条件的基线预测为起点，以政策和项目设计评价的预期目标为终点。监测和评价通常需要从政策和项目的设计评估中提炼指标，基于分析收集的原始数据对项目基线情况进行描述，此外气候智慧型农业项目也可以优先使用来自评估的相关信息。

项目筹备阶段，在评估、监测和评价活动之间的相互作用中开始对项目进行监测和评价。通过制定详细和定期的规划，将相关过程密切联系在一起，基于评价框架对拟订项目和方案基线进行指导。在评价项目后需要确定详细的指标和基线，并明确指定受益人和相应的干预措施。在整个项目的实施过程中，都保持对公司运营、资源使用和产出的监控。在项目中期和结束时，根据基线情况和初始预期结果，评估气候智慧型农业相关措施对社会经济、环境和生计指标的影响。无论是在试点还是项目中，监督人员必须在实施过程中对气候智慧型农业措施的效果及存在的问题进行持续监测。这种监测将验证措施的实施是否高效、是否符合气候智慧型农业目标和项目既定目标。它还有助于针对可能发生的不确定因素及时调整各项活动。在项目周期内，监测和评价有利于责任的落实及资源的合理分配。良好的监测和评价有助于改进未来气候智慧型农业干预措施的设计和利益相关者的决策，以及实现国家减缓目标。比如，《联合国气候变化框架公约》下，对温室气体排放的详细监测成为计量要求的重要部分。

（三）基线制定和基线预测

气候智慧农业评估需要制定一个基线或者根据相关的基础状况来预测特定政策的影响，这样的方式有利于及时有效地评估项目或计划可能的收获，以及监测结果与影响。可以依据预测的未来气候变化、农业产出的相关变化等相关信息对气候影响评估的基线进行制定。这些预测信息需要在没有规划或项目干预的情况下进行，主要包括气候影响、农业、粮食安全和脆弱性状况等方面。这种"没有干预"的情况有助于制定更广泛的政策和方案，用于评估气候智慧型农业相关干预的长期影响。

详细的气候智慧型农业选项评估有助于明确未被干预时项目和方案基线，以及干预后用来界定气候智慧型农业项目实施效果的相关指标的变更等。在项目周期结束时，对这些项目和方案基线进行气候智慧型农业干预措施影响的评估。在执行期间也对中间成果和结果方面取得的进展进行不断的监测。

随着项目和方案周期内气候条件的演变，由于气候变化的影响和易受气候变化影响的新资料的出现，可能需要定期修订基线和预测，需要根据不断变化的气候条件进行设计。因为生态系统的碳平衡是动态的，在缺乏减排干预的情况下可能会随时间发生变化。项目管理者可能需要根据项目中期修改后的基线预测对气候智慧型农业的干预措施进行调整。

对于较短的气候智慧型农业项目，基线的变化可能会出现偏差。在进行影响评估时，使用"控制组"应该可以考虑到一些基线上的可变性和其他因素的变化，比如市场和更广泛的经济。对于 5 年以上的项目和规划，监测和评估应针对"移动"的基础或最新的基础项目，以及针对典型的项目和规划制定基线。因此，可以使用基线预测来处理更长期的气候变化适应和减排措施。

二、气候智慧型农业项目评估的步骤

（一）评估设计

通过文献综述获取有用信息，系统地梳理关于国家和地区的相关信息是规划气候智慧型农业行动的首要步骤。文献综述通过收集和分析额外的数据来确定差距，并通过自定义评估对其进行补充。关于气候变化及其对农业的影响的信息在全球和区域范围内都可以大量获得。不过国家和次国家级别的资料比较稀少，但可以从以下来源获取：IPCC评估报告、向《联合国气候变化框架公约》提交的国家通讯、国家适应行动计划（National Adaptation Programmes of Action，NAPAs）、国家气候变化战略和行动计划、学术论文和非同行评审的报告及相关的研究机构。

设计评估时需要明确气候智慧型农业从业者的信息需求，这是因为科学家和经济学家主导的气候智慧型农业影响和环境潜力评估往往忽略了实践用户的意见。不同的利益相关者在评估中扮演不同的角色，评估利益相关者的角色和能力是最基本的评估项目之一，也是制定政策和项目评估成功的关键。国家气候变化办公室、农业部和其他相关部门确定了各国的气候智慧型农业目标和实现路径。气候智慧型农业的实践者是地方政府官员、推广工作者或当地农民，科学评估需要考虑利益相关者的特点，以及他们在设计评估中的参与积极性。

设计评估的主要步骤可以概括为：①文献综述；②确定利益相关者，包括协议上气候智慧型农业目标的利益相关者；③评估利益相关者的信息需求；④利益相关者的能力和作用的评价；⑤设计的评估。

（二）气候影响评估

1. 气候变化

预测气候变化及其影响是气候智慧型农业的核心内容之一。气象观测资料是从世界各地数以万计的陆地气象站及船只、无线电探空仪、飞机和卫星的观测中获得的，其中有的属于国际社会共享，有的归相应国家所有。数据的可用性是评估气候变化影响的重点，数据的可用性和质量会因地点、国家、气候变量和时间频率而发生显著变化。此外，观测到的气候数据还可以利用气候资料的局部知识加以验证和补充。未来气候数据通常是从模型中输出的，可以通过降尺度的方法将全球尺度的数据转换为更细的空间尺度。比如，全球环境基金致力于自然资源的保护和持续管理，其主导的综合自然资源管理项目在几内亚及其邻国的实施在气候变化预测方面起到了示范效应。在项目第一阶段，降低气候变化对农村社区的影响十分重要。该项目要求对气候变化的当前影响有一个清晰的认识，以确保相应措施对气候变化的弹性有积极的影响。因此，需要评估当前气候相关灾害对不同农业生态区生计的影响，完成气候风险评估。在社区协商期间，农民报告说，过去10多年来气候情况发生了极大的变化，主要包括：干旱频率的增加、极端高温、雨季推迟到来及降雨的稀缺性和不可预测性。这些与科学数据的实际表现一致。讨论和分析当地人对当前和潜在应对策略之间联系的看法，了解农民如何应对气候风险，识别对气候风险敏感的资源，是实施这些策略的关键，有助于在项目活动中融入环保措施。最初计划的活动需要根据项目进行调整，因为活动可能会影响关键生计资源的可获得性和当地社区获得这些资源的途径。修订的目的是使项目活动能够适应当前的气候变化，帮助处理日益严重的气候问题。

2. 气候变化对农业的影响

分析气候变化对农业生产的影响需要充分考虑农业投入、粮食需求、运输、分销渠道和农业生产活动过程本身等因素。影响评估模型通常是高度专门化的物理模型或经济模型，因此可能需要咨询该领域的专家。例如，联合国粮农组织模拟主要作物对水的产量反应的模型 AquoCrop。气候变化农业影响模型系统（MOSAICC）是一个集成的工具包，用于促进对农业气候变化影响的跨学科评估。

对农业生产力的气候影响评估一般采用自上而下的方法，需要综合考虑当前和过去的气候变化对气候智慧型农业的影响、当地对气候变化的看法、长期的天气和农业历史数据的收集。通过将过去的气候条件与农业生产力联系起来，可以帮助建立起因果关系和校准模型。全球气候模型不仅可以提供基于社会经济和排放情景的未来气候预测，还可以通过使用适当的方法缩小其规模。校准后的模型可以用来模拟未来气候变化对农业的影响。《联合国气候变化框架公约》提供了现有农业模型的回顾，包括：农业气候指数与地理信息系统（GIS）、统计模型和产量函数、基于过程的作物模型和经济模型等。气候变化对作物生产的影响包括：温度和降雨量的变化、作物生育期长短的变化、CO_2 肥效、病虫害爆发、灌溉用水的有效性等。农业生产的变化会影响粮食生产，从而对整个国民经济产生影响。

3. 脆弱性评估

气候变化对农业生产力和农业部门的影响会导致家庭收入和粮食安全受到不同程度的影响。生计的脆弱性取决于当地社区的生产制度是否有能力防止农业收入损失、提供自给生产或向市场供应粮食以降低受到不利影响。脆弱性评估对生计恢复力特别低的地区、家庭或群体进行了描述和确定，有助于社区规划优先考虑他们的利益，并以脆弱的社区作为行动的首要目标。脆弱性评估也为发展战略提供了基础，增加了生计与气候变化之间的关系。

一方面，可以利用在之前评估中确定的气候变化的潜在影响，并通过对系统自适应能力的评估来评估脆弱性。另一方面，自下而上的方法更侧重于收集不同的指标，这些指标能够描述气候智慧型农业和相关部门对各种风险（包括气候变化）的脆弱性。相关指标包括社会经济资源、技术、基础设施、信息和技能、机构、生物物理条件和普遍性等方面（Dessai et al.，2004）。气候变化与社会经济、政治和制度结构变化均是对社会和环境的威胁，社会和环境条件表明了他们的适应性、能力和对潜在威胁的脆弱性。

（三）气候智慧型农业选项评估

1. 适应

对气候智慧型农业选项适应效果的评估是气候影响评估的延伸。在了解气候变化和脆弱性的潜在影响之后，可以确定适合当地情况的最佳做法，并帮助选择合适可行的适应选项。如过程模型可以用来优化水肥管理以提高产量，经济模型可以模拟肥料补贴对生产力、市场价格和农场收入等因素的影响。筛选分析是围绕评估人员回答选项的是或否来展开的，那些有最多"是"的选项可以被给予最高的优先级，或者进一步使用定量分析方法进行评估。如在成本效益分析中，比较了实现相似结果的不同适应方案的相对成本（UNFCCC，2010）。地方社区完全参与分析性评估意义重大，在自下而上的方法中，通过对当地的气候、社会经济和环境条件（基于社区的适应）的考虑，当地的男性和女性农民讨论决定他们愿意采用的最佳气候智慧型农业干预措施。这样的方式有利于将当地传统知识与科学知识联系起来。参与式评估也为易受影响的人群提供了一个机会，帮助确定气候智慧型农业干预措施可能产生的意外后果，以及如何解决这些后果。当不同适应方案的比较优势不明确时，可以通过经济成本效益分析或非经济评价方法对适应措施的成本和效益进行评估（World Bank，2009）。此外，气候智慧型农业还应该提供一个整体的战略框架来实现农业生产者和粮食安全的可持续性，将粮食安全的评估标准添加到脆弱性和适应评估模型中。

2. 减缓

减排效益评估通过对温室气体排放和碳封存的动态的模拟，量化了它们的减排潜力。减灾潜力评估通过分析减灾活动强度与给定排放和通过排放因子进行的减排活动的估计排放量之间的线性关系来评价系统减灾潜力。交易碳平衡工具（EX-ACT）和边际减排成本曲线等工具有助于计算气候智慧型农业项目的减排潜力（FAO，2012a）。农业和土地使用国家温室气体清单软件（Colorado State University，2013）和碳效益项目工具（UNEP，2013）等在全球不同区域均具有普适性。生命周期法（LCA）是被广泛应用于评估产品整个生命周期的温室气体排放的方法，包括化肥农药等生产、运输和分销及产品运输、加工、包装、并将产品分销给零售商等全链条过程。生命周期法在农业和工业中被广泛接受，它是一种评估产品循环过程中对环境影响、生产和排放强度的方法（FAO，2010；FAO，2012b）。

三、气候智慧型农业项目评估的指标方法

（一）框架设计与指标选择

制定气候智慧型农业实施的基础框架时，需要在设计过程和目标制定时充分考虑监测和评估。在气候智慧型农业利益相关者之间建立目标和确定指标共享的过程是获得反馈、学习和制定战略的关键；它们重点围绕气候变化和农业，其结果和影响与评估密切相关。能力开发、组织变革、基础设施和政策支持是高度干预的具体领域，符合更高的总体规划和监督指导。项目和方案框架有助于描述利益相关者参与所产生的预期产出和结果。

区分以过程为导向的目标和以结果为导向的目标十分重要。对潜在过程的理解对于气候智慧型农业的实施至关重要，但是由于该过程难以测量，往往被忽视。气候智慧型农业的实施不能严格地以线性方式进行，随着环境的快速变化及不断提高的适应能力，还必须衡量过程和参与的变化，例如理解行为改变发生的原因是一个值得监控和评估的过程（Villanueva，2010）。在这一领域，可以借鉴更广泛的农业发展领域和其他学科的相关工作（FAO，2012c）。

加拿大国际发展研究中心在研究范围内制定的评价框架，已被一系列促进体制改革的方案所采用，在描述不同参与项目的合作伙伴和利益相关者之间的预期结果时发挥了重要的作用。结果映射适合于监视制度变化、捕捉能力变化和由此产生的服务交付。为了衡量项目进展情况和取得的成就，采用适当的指标是十分必要的；在不同层次使用适宜指标，并明确相关的基线，然后明确各个结果的目标和手段，是项目监测和评估框架的核心内容。指标是评价相应措施的重要组成部分，指标尽可能具备简单、可衡量、可归属、可靠和有时限的特征。气候智慧型农业的指标范围包括农业部门对气候变化的适应和缓解，此外干预措施应有助于提高生产率，提高对气候风险的适应能力，减少温室气体排放，提高温室气体吸收，实现国家粮食安全和发展目标。

（二）项目监测与评估方法

气候智慧型农业项目的监测与评估指标包括技术利用、土地利用变化、家庭生计和体制变化等，涉及定性和定量的数据分析。监测不仅需要有内在的综合系统来追踪财务交易、预期产出、活动目标和成就，还需要将反馈和学习纳入方案和项目管理。监测系统越来越多地通过电脑化的管理信息系统对数据进行追踪和管理。成功的监测和评估的关键是将其在规划和决策中的重要性内在化，体现管理层和其他利益相关者

在气候智慧型农业干预过程中的重要性。监测和评估任务常用来给政府或捐助者提供报告。

四、气候智慧型农业推广经验

（一）推广的方法论

气候智慧型农业因其在缓解、适应气候变化和恢复系统抵御能力及粮食安全等紧迫需求方面存在巨大潜力，因此迅速被国际社会所采用，迄今为止气候智慧型农业相关技术体系已被广泛采用。然而由于气候智慧型农业相关的信息和知识分享不及时，导致其接受程度还比较有限。尽管农业咨询服务可以直接将信息带给最终用户，但是许多发展中国家由于长期人手不足、业务资金有限、与其他研究参与者的联系薄弱，服务能力不足。非洲相关数据表明，肯尼亚每名推广工作者服务的农民人数为950人，乌干达为2 500人，尼日利亚为3 420人（Sones et al.，2015）。这种情况导致了推广系统存在性能不佳、覆盖范围和影响有限的问题，是气候智慧型农业实施的主要挑战。这些系统性的制约因素可能不利于适应战略的顺利实施以对不断变化的气候环境做出快速反应，从而对农业经济构成威胁。推广服务传统上被认为是一种将基于研究的知识投入实际使用的机制，其重点是增加农业生产。全球农村咨询服务论坛（GFRAS，2012）认为，水资源可利用性下降、土壤退化加剧及气候、市场等变化和不确定性等新的全球挑战，会导致当今推广系统的作用发生巨大变化。应对这些全球性挑战需要产生、适应和使用新知识，需要得到各类组织的互动和支持。这些新的挑战还意味着扩展系统需要处理各种各样的目标，这些目标远远超出转让新技术的范围，比如更有效、更负责任地将国内和国际市场联系起来，减少农村穷人的脆弱性并提高他们的发言权，促进环境保护，在农民和其他机构之间建立联系，以及促进农民团体的发展等（Davis，2009；GFRAS，2012）。推广是多种规模和形式的（FAO，1988），推广方法本身（如参与式培训方法、培训和访问方法）或咨询意见的主要基本原则（如有机生产、综合生产）之间的区别并不是绝对的。所有的推广系统都面临着气候变化的挑战，气候智慧型农业同样也面临着挑战，不仅需要从重点考虑粮食安全转向考虑综合因素，同时还需要考虑到气候智慧型农业三个组成部分之间的协同作用和取舍，需要大量投资来发展推广和农民一级的知识和能力。气候智慧型的推广系统是高效率和高收益的工具，在应对气候变化方面发挥着重要作用。农业推广方法主要包含以下几个方面的内容。

1. 农业气象预报

农业气象预报是气候智慧型农业实施的基本要素，各个国家的气象和水文部门通过为农民提供实时天气数据和短期、中长期的天气预报等一系列天气信息，为农业生产的调整提供科学支撑，促进气候智慧型农业的实施。农业气候咨询通过构建预警和决策支持系统促进技术创新，如在遗传学领域采用先进的生物技术，在农业技术领域采用耕作、灌溉、除草、植物保护、土壤种植和保护等新技术促进农业生产适应气候变化。气候服务有助于优化农场管理，例如通过使用覆盖物降低温度、减少蒸发、阻止土壤侵蚀、提高土壤肥力，通过种植树木用于防风、防止/减少沙流，小气候改造，以及建设良好的灌溉系统应对干旱等。农业气象信息和工具的传播在不同程度上与各国的利益相关者产生关联。有的国家通过农民和科学家之间的对话，为农业共同创造气候服务，如农民生产要求开发适当的气象服务工具，如农场每日降雨量测量、每日农业生态观测、对产量/质量的影响及季节性降雨情景等。其他气象服务有助于提升农民的适应潜力，比如对干旱、洪水、热浪和强降水等极端时间的预警。无线网、无线电和广播、面对面会议和小组会议及对话、研讨会和技术会议等是传播农业气象信息的主要方式。这些方式可以为最终用户（农民、价值链的参与者、技术和支持服务）提供适合特定需求的天气和气候信息，并支持用户在各种气候智慧型农业目标下开展活动。

各国家气象水文部门（NMHS）和国际研究机构一直走在农业气象工具应用的前沿。中国不同区域的气候服务已经被证明能够增强作物生产对不利事件的适应。气象组织的 CAgM-METAGRI 项目还表明，农民有能力根据自制雨量计记录降雨量数据确定何时播种。这些方法能够减少能源需求，进而在作物生长期内降低温室气体排放量，能减少灌溉用水，提高生产效率，从制定预防措施和改进战略决策等方面为气候智慧型农业的发展做出贡献。农业气象预报实施效果总体较好，但仍有很大的改进空间，还需要对农业气象服务的推广中介机构进行专门培训，使得它们能够更好发挥积极作用。通过有效的培训，能够使农民成为气候智能实践者，并为农民提供问题解决方案，最终充分发挥气象服务的作用。为了更好地促进农业气象服务在实现气候智慧型农业发展目标中的作用，还需要升级农业气象服务。

2. 农民田间学校

农民田间学校是一种以农民及其需求为中心的基于经验学习的参与式推广方法（FAO，2002）。它为农民提供了一个低风险的环境，让他们试验新的农业管理做法，并从他们的观察中学习，掌握新的实用知识和技能，并提升决策能力（Settle et al.，2014）。该方法最初是由联合国粮农组织和合作伙伴针对绿色革命背景下许多东南亚国家推广的不可持续农药使用而开发的，1989 年首次在印度尼西亚应用，证明了天敌在灌溉水稻系统中调节害虫种群的潜力，并向农民引入提供害虫综合治理的概念（FAO，2002）。自那时以来，农民田间学校已在大约 90 个国家使用，最初在东南亚，后来在撒哈拉以南的非洲、南美和加勒比地区、近东和北非、中亚和东欧，并且适应了不同的作物、生产系统和主题，包括蔬菜作物、谷类作物和根作物的可持续农业生态系统管理（FAO，2014），基于棉花的系统（Settle et al.，2014），综合水稻水产养殖系统（Geer et al.，2006），牲畜和农牧业系统（Dalsgaard et al.，2005；Okoth et al.，2013），树木作物，气候变化适应，营养与价值链的联系，信贷和储蓄或生活技能等。在过去几年中，农民田间学校还整合了适应气候变化的要素，例如联合国粮农组织的农民田间学校植物和害虫综合管理方案（IPPM），该方案在马里和尼日尔促进了改良和适应的品种和农林做法（FAO，2015）。印度尼西亚的田间学校提高了农民对气候变化的认识，并改进了应对降雨模式变化的解决办法，例如记录和解释农场降水量监测和田间集水（Winarto et al.，2008）。农民田间学校通常具有很大的发展潜力，因为农民田间学校的内容可以很容易地适应农民的特定位置需求。然而，在气候智慧型农业背景下，另一个挑战是农民田间学校参与者和其他当地利益相关者在特定地点确定和考虑对气候变化适应和缓解效益最大的做法。

3. 科学实体商场方法

通过跨学科的合作构建农业推广服务的方法致力于向所有参与者如农民、推广中介机构、科学家提供交流传统和最新经验知识和科学知识的机会。该方法包括定期举办各方都参加的科学实体商场（SFS）（每月至少在农村举行一次会议）。该方法在农业气象推广中起到了较好的作用。农业气象学习是指农民对与生产有关的新气象和气候知识等方面的学习。对科学家来说，新知识不仅是农民的传统知识，也是最近的经验知识。农民及当地的推广中介机构，都是科学实体商场的目标。随着时间的推移，农民推广者由农民挑选，并经过更深入的培训，在当地农业升级中发挥重要作用。科学实地商场分别于 2008 年、2010 年和 2014 年在印度尼西亚日惹、爪哇北部和洛姆博克进行试验，重点推广农业气象服务，并取得了较好的效果，①帮助农民提高了对农业环境中发生和将要发生的事情的理解；②改进了相应的决策能力；③对中介机构进行充分培训以更好地帮助农民；④关键的挑战是如何保持一季又一季的科学实地商场，随着越来越多训练有素的推广（及科学家的退出），开发新的问题解决服务。科学实体商场的内容是参与者之间的对话，讨论的组成部分是新的战略、技术和目标，它们提供了新的知识，可用于解决当地农民的脆弱性和解决相关问题。相关结果表明，科学实地商场适用于气候智慧型农业。

4. 培养气候智慧型农民

随着人们对农民和农业系统提供直接利益的增值技术服务的认识越来越深入，农业研究和推广的作用也愈发重要；全球变化使得相关农业技术和服务推广面临更加严峻的挑战。培养气候智慧型农民是推动气候智慧型农业可持续发展的重要途径。印度政府"十二五"规划强调了农业恢复能力和协调治理能力的重要性，其主要目标是设计和执行一项包容各方的参与策略，以降低农业社区的脆弱性并维持其发展，而社区一级的机构和公共领导是这项倡议取得成功的关键。印度推广服务的目标人群是农业社区，尤其是贫困农民和女农民，以及地方一级公共治理系统的民选和非民选领导人。利益相关者包括国家、州、区和村各级的公共行政机制和决策者、推广工作者、民间社会成员、合作社和农民等。利益相关者的广泛参与是土壤健康计划和相关气候适应性农业倡议顺利实施的关键。2004 年，印度通过名为"农业节"的倡议，通过部署"KRISHI MAHOTSAV"这一新的推广方法，提出了气候智慧型农业特别能力建设方案，在季风爆发之前在村级向农民提供相应指导。对每个农户介绍土壤健康卡——基于土壤健康分析的作物选择和土壤管理。通过筛选最贫穷的农民或动物饲养者，并提供了适当的经认证的种子、杀虫剂、肥料混合物和喷雾器，每个农民的限额为 1 500 卢比。村社区采取了一种参与性办法，利用淤地坝和村塘进行水源保护，鼓励农民采用微灌。根据卫星图像绘制地图，农业科学家小组和农业推广小组访问每个村庄，与农民互动，在季风爆发前提供农业咨询。实际上，印度政府于 2015 年在全印度推行了"土壤健康卡"和综合灌溉水管理计划。然而，必须加强与公共领导层的接触，以保持计划的开展。古吉拉特邦在 2005—2013 年农业部门总收入翻了一番。多年来，尽管季风不稳定，干旱不断，但农民的收入和增长速度仍得以保持。农民根据土壤水分含量选择目标作物，以减少化肥和农药的使用，增强种子替代率。间接地加强对景观的管理，减少温室气体的负担，进一步得到了节约用水的支持，减少了因取水而产生的能源消耗。由于不同机构向农民提供的多种信息重叠，推广服务确实存在差距和问题。以印度为例，气候智慧型农业面临的挑战包括小农场中技术/替代方案的实施不充分，示范不足，以及可持续的交付服务欠缺。印度的推广服务转移到气候智慧型农业需要一个质量倍增模型，在地方一级农业推广管理局的参与下，向相关地区的所有农民提供服务。

5. 气候智慧型风险管理

极端天气事件和气候冲击更加频繁的背景下，加强预警系统为遏制农村部门发展进程受到阻碍提供重要保障。允许农民在种植周期内通过有针对性的气候信息做出农场管理决策，有助于减少气候风险和避免经常性的粮食不安全。塞内加尔 90% 的农业是靠雨水灌溉的，其降雨量变化很大，特别是在北部地区，作物特别容易受到不稳定降雨和长期干旱的影响，气候变化背景下极端气候事件频繁发生导致农作物歉收严重（Khouma et al.，2013）。在国际农业研究磋商组织的气候变化、农业和粮食安全研究计划（CCAFS）的支持下，塞内加尔全国约有 300 万人获得了重要的季节性降水和长期天气预报服务，对于制定更加明智的农业管理决策意义重大；通过所提供的气候信息服务使农民能够提高其适应能力和农业生产力。国家气象局与国家航空民用局合作，制定缩小比例的季节性降雨预报，提高合作伙伴进行长期气象数据分析的能力，并为农民提供更可行的信息。广播、移动电话和无线电的广泛使用和覆盖，使向大量受众传达气候信息和向全国其他地区推广该项目成为可能。由于 CCAFS、国家民用和航空气象局（Agence Nationale de I'Aviation Civile et de Ia Météorologie，ANACIM）和塞内加尔无线电协会和社区联合会（the clnion of Radio Associations and Community of Senegal，URACS）之间的伙伴关系，以及每个利益相关者发挥特定的扶持和补充作用，独联体（Commonwealth of Independent States，CIA）的规模得以扩大。2014年，危地马拉农业、畜牧业和食品部（MAGA）与国际热带农业中心（CIAT）和气候变化、农业和粮食安全研究计划密切合作，制定了"气候智慧型农业优先化框架"，分析了危地马拉干旱走廊地区气候智慧型农业的投资机会。倡议力求确定有助于加强该区域脆弱农民粮食安全和生计的气候智慧型农业做法及优先次序。2013年危地马拉政府制定了一项紧急计划，以支持干旱走廊中受干旱影响的家庭。气候智慧型农业优先投资框架的目标是在这一努力的基础上，制定一个进程，将对气候风险的快速反应与建立受气候变化和变异影响的人口适应能力的长期规划结合起来，并取得了较好的效果。

6. 气候智慧型农业优先投资框架

气候变化、农业和粮食安全研究计划和国际热带农业中心设计了基于实证的气候智慧型农业优先级框架（CSA Prioritization Framework，CSA-PF）。CSA-PF是一个参与性过程，将评估气候智慧型农业做法的多种分析工具和方法联系起来，包括：确定气候脆弱农业地区和生产系统的方法，以及基于适应、生产力和缓解等三个气候智慧型农业的组分，由专家领导对气候智慧型农业实践和技术的具体环境结果进行定量和定性评估；对气候智慧型农业实践进行成本效益分析；评估采用气候智慧型农业的机遇和挑战。CSA-PF的主要目标是为各级决策者（国家和地方政府、捐助者、非政府行动者和私营部门）提供各种工具，帮助他们规划进程，从而促进更准确的决策。在不同的业务级别（国家、区域、地方）建立的气候智慧型农业优先行动是框架的一个关键产出。为实现这一目标，CSA-PF构成了多个阶段的参与性进程，将专家评价与国家和地方行动者的反馈结合起来，以确保优先事项与需求保持一致。这些阶段是附加的，以便对一系列适用的气候智慧型农业选项进行筛选、指导并改进实践。在初始阶段，CSA-PF用户确定了研究范围，在此基础上开发了大量的潜在气候智慧型农业选项，然后使用气候智慧型农业相关指标进行评估。在第二步中，利益相关者在不同气候智慧型农业方案之间进行权衡，以便确定一份供进一步调查的做法候选名单。然后在第三阶段彻底评估这些做法的经济成本和效益。利益相关者在最后阶段共同讨论结果，并为投资组合的气候智慧型农业实践确定优先级。

CSA-PF已用于从地方到国家的规划过程，在哥伦比亚、危地马拉和马里完成了试点研究，并在埃塞俄比亚、加纳、尼加拉瓜和越南等地继续使用。危地马拉的农业、畜牧业和食品部是第一个利用这一框架使气候智慧型农业适应环境和政府、学术界、研究中心和生产部门等利益相关方。危地马拉的试点侧重于优先行动，下一步的行动将包括执行、监测和评价（M&E）及调整国家计划。

CSA-PF旨在确定目标投资的优先事项以实现气候智慧型农业现在和将来的目标。该方法允许通过扩大致力于实现任何可持续发展目标（生产力、适应、缓解）的行动者之间的行动和合作的潜在切入点，将可持续发展概念纳入农业和气候变化规划，该框架也可以专门针对农业部门的适应或缓解选择进行。事实证明，CSA-PF有助于共同发展一种愿景，这种愿景由公共、私营和非营利性部门的行动者共同制定，该愿景面向中长期农业发展规划，并考虑到多个投资层面。然而这一举措成功的关键因素是利益相关者承诺继续参与这一进程，并愿意着手在实地实施投资组合。

（二）推广的科技和创新

1. 数字农业有助于实现气候智慧型农业的目标

数据一直是科学研究的基础，实验设计与统计分析在种植制度研究中取得了很大进展。如今数据的来源、数量、性质、用途和用户都在迅速发展。大数据革命在社会的许多领域带来了诸多机遇和挑战（Mayer-Schonberger et al.，2013）。发达国家的农民通常使用嵌入联合收割机的GPS传感器，以非常高的分辨率绘制产量图。同时，云计算和自动气象网络可以对气候数据进行搜集，并通过网络平台实时提供这些数据。未来无人驾驶飞机、远程连接传感器、卫星产品的进步和互联网的普及，使得农业生产将产生更多的数据。这些信息可为农民和农学家提供高度相关的特定地点信息，以丰富他们的知识基础，支持更准确的决策。将描述作物管理、产量和作物状况的农民数据汇集起来，并与气象记录和田间土壤数据相结合，以精细描述作物生长的实际条件及其实现的产量。利用经验建模技术挖掘数据库，可以获得有关作物对环境条件变化、主要限制因素和每种情况下的最佳管理做法。聚类、主成分分析、回归和机器学习方法，如人工神经网络、分类和回归树，是可采用的技术组合的一部分，可克服此类数据带来的额外挑战（噪声、稀疏、当时变化的所有因素等）。这个过程可以被描述为一个大范围的基准测试，在这些测试中，作物的性能在具有相似环境条件的几组农田中被比较。数据驱动农业带来了几个机会：①量化作物产量差及其缩减途径（Van Ittersum et al.，2012）；②详细了解不同作物品种对不同气象因子在特定地点尺度上的响应；③根据气候变化特征对作物生产面临的灾害事件进行分类；④实现在特定环境条件下检测最佳管理实践。

农户可根据分析结果，对其经营管理进行调整，优化投入水平、品种选择、播期等做法。描述有利/不利的气候模式及其发生的可能性对于他们预测作物轮作和管理风险有重要作用。这种方法对于没有获得推广服务的小农特别有用。这是一种监测作物对气候、土壤和管理的大规模响应的新工具。这个系统基本上复制了农学家的思

49

想，但拥有计算机精确而可靠的内存。他们将根据许多农场的实际测量数据，来丰富他们的建议。植物育种家可以利用分析的结果直接反馈不同品种在商业条件下的表现。这不仅有助于他们根据品种的实际表现来调整育种策略，而且也有助于设计出更多的、更能适应各种环境的特定地点的品种。农业组织可以获得许多关于作物生长的信息，以便优化收获、物流和商业化等。

数据驱动农业已经在世界上一些地方得到了验证和实施，包括中国（Tao et al.，2016）、哥伦比亚（Jiménez et al.，2016）、法国（Delmotte et al.，2011）、伊朗（Shekoofa et al.，2014）等。但一些国家也报告了在不同商业模式下的具体实施，如阿根廷、哥伦比亚、墨西哥、尼加拉瓜、乌拉圭和美国，一些私营公司已经开始开发解决方案和服务。农民通过基于互联网的技术提供他们的数据，并收到关于其作物状况的个性化报告和关于为充分利用其作物而采取的行动的建议。比如美国的气候公司利用公开的逐日天气数据，为会员的农场主生成情境化天气预报和管理建议。农民商业网络也提供类似的服务，但它邀请农民加入一个社区，在这个社区中，农民匿名分享他们的数据，建立一个庞大的知识数据库，每个成员都可以从中学习，并与数以百万计的其他人进行基准管理。如今，每台约翰迪尔（John Deere）的机器都包括一张SIM卡，用于向公司实时传输操作数据。这些数据包括机器测量运行时间、故障频率、发动机性能和许多其他有关机器运行的信息。该公司收集和分析这些数据，为客户提供有关机器状态、盈利能力的报告，以及如何改进机队管理的建议。此外，该公司还根据农民的数据进入农艺咨询领域。此外，其他研究机构也在进行相关的研究工作，比如国际农业研究磋商组织正在制定若干举措，以更好地利用农民数据，以及国际热带农业中心的 AEPS 团队和国际玉米小麦改良中心（CIMMYT）的 Mas 农业项目。一个致力于大数据的跨领域平台也计划在 2017 年启动。英国洛桑研究所（Rothamsted Institute）进行了大量投资，以更好利用农业部门的大数据。

数据驱动农业可能需要时间才能达到允许分析的关键数据量。随着数据采集的增长，已经有类似使用相同的概念但依赖更简单的信息的方法：智利的 Cropcheck、阿根廷的 CREA 或法国的 CETA（Gerbaux et al.，1984）。这些工具的基础是通过绩效成员农场的基准，共同构建集体知识。

2. 新型气候智慧型农业推广方法：智慧植物案例

智慧植物（Plantwise）是一个在非洲、亚洲、中美洲和南美洲 30 多个发展中国家推出的植物健康系统发展的多伙伴全球方案，为应对气候变化带来的众多挑战提供了新的平台机制（Romney et al.，2012），也是非洲土壤健康联盟正在实施的案例，扩展系统可以通过多种方式对气候智慧型农业做出贡献。Plantwise 的目标是通过将大众媒体与植物诊所联系起来来解决这一问题，做好信息的传递。植物诊所推广工作的方式与人类健康诊所类似；它们是国家推广系统的前线联络点，允许推广工作者和农民就"任何问题和任何作物"直接交流信息。植物诊所是促进推广工作者和农民之间面对面交流及双向知识和信息流动的渠道，并与植物健康系统的其他组成部分建立联系（Boa et al.，2015）。它们满足农民的迫切需要，根据需要提供咨询意见，由国家和地方机构定期在最适合满足农民需要的公共场所开展。到目前为止，在亚洲、非洲和美洲的33个发展中国家已经建立了1 600多个植物诊所，农民可以就影响他们种植作物的任何植物健康问题得到援助，并从推广人员那里得到切实可行的建议。同时，推广人员还填写了一份所谓的处方单，记录有关植物健康问题的信息和给出的建议。每个农民的访问数据都保存在一个中央存储库中，是实时信息的金矿。植物诊所可以直接或间接地为气候智慧型农业的三个支柱作出贡献。毫无疑问，有针对性的建议有利于产量增加，植物诊所有助于粮食安全。研究显示，在巴基斯坦、斯里兰卡、卢旺达、马拉维和加纳访问植物诊所的农民中，82%的人报告说植物诊所使得作物产量增加（Williams，2015）。由于更好的作物管理做法，作物产量增加，同时也意味着由于更好地利用现有的土地和农业生产资源，生产效率提高，有助于缓解气候变化。植物诊所在适应气候变化方面的作用主要体现在两个方面。一方面，由于气候变化导致新问题出现的速度越来越快，植物诊所与其他植物健康系统利益相关者相联系，为迅速应对农民带来的新问题提供了一种机制（Romney et al.，2013）；另一方面，植物诊所在监测方面可以发挥关键作用。由于模型无法准确预测气候变化的影响，因此制定和推出针对特定地点的气候变化适应措施是困难的。通过在植物诊所系统收集的数据，可以发现气候变化导致的意外作物生产问题。这使得政府能够制定适宜的应对策略，比如通过植物诊所或其他推广方法，以更好地应对新出现的害虫、温度升高或生长季节的变化等问题。植物诊所也可以在建立整个农业系统的恢复力方面发挥重要作用，因为他们的建议侧重于综合害虫管理原则。这种做法减少了对农业投入（如化肥、农药）的依赖，从而使小农在这些投入价格上涨后能够更快地实现经济复苏。

　　植物健康集会法是一种推广方法，可以迅速提高人们对重要作物面临的重大农业风险或威胁的认识，促进其采用改进的农业做法，并可以收集农民对影响生产的重大问题的反馈意见。植物健康集会法是对植物诊所方法的补充，他们传输的信息在范围、影响和复杂性方面有所不同。他们通常在公共场所举行，对所有人开放。植物健康集会可能是自发的，用旗帜和其他公告吸引人们，也可能是专门为这一活动动员起来的。每一次集会都以对所选主题的简短解释开始，然后人们（主要是农民）可以提出问题，并得到经过验证的建议的情况说明书。植物诊所和植物健康集会之间的协同作用可以确定。最明显的是，在植物诊所收集的数据可用于确定植物健康集会的主题，从而使该方法成为一个极其灵敏和强大的推广工具。截至2014年底，在14个不同国家举行了近290次植物健康集会，向21 000多名农民传达了有针对性的信息。特别是在马拉维、乌干达和赞比亚等国，这种方法已被公共推广系统采用，并因其能够在短时间内接触到目标地区的大量人口而受到重视（Mur et al.，2015）。来自马拉维的经验表明，两天内，举行了 34 次植物健康集会，并与 4 000 多名农民就木薯花叶病毒或独脚金等对粮食安全构成巨大威胁的重要病虫害达成了管理策略。

植物健康集会和植物诊所的目标一致，植物诊所的重点主要是应对新出现的问题，并提出有针对性的建议促进粮食安全和缓解气候影响，但植物健康集会更加强调提高认识和进行预防。植物健康集会并不意味着个体农民和推广工作者之间的面对面交流，例如在植物诊所，传递给农民的信息的复杂程度降低了，但传达到的农民人数增加了。由于其主要由供应主导的方法（如经典的大众媒体方法）和双向的需求驱动的方法（如植物诊所）之间的混合性质，使人们对气候变化及其对农业的相关影响也有了更好的认识。这种方法也有助于缓解气候变化。例如，植物健康集会将找到一个完美的工具，用于缓解气候影响，如在水稻生产中使用尿素深埋技术，从而减少水稻的温室气体排放。

3. 气候智慧型农业的大众科学方法：技术的三元比较

Triadic Comparison of Technologies（TCICOT）是一种将公民科学方法应用于评估农场气候智慧型技术的方法，这种方法有助于在不同地点进行联合学习。TCICOT 公民科学方法本质上是参与性的，可扩展到许多农民。该方法通过使用一种简单的技术评估方法，对许多农户进行评估。每个农民接受种子、化肥等三种技术，并从农民的角度反馈哪种技术是三种技术中最好和最差的。由于每个农民接受三种技术的组合不同，因此有可能评估多种选择的组合。通过将农民产生的数据与其他来源的数据相结合，特别是气候、土壤和社会经济条件，TCICOT 能够获取有关技术与环境的相互作用及其对气候智慧型农业潜在贡献的信息。这些信息有助于通过实地活动向农民介绍各种选择，并向研究人员、投入和服务提供者提供信息。TCICOT 是在印度、东非和中美洲进行广泛试验的基础上进行设计的，试验项目由国际生物大学牵头，其目的是促进全球气候变化研究所加强气候变化、农业和粮食安全研究方案的研究。许多组织现在已经实施了这一方法，包括 CATIE（中美洲）、NARI（坦桑尼亚）、Mekelle 大学（埃塞俄比亚）、ICAR（印度）和大量的 Krishi Vigyan Kendra（KVK）农场科学中心，它们的任务是进行农场测试，一些其他组织也在准备或考虑进行此项试验。

4. 预警系统促进气候智慧型农业的作用

预警系统帮助社区农民提高他们对天气模式、粮食不安全的恢复能力，并及时向农民提供准确的预测信息。非洲乌干达科蒂多地区常年处于干旱、不安全和粮食不安全状态，导致水资源供应、农作物病虫害频繁发生等诸多问题，显著制约人类健康和农业可持续发展。地方和国家政府、联合国、FEWSNET 等的机构与发展伙伴共同合作，为整个卡拉莫亚地区设计了预警系统。该系统在地方和国家政府现有结构下执行，由名为 ACT 的非政府组织与总理办公室和农业部合作，为其运作提供技术和财政支持。该系统包括对每月收集的数据进行分析和审查，并将其传播给区域/地区/县内有风险的社区。通过监测选定的指标，可以提前预测干旱、饥荒、病虫害爆发、销售、人畜饮水不安全等风险。因此，每当灾害风险上升时，该系统就可以及时向社区、有关地区部门和发展伙伴发出警报信号，并着手实施备灾措施，以尽量减少对人口的影响。地区内各部门的负责人可以向各利益相关者提出建议，阐明最佳策略，以帮助社区做好准备。

（三）知识与分享

1. 绿色数字

绿色数字（Digital Green）始于 2006 年，是微软研究公司新兴市场技术小组的一个研究项目，目的是了解信息和通信技术如何支持小型农业系统。Digital Green 测试了多种方法，并将海报、音频消息和视频的使用与传统的扩展方法进行了比较，例如培训和访问（推广人员访问农民并亲自提供改进做法）和农民田间学校（利用示范田提供实践培训和改进做法）。这些实验促进了 Digital Green 的发展，该方法与现有的公共、私营和民间社会组织合作，参与推广和分层技术，以增强其效能和效率。2008 年，Digital Green 成为一个独立的非营利组织，通过调整和加强放大的推广应用，使印度、埃塞俄比亚、阿富汗、加纳、尼日尔、巴布亚新几内亚和坦桑尼亚的 80 多万农民（80％的妇女）参与进来。

Digital Green 采用参与式培训的推广代理方法，通过使用低成本袖珍摄像机、麦克风和三脚架分享推荐信及同行农民制作短片，让当地农民展示改进后的农业做法。通过观看视频并进行讨论，记录农民反馈、问题和兴趣及他们采用的实践的数据。数据和反馈在迭代周期中通知下一组视频的制作和分发，进一步满足社区的需求和兴趣。在一项控制性评估中，发现该方法的效率是原来方法的 7 倍，在相同成本的基础上效率是原来的 10 倍（Gandhi et al.，2009）。参与式视频是 Digital Green 的核心；Digital Green 也可以使用其他通信渠道，如广播电视和移动应用程序来传播信息，并将农民与市场联系起来。Digital Green 发现不同的沟通方式可以在另一个层面上互补，这就是认知知识采用-农业推广的生产力连续体。当信息来自与自己相似的来源时，农民的接受程度更高。Digital Green 还利用视频构建课程，并将其纳入推广机构的培训体系。Digital Green 的模式促进了印度和非洲采用气候智慧型农业实践，能够可持续地提高农业生产力和收入。制作并分发给农民的视频内容大多侧重于提高农场生产力的农场管理和农艺做法，而不是传统推广的"技术转让"，后者往往侧重于提供改进的投入，包括有害的合成农药和肥料。它还降低了农民的成本，提高了农民的应变能力,降低了他们遭受气候和市场冲击的风险;重点强调了利用当地现有的、内生的知识和资源,以及那些对产量有最大限制的知识和资源,包括水、土壤管理和虫害管理。例如,印度政府的国家农村生计特派团(NRLM)正在利用 Digital Green 的方法,促进水稻生产技术的改进,包括在水稻种植、除草和水管理及种子处理中进行苗圃培育和移植。这些做法遵循政府批准的环境指南,其中包括害虫管理、疾病管理、土壤营养管理、雨养区的种植模式及水土保持。遵循这些指导原则是 Digital Green 与现有系统合作方法的重要组成部分,因为建立并行系统限制了该方法的长期可行性。

2. 气候信息服务

农业气象机构的培训是气候智慧型农业发展中至关重要的环节。推广中介机构通过培训等,产生对农业生产决策者有用的知识;他们大都是国家气象局及大学和研究机构的推广部门中受过专门培训的工作人员,这些部门为响应农业的科学支持系统提供内容(Stigter et al.,2013)。天气和气候预报、干旱洪水或其他灾害的监测和预警产品、农业气象服务咨询,这些服务可以提高农民的防备能力,但必须制成便于客户使用的产品,以便在农村应对气候变化时使用(Stigter et al.,2013)。必须在应用科学的层面上发展这种响应农业,寻求解决农民问题的办法。在培训方面,这类"产品中介机构"需要对农民的需要及如何利用应用农业气象学的知识进行良好的教育。另一类中介机构与农户最为接近,他们应该学会更好地表达农民社区的需求,并寻找需要注意的农业气象组成部分。他们应该将这一点与现有的或应该成为的农业气象服务相匹配,并与产品中介机构保持密切联系。上述农业气象学的例子经适当修改后也适用于农业水文学、农业昆虫学、农业害虫管理、作物管理、农场管理等领域。

3. 气候智慧型农业和农民组织:越南案例

越南是农业大国,全国9 000多万人口的 2/3 生活在农村地区,在保障本国人口粮食安全和森林覆盖率的基础上,越南也是大米、咖啡、橡胶、腰果、黑胡椒、木材和水产产品的出口国,在农业生产中成绩斐然。越南农业面临着利润率低、设备陈旧造成的劳动力投入高、农田面积小且分散、基础设施和投资选择差及与天气有关的压力。越南有两大推广体系:①通过农业和农村发展部(MARD)进行公共推广。偏远地区通常只有一个推广官负责整个公社。②农民联盟是党和人民委员会下属的一个民间社会组织。在农民和推广者中,一个越来越受欢迎的活动是与出售种子和肥料等投入物相联系的私人推广活动。MARD 自 2010 年起参与气候智慧型农业,于 2012 年在河内主办了第二届全球农业、粮食安全和气候变化会议。MARD 认为参与 GACSA 将为农业增加价值和可持续性。例如,联合国粮农组织的气候智慧型农业经济和政策创新方案就土著产品的气候智慧型农业价值链与 MARD 合作。农业和林业在国家决定的对气候公约的预期贡献中具有很强的特点。气候智慧型农业倡议包括三角洲地区的水稻-可持续强化和交替干湿（Siopongco et al.，2013）及通过支付森林环境服务（PFE）实现的林业。2014年，通过气候变化、农业和粮食安全研究计划，引入了气候智慧型村庄（CSV）。选择了6个村庄，代表不同的气候暴露农业生态系统，包括越南3个、老挝2个和柬埔寨1个。CSV是可扩展气候智慧型农业技术的测试站点，建立在国际和当地机构之间的合作关系基础上。气候智慧型农业在越南面临的挑战主要有3个：①气候智慧型农业有不同的解释；②支持政策不清晰；③妇女参与培训的时间难以保证。越南气候智慧农业发展的主要机会：①出口作物主要以单作或短期轮作方式种植，但都可以在综合系统中种植。②可以与推广人员和农民一起制定"智慧型"指标，以监测适应情况，减少或稳定产量，提高收入。这些指示器还可以监视扩展演示。研究表明，农林复合经营缩短了自然灾害后的经济恢复期。③有了3～4年的轮换人员项目，与那些留下来的人及那些学会创造资源的人合作是至关重要的。④MARD对于促进扩张的政策至关重要。

参考文献

Boa E，Danielsen S，Haesen S，2015. Better Together：Identifying the Benefit of a Closer Integration Between Plant Health，Agriculture and One Health［M］//One Health：The Theory and Practice of Integrated Health Approaches. London：CABI：258-259.

Carter T R，Jones R N，Lu X，et al.，2007. New assessment methods and the characterisation of future conditions［R］// Parry M L，Canziani O F，Palutikof J P，et al. Climate change 2007：impacts，adaptation and vulnerability. Cambridge：Cambridge University Press：133-171.

Colorado State University，2013. ALU Agriculture and land use national greenhouse gas inventory software ［Z/OL］. http：//www. nrel. colostate. edu/projects/ALUsoftware/.

Dalsgaard J P T，Minh TT，Giang V N，et al.，2005. Introducing a farmers' livestock school training approach into the national extension system in Vietnam［Z］.［s. l.］：Agricultural Research & Extension Network.

Delmotte S，Tittonell P A，Mouret J C，et al.，2011. On farm assessment of rice yield variability and productivity gaps between organic and conventional cropping systems under Mediterranean climate［J］. European Journal of Agronomy，35（4）：223 – 236.

Dessai S，Hulme M，2004. Does climate adaptation policy need probabilities?［J］. Climate Policy，4（2）：107-128.

Engle N L，2011. Adaptive capacity and its assessment［J］. Global Environmental Change，21：647-656.

FAO，1988. Definition of Several Extension Approaches［Z/OL］. http：//www. fao. org/docrep/v9122e/v9122e02d. htm.

FAO，2002. From farmer field school to community IPM – Ten years of IPM training in Asia［Z］. Bangkok：FAO.

FAO，2010. Greenhouse gas emissions from the dairy sector：a life cycle assessment［Z］. Rome：FAO.

FAO，2012a. Using marginal abatement cost curves to realize the economic appraisal of climate-smart agriculture：policy options［Z］. Rome：FAO.

FAO，2012b. Incorporating climate change considerations into agricultural investment programmes：a guidance document［Z］. Rome：FAO.

FAO，2012c. Learning module 2：FAO approaches to capacity development in programmes：processes and tools. FAO Capacity Development［Z/OL］. http：//www. fao. org/docs/eims/upload/299903/LM2 _ webready _ interactive _ final. pdf.

FAO，2014. Transboundary Agro-Ecosystems Management Project for the Kagera River Basin［Z/OL］. http：//www. fao. org/3/a-au254e. pdf .

FAO，2015. Building resilient agricultural systems through farmer field schools – Integrated Production and Pest Management Programme（IPPM）［Z］. Rome：FAO.

Folke C，2006. Resilience：the emergence of a perspective for social-ecological systems analyses［J］. Global Environmental Change，16（3）：253 – 267.

Gandhi R，Veeraraghavan R，Toyama K，et al.，2009. Digital Green：Participatory video and mediated instruction for agricultural extension［J］. Information Technologies and International Development，5（1）：1-15.

Geer T，Debipersaud R，Ramlall H，et al.，2006. Introduction of Aquaculture and other Integrated Production Management Practices to Rice Farmers in Guyana and Suriname［Z］. Rome：FAO.

Gerbaux F，Muller P，1984. La naissance du développement agricole en France［J］. Économie rurale，159（1）：17-22.

GIZ，2011. Making adaptation count：concepts and options for monitoring and evaluation of climate change adaptation［Z］. Washington：World Resources Institute.

GFRAS，2012. The "New Extensionist"：Roles，Strategies，and Capacities to Strengthen Ex-tension and Advisory Services［Z］. Lausanne：GFRAS：1-3.

IPCC，2012. Managing the risks of extreme events and disasters to advance climate change adaptation［R］//Field C B，Barros V，Stocker T F，et al. A Special Report of Working Groups I and II of the IPCC. Cambridge：Cambridge University Press：582.

Jiménez D，Dorado H，Cock J，et al.，2016. From Observation to Information：Data-Driven Understanding of on Farm YieldVariation［J］. PLoS One，11（3）：e0150015.

Khouma M，Jalloh A，Thomas T S，et al.，2013. Senegal［M］. Washington：IFPRI：291-322.

Mayer-Schonberger V，Cukier K，2013. Big Data：A Revolution That Will Transform How We Live，Work and Think［M］. London：Hodder & Stoughton Publishers：242 .

Mur R，Williams F，Danielsen S，et al.，2015. Listening to the Silent Patient［M］. Wallingford：CABI.

Okoth J R，Nalyongo W，Petri M，et al.，2013. Supporting communities in building resilience through agro pastoral field schools［Z］. Rome：FAO.

Romney D，Boa E，Day R，et al.，2012. Solving the problem of how to solve problems：Planning in a climate of change［R］. London：Planet Under Pressure Conference.

Romney D，Day R，Faheem M，et al.，2013. Plantwise：Putting Innovation Systems Principles into Practice［J］. Agriculture for Development，18：27-31.

Settle W，Soumaré M，Sarr M，et al.，2014. Reducing pesticide risks to farming communities：cotton farmer field schools in Mali［J］. Philosophical Transactions of The Royal Society B Biological Sciences，369（1639）：20120277.

Shekoofa A，Emam Y，Shekoufa N，et al.，2014. Determining the most important physiological and agronomic traits contributing to maize grain yield through machine learning algorithms：a new avenue in intelligent agriculture［J］. PLoS One，9（5）：e97288.

Siopongco J D L C，Wassmann R，Sander B O，2013. Alternate wetting and drying in Philippine rice production: feasibility study for a Clean Development Mechanism ［R］. Los Banos: International Rice Research Institute (IRRI).

Sones K R, Oduor G I, Watiti J W, et al., 2015. Communicating with Small-holder Farming Families - A Review with a Focus on Agro-dealers and Youth as Intermediaries in sub-Saharan Africa ［J］. CAB Reviews, 10 (30): 1-6.

Stigter C J, Winarto Y T, 2013. Science Field Shops in Indonesia: A start of improved agricultural extension that fits a rural response to climate change ［J］. Journal of Agricultural Science and Applications (JASA), 2 (2): 112-123.

Tao F, Zhang Z, Zhang S, et al., 2016. Historical data provide new insights into response and adaptation of maize production systems to climate change/variability inChina ［J］. Field Crops Research, 185: 1-11.

UNFCCC, 2010. Handbook on vulnerability and adaptation assessment// Consultative group of experts on national communications from parties not included in Annex I to the Convention ［Z］. ［s. l. ］: UNFCCC.

United Nations EnvironmentProgramme (UNEP), 2013. Carbon benefits project: modelling, measurement and monitoring ［Z］. Nairobi: UNEP.

Van Ittersum M K, Cassman K G, Grassini P, et al., 2013. Yield gap analysis with local to global relevance — A review ［J］. Field Crops Research, 143 (1): 4-17.

Villanueva P S, 2010. Learning to ADAPT: monitoring and evaluation approaches in climate change adaptation and disaster risk reduction – challenges, gaps and waysforward ［Z/OL］ //Strengthening Climate Resilence (SCR) Discussion Paper No. 9. http: //community. eldis. org/. 59d49a16/Learning-to-ADAPT. pdf.

Walker B, Gunderson L, Kinzig A, et al., 2006. A handful of heuristics and some propositions for understanding resilience in social-ecological systems ［J］. Ecology and Society, 11 (1): 3.

Walker B, Holling C S, Carpenter S R, et al., 2004. Resilience, adaptability and transformability in social-ecological systems ［J］. Ecology and Society, 9 (2): 5.

Williams F, 2015. Plantwise Rapid Satisfaction Survey ［Z］. London: CABI.

Winarto Y T, Stitger K, Anantasari E, et al., 2008. Climate Field Schools in Indonesia: Improving "response farming" to climate change ［J］. ILEIA, 24 (4): 16-18.

World Bank, 2009. Guidance Notes Mainstreaming Adaptation to Climate Change in Agriculture and Natural Resources Management Projects ［Z］. Washington: World Bank.

第五章

国际气候智慧型农业案例

提　要

　　本章对比分析了发达国家和发展中国家气候智慧型农业典型案例，总结了气候智慧型农业存在的问题和挑战。发达国家代表意大利的气候智慧型农业的案例主要介绍了气候变化对意大利农业和经济的影响、意大利气候智慧型农业及其效果预测、意大利在发展气候智慧型农业上面临的机遇和挑战等内容；莫桑比克作为发展中国家代表，其气候智慧型农业的发展远不如意大利的水平高，对它的介绍主要包括气候变化对莫桑比克农业和粮食安全的影响、莫桑比克气候智慧型农业技术和实践及莫桑比克气候智慧型农业的制度和政策。在介绍分析两个案例的基础上，重点梳理了气候智慧型作物生产系统的特征及发展优先序，包括作物品种改良、构建多样化的种植制度、气候智慧型土壤管理、气候智慧型灌溉、病虫害综合治理、农业机械化水平和气象预测等；并简单介绍了欧洲作物轮作系统、美国大豆玉米生产体系和水稻生产系统等较为成熟的气候智慧型农业生产体系。这些都为我国气候智慧型农业作物生产系统提供相关支撑。

一、发达国家气候智慧型农业案例——意大利

（一）气候变化对意大利农业和经济的影响

　　意大利是欧洲重要的农业生产国，不同地区气候和土壤条件差异显著，且面临土壤流失、沙漠化、侵蚀及生态系统普遍退化和极端事件升级等诸多环境挑战。意大利拥有近一半欧洲的植物物种和超过 5.8 万种动物物种，是欧洲生物多样性密度最高的国家之一。在过去几十年里，由于发展和支持可持续性的政策，意大利国家农业部门虽然在应对气候变化和农业方面经历了重大变化，但各部门之间的对话和参与仍然是

一个不断发展的进程，需要有凝聚力的政策、技术小组和有用经验。农业部门的数据显示，农业为意大利提供了 42.9 万个就业机会，农业、林业和渔业部门的增加值为 3.3%，产值估计为 544 380 亿欧元（ISTAT，2015）。尽管农业面积总计约 1 286 万 hm²，但农业面积却占水土流失的 2.4%，水土流失面积已从平均每年 7.9hm² 增加到 8.4hm²。由于生产可再生能源的农场（21 000 个农场）和其产品转换（增加 97.8%），农业领域中多功能农场的数量最近有所增加（48.4%）；然而，猪、牛和家禽农场数量分别下降 7.8%、4.5% 和 1.5%，绵羊农场数量增加 0.5%。意大利有机农业发达，超过 9% 的农业用地用于有机生产，在欧洲排名第四，全球排名第六；经认证的有机产品产量也显著增加（7.7%），杀虫剂用量不断下降（FAO，2016）。

从 1996 年开始，随着《欧洲农村图表》的采用，国家农村政策得到了加强，其将农业土地的使用与环境和社会经济方面联系起来。欧洲的指令和条例，包括植物保护产品的可持续使用指令（2009/128/CE 指令）和《欧洲发展战略》的应用，进一步加强了农业部门可持续性行动在区域和国家的实施。欧洲共同农业政策（CAP）的改革开始于 2013 年，使得过去 10 年中意大利商业农场规模不但扩大，大型公司在适应生产变化和需求方面具有更高的效率和竞争力。意大利社会经济框架的特征仍然是一个结构性的弱点，虽然农业生产使意大利国内生产总值（GDP）有了 1.8% 的附加值，但由于当前的全球金融危机，意大利经济性能处于低增长状态，GDP 总量以每年 0.9% 的速率收缩（ISTAT，2016）。因此，农业收入的减少仍然显著，与其他欧盟国家相比，在 2006—2015 年，意大利农业收入减少了约 6%（MiPAAF，2015）。但是意大利在农业优质产品的数量上仍然处于领先地位。

意大利积极参与并采取行动促进应对气候变化相关政策的实施，批准了《巴黎协定》（COP21）。意大利环境、领土和海洋部于 2015 年批准了适应气候变化的国家战略文件"国家对策"（SNAC）。SNAC 表示农业和粮食生产在很大程度上取决于自然资源的状况，并且它们对气候变化的影响特别敏感。了解气候变化的状态、影响和脆弱性对地方农业部门定义和实施最合适的适应措施至关重要。意大利的许多农业地区容易受到气候变化的影响，引入适当的适应战略可以最大限度地减少其脆弱性，并有助于增加粮食产量和减缓气候变化。在国家战略 SNAC 内，除了由地区和地方机构及利益相关方代表组成的常设观测站"Osservatorio Nazionale"外，还建立了一个促进信息、知识和公民参与的论坛，以便确定优先重点支持的行动和政策并监控其有效性。《适应气候变化的国家计划》将确定 SNAC 中关键领域的优先行动。在这方面，可提供几种通过欧盟资助的项目在不同计划中实现的最佳方案，例如 CIP 生态创新和 CIP 欧洲智能能源-IEE 等。知识平台网站（Piattaforma delle Conoscenze）共享这些最佳方案并相关参与者促进对它们的访问，从而促进了这些参与者之间的沟通。

（二）意大利气候智慧型农业

1. 国家层面的气候智慧型农业

意大利十分关注气候智慧型农业相关政策的制定实施，促进气候智慧型农业发展的相关政策方案在意大利的实际应用方面发挥了重要作用，相关方案已被纳入了欧洲的相关指令和法规。在国家框架内，有助于减缓气候变化的主要政策和金融工具主要来自 CAP，特别是来自致力于农村发展措施的政策。农业与这些减排措施直接相关，农业排放占温室气体排放量的 24%，并且也是潜在的碳库。CAP 的第二大支柱由欧洲农业农村发展基金（EAFRD）资助。在意大利，该计划由 21 个地区农村发展计划（RDP）实施，旨在帮助农民采取有利于气候和环境的农业管理措施。在机构层面上，支持气候智慧型农业政策在全国范围内的主要国家实体是农业食品与林业政策部（MiPAAF）和环境、领土与海洋保护部，国家研究机构〔如环境保护研究所（ISPRA）、意大利国家研究委员会（CNR）、农业研究与经济委员会（CREA）〕，以及地方一级的自治省。还应指出的是，农业食品与林业政策部正在管理一项由农业研究与经济委员会实施的 2014—2020 年全国农村网络计划（NRN），该计划旨在支持国家和地区当局实施欧洲农业农村发展基金的政策，并将 RDP 的气候智慧型农业主题纳入该计划。

意大利领先的项目、计划和资金在不同的政策和技术水平上促进了气候智慧型农业，同时在不同的参与者和推动者之间产生了有效的协同作用和互补性。具体而言，通过制定政策文件和专项管理资金，在国家和地区两级实施研究和创新政策。在全国范围内，意大利环境、领土与海洋部及农业食品与林业政策部、经济财政部（MEF）和教育研究部（MIUR）是从事农业食品及其相互联系研究的主要机构。在区域尺度上，农业研究受到具体规则的管制，而区域间农业研究，林业，水产养殖和渔业网络的协调则发挥了重要作用。在发展服务和创新转让领域，区域主管部门拥有充分的行动自主权。"农业、粮食和林业创新与研究战略计划"描述了农业食品与林业政策部和意大利地区的战略，以实现 CAP 的 2014—2020 年欧盟法规所预期的第一个优先事项，即农村发展政策计划框架内"促进农村地区农林知识和创新的转让"。欧洲创新伙伴关系（EIP）从不同领域提供的机遇中获得的成就具体表现在研究与创新政策和国家凝聚力政策，以及环境与气候变化政策、消费者与健康政策、教育与培训政策、工业与信息政策等方面。

农业部门的主要目标是应对挑战，并在国家和地方各级促进研究、创新和培训。根据欧洲计划（2014—2020 年），意大利的政策着重于主题目标，特别强调："加强研究、技术开发和创新""提高中小企业在农业领域的竞争力""渔业和水产养殖部门""促进适应气候变化的预防和风险管理"和"保护环境和促进资源的有效利用"。

在国家层面，制定了若干计划和项目，并共同采取行动以应对可持续发展的优先事项。农业食品与林业政策部重点关注保护性农业，保护性农业在气候智慧型农业中具有重要作用。通过区域 RDP 设想的专门支持措施，促进保护性农业在意大利的推广应用，并致力于培养自愿转向保护性耕作方式的农民。保护性农业方案是对土壤和资源过度消耗现象的一种有价值的减缓策略，同时积极维持土壤肥力和生物多样性。推广保护性农业，有助于保护耕地，提升社会可持续性和资源利用，结合外部投入优化生产。意大利保护性农业的主要组成部分包括技术干预措施，例如直播和免耕、移除耕作系统、在两次连续种植之间使用覆盖作物及在田间留下类似覆盖物的秸秆。少免耕与条带耕作需要对前 15cm 的土壤进行处理，此外还要进行 5cm 和 8cm 深度的垂直耕作。通过 NRN 安排的专门项目，农业食品与林业政策部为地区和利益相关方提供了坚定的支持，旨在促进在欧洲农业农村基金的支持下 CSA 的采用和传播。

2. 意大利气候智慧型农业投资环境

欧洲十分重视公共财政对可持续发展的支持，特别是在应对气候变化带来的新挑战方面。共同战略框架（CSF）旨在为 2014—2020 年提供长期的社会经济和环境援助。欧洲优先事项已与意大利和特定部门的需求相协调，保证了合作、融合和竞争力。研究和创新及教育和社会凝聚力得到了加强，转向了资源节约型低碳经济。

欧洲农业农村基金预算为 996 亿欧元。这大约占 CAP 预算的 24%。2014—2020 年，欧盟农村发展政策的预期公共总支出为 1 610 亿欧元。在欧洲农业农村基金预算中用于环境和气候优先领域的占公共资金的 52%，约合 800 亿欧元。根据 RDP 第 10 条规定建立的农业环境气候付款（AECP）大致占欧洲农业农村基金预算的 17%。意大利 2014—2020 年 RDP 的预算约为 210 亿欧元，其中 41% 用于环境和气候优先事项。第 10 号措施的预算占全部计划支出的 12%（2014—2020 年为 23 亿欧元，这是估计将在 7 年内分配的计划配额），用于激励维持农民和其他土地管理者的自然资源保护、遗传遗产、提供生态系统服务及减排或适应气候变化的行动。

根据国家农村网络分析，公共支出对 RDP 创新结构措施有明显促进作用，2007—2015 年对农业部门固定投资总值的影响从 8% 上升到 12.1%。除了 2020 年欧洲计划为"粮食安全，可持续农业，海洋和海洋研究以及生物经济"拨款超过 38 亿欧元外，用于气候智慧型农业的主要资金还来自 CAP，尤其是欧洲农业农村发展基金资助。

私人投资也是国家资金的辅助工具。意大利农业部门公司的多区域担保平台，自 2017 年起提供的资金总额为 4 650 亿欧元。这是由农业食品与林业政策部支持并涉及区域主管部门，国家机构和欧洲金融机构之间合作的私人国家资金的第一个实验性例子。该多边投资组合旨在保护和资助与 RDP 相关的贷款和投资，同时利用欧洲农业农村发展基金的支持，确保中小企业不仅在生产、加工和分销过程中，而且在向气候智慧型农业过渡和应用的过程中得到保证。

凝聚政策基金也产生了许多资源，例如发展与凝聚基金（FSC）、国家运营计划（PON）及在整个国际电话会议中发行的其他基金，包括 ERANET 和欧盟联合计划倡议（JPI）。根据意大利第 499/199 号法律，其他国家级资源与用于农业部门干预的资金有关。意大利的 21 个 RDP 中有 15 个 RDP 考虑了支持地区层面推广气候智慧型农业的方案措施，使它们适应气候的地域特征，旨在帮助农民转向保护性农业方案，例如免耕或少耕，以及采取其他可持续的农业方案，以促进土壤健康。实际上，农艺向免耕的转变，使采用新农艺管理技术的相关成本增加。在意大利，2014—2020 年，为此类推广措施分配的资源达 5 亿欧元，计划通过为期 7 年的规划使推广干预面积达到 33 万 hm^2。

3. 意大利气候智慧型农业相关的技术、方案和服务

近年来，意大利在"蓝色农业"的框架中实施了政策和服务。这些项目以其独特性为应对气候变化脆弱性的共同目标作出贡献，同时将国家行动者拼凑成一种"胶水农业"。在农业食品与林业政策部管理的 NRN 行动下，农业研究与经济委员会农业政策与生物经济研究中心（CREA-PB）与环境、领土与海洋部，地区和一些国家环境组织（NGOs）合作，在开展活动方面重点支持 RDP 中气候智慧型农业发展的优先事项，以及提高欧洲农业农村发展基金产生的资源的有效利用。尤其是正在进行的 NRN CREA 5.1 项目"支持 RDP 农业气候环境优先事项的行动"（2016—2018 年），在实现可持续性和成本效益的范围内，重点关注保护性农业。该项目还旨在通过应用三项主要的农业原则，包括最小的土壤扰动、永久的土壤覆盖和作物轮作，来改善农民的生活；并鼓励建立网络，加强技术和政策方面的知识共享，促进农村发展和利益相关方参与。

在研究和创新参与者的支持下，促进各个国家利益相关者之间的信息和通信网络活动，对于鼓励共享最佳方案并了解保护性农业、气候智慧型农业及土地退化方面的知识至关重要，这是 2030 年可持续发展目标的重要课题。在国家层面，该项目不仅在意大利境内，而且在其他欧洲行动计划的重要区域，例如土地退化，土地使用变化，气候变化适应和减排，生物多样性和可持续性，对于分析农村发展政策的互补性和局限性十分有益。通过联合国粮农组织、经合组织和政府部门等其他机构和国际组织的合作，以及参与性活动，加强了关于共同国家评估目标的补充和协调。

保护性农业是土壤保护的重要实践，考虑未来将免耕和少耕等作为强制性承诺，以在广泛的综合生产（IP）认证计划中采用。该生产方案是 RDP 中的主要目标政策之一。实际上，大约有 70 000 hm^2 的土地从事综合生产，并已拨出资金，以维持农民在种植草本植物和乔木作物方面的过渡和采用这种保护技术。自 2015 年以来，欧洲技术研究所（EIT）一直与 Climate Kic（可持续土地利用）共同资助气候智慧型农业

助推器（CSAb）的旗舰项目。CSAb 的使命是成为欧洲领先的气候智慧型农业创新平台、知识门户和市场，孕育经过科学验证的创新，加速解决方案的采用和扩展，促进整个欧洲和其他地区向气候智农业的过渡。意大利国家研究委员会生物气象学研究所作为 CSAb 有限集团的核心合作伙伴，在国家层面积极开展气候智慧型农业的促进活动。在国家层面上 CSAb 的实施运作，从建设一个创新平台到用户社区的管理，再到气候智慧型农业解决方案和服务的定义，以及国家利益相关者和合作伙伴参与的区域气候智慧型农业发展中心。

4. 意大利气候智慧型农业推广服务

农民的意识和知识是巩固可持续性创新和最佳方案资本化和传播的关键要素之一；农作物保护和其他气候智慧型方法的成功取决于行为者的投入和参与的积极性。培养农民终身学习有助于可持续生产技术。意大利年轻农民年均收入 5 万欧元以上，占农场管理者的 23%，在意大利具有很强的代表性，且具有重要的经济贡献。从 2010 年开始，意大利农村地区出现了大学生毕业后返乡从事农业的新趋势；这些"年轻农民"拥有专门知识，其中一些是农学家，在新技术方面更具创新性，据估计他们经济潜力比资深同行高 40%。为了适应这一新趋势，2017 年环境、领土与海洋部推出了门户网站"Banca delle Terre"，其作用是通过提供简化信贷和降低土地价格的途径来促进公共土地传承，增强青年企业家精神和世代相传。农业食品市场服务研究所（ISMEA）已与该项目合作，并在其网站上展示了前 8000 英亩土地的地图。

根据《2014－2020 年伙伴关系协定》，除了可从欧洲农业农村发展基金获得 104 亿欧元之外，还可从欧盟获得 420 亿欧元资金，用于培训的资金也将提供给意大利，这些资金将为农村发展措施提供额外的 210 亿欧元资金。因此，在整个动员会议和计划中，特别鼓励 RDP 中"知识和信息行动的转移"和"农场管理的咨询、更换和协助服务"等措施。区域通过专业培训课程促进教育（包括一些免费课程）创造附加值使得该类资金在区域层面特别有效，相关主题包括企业创建和发展，供应链和农业食品营销，会计和信贷获取，业务管理，农业企业融资，欧盟法规和基金，社会规模和有机农业。通过 Coldiretti Giovani Impresa 和 INIPA 的合作，2015 年启动了针对年轻人和高年级毕业生的培训课程"Impresaduepuntoterra"。这些培训活动由农业食品市场服务研究所推动，并由环境、领土与海洋部资助。

通过与大学之间的合作，比如艾米利亚-罗马涅地区的食品创新计划，定期在区域内开展硕士和终生培训，这些国家活动和计划已列入欧洲框架，因此意大利作为一个成员国有义务建立一个向农民提供土地和农场管理建议的农场咨询系统（FAS）。该系统于 2007 年开始实施，是欧盟法规 1306/2013CAP 的主要组成部分。FAS 的目的是在自愿的基础上提高农民对与环境、食品安全及动物健康和福利有关的物质流和农场过程的认识，还有助于满足合规要求并避免经济处罚。

5. 意大利气候智慧型农业评估指标和方法

免耕作为气候智慧型农业的重要措施，与传统农业的其他典型技术相比，在降低土壤机械成本及能源消耗、机器使用费和工作时间等相关成本方面尤其有用。不仅可以衡量成本和收益，而且可以评估农场效率和生产力的提高。农业会计信息网络（RICA）内，意大利已实施了农业会计数据网络（FADN），旨在评估欧洲农业的经济状况，并设计和评估给定地区的 CAP 微观经济农业水平，由 CREA-PB 为 RICA 内农业企业家、咨询服务和农业培训领域的用户开发了"GAIA"软件工具。GAIA 通过使用特定指标（包括效率指标）来分析农场业务预算，以此作为起点，以便将给定农场与其他类似农场的技术和经济结构进行比较。该软件允许以技术和经济指标的形式收集和验证数据，可以进一步进行比较。对此类数据的分析表明，气候智慧型农业方案（尤其是免耕）有助于减轻单位面积土地的工作量，从而有机会使用相同的设施种植更大的土地。在劳动力方面，与不使用这种技术的其他样本农场相比，免耕的"劳动强度指数"指标提高了75％。另一个重要指标是"土壤净生产力指数"，与未使用免耕的其他耕作系统相比，净增加了约14％。意大利环境、领土与海洋部和其他研究机构使用的 Rica 数据库是决策过程及事前和事后评估国家级农业政策和农村发展的有效工具。

气候智慧型旗舰项目建立了一个针对特定行业的数据库，作为将政策激励与特定的国家气候智慧型农业解决方案联系起来的分类系统，并以艾米利亚-罗马涅案为案例研究。类似的动态政策知识数据库，包括金融工具和政策，旨在成为技术提供商、食品和饮料公司及农民进行磋商的工具，并为决策者提供信息源及比较政策以查明气候差异威胁。技术提供商可以将解决方案与降低农民成本的工具结合使用，农民可以访问数据库以查找补贴和对提交程序的支持。因此，补贴和顾问可以通过数据库获得有关可用支持的信息。创新政策和数据库息息相关，例如 RDP 和 EIP，水和土壤法规，国家气候行动计划和区域发展计划。数据库的结构是结合主要障碍和相关政策。

（三）意大利气候智慧型农业的效果预测

1. 意大利气候智慧型农业对生产力和收入的影响及其对粮食安全的启示

气候智慧型农业影响评估需要在项目初期分析相关政策效果，气候智慧型农业对增强意大利粮食安全和发展粮食主权作出了重大贡献。专家将计算重点放在气候智慧型农业对土壤健康和农作物生产力的影响，同时关注对保护性农业、有机农业和农业生态学及种子使用和保护的重要性。近期研究尤其关注保护性农业及其环境效益和经济效益，旨在通过土壤固碳减少温室气体的排放，并支持在集约化农业领域减少 NH_3 排放。

保护性农业减少了土壤操作，有望通过减少每公顷约 $80\sim100L$ 柴油的燃料消耗，从而获得与成本相关的重要收益，这也是环境收益的一部分。每公顷土地总体节省了 250～300 欧元的经济费用，降低了成本，谷物产量高于干旱年份的土壤。因为土壤保持，防止侵蚀，节水和地面电子系统（GES）促进了生物多样性的丰富和肥力的提高，特别是有利于实现可持续发展目标（SDG）。保护性农业与传统农业相比，稍微降低了作物产量但显著节约了成本投入，保护性农业使得生态系统可持续和土壤肥力提升，对国家粮食安全和社会经济价值具有极其重要的意义。

2. 意大利气候智慧型农业适应潜力的实现

意大利的适应政策不断发展，通过不断调整以适应不断变化的影响情景，同时采取适当行动应对气候变化的影响。适应过程和行动是复杂的系统，需要公共部门和私营部门之间的高度治理和交流，以及明确它们在全国实施适应计划中的责任中心。此外，农业保险制度是一种重要的经济手段，但它是事前适用的，一旦发生损害便不再适合。根据针对国家气候变化挑战的白皮书，进步和主要潜力在于技术发展、农业系统创新的采用、农业公司的治理和财务管理（MiPAAF，2011）。保护性农业在优化水资源管理的同时，提高了土壤抗侵蚀和干旱风险的适应能力，并通过采用技术改进措施来限制农业用水，同时通过种植耗水较少的农作物来降低硝酸盐含量，尽可能减少农民受到气候变化的影响。适应气候条件的牧草作物可持续和多样化利用是增加农场附加值的另一种适应手段。此外，由于温度升高并考虑温度湿度指数（THI），其他适应措施可能变得越来越必要，如遮光、通风和隔热系统。此外，目前正在使用为最终用户咨询（即针对农民）而设计的灌溉预报工具和应用，以应对缺水或防止洪灾，同时确保对水量进行良好干预，并获取优质产品，节省水资源。

3. 意大利气候智慧型农业减排效益的实现

意大利国家层面的减排方案主要来自旨在减少农业排放的欧洲政策，意大利需要实现具有约束力的温室气体排放国家限制指标，以及欧盟排放交易系统（ETS）未涵盖部门的"努力共享决定"。IPCC 评估报告显示农业具有很大的减排潜力，因为它具有充当土壤和森林碳库的独特潜力。在未保护的土壤中，有机物质的损失高于积累。保护性农业在巩固和增加有机物储备的同时，可以显著减少 CO_2 的排放，并有助于隔离有机物（López-Bellido et al.，2001）。减排障碍不仅存在于消费者的意识或对经济增长的考虑上，而且存在于社会经济层面。竞争力的丧失和可持续技术的巨大经济成本也是减排的阻碍因素。采用适应减排措施的策略会影响实现预定目标的工具选择。奖励措施和承诺有助于提高自愿参加协议的意愿。

4. 意大利气候智慧型农业经济增长及其他共同利益的实现

除了发展对气候变化破坏的抵御能力，减少人类压力和加强最佳管理外，气候智慧型农业还产生了许多好处。气候智慧型农业对开发区和农场周围自然栖息地的恢复和改善，促进了景观和自然资源的增值，从而促进了社会经济发展。除了减少污染物的存在并因此增加生物多样性所带来的环境效益外，意大利许多地区还通过发展乡村旅游和教育遗产使当地经济获得了气候智慧型农业的好处。通过这种视角，农场的多功能性在社会中发挥了重要作用。CAP 认为，农业在其作为粮食生产者的角色之外，在社会中起着互补作用，包括提供公共产品，例如粮食安全、可持续发展、环境保护、农村地区发展的活力及维持社会内部的总体平衡（农民的收入和其他职业的收入之间的平衡）。

在全球范围内的农业行业分析表明，2008—2013 年保护性耕作增长了 47%。意大利保护性农业的推广面积为 38 万 hm^2，5 年内增长了 450%。意大利没有正式报告采用保护性农业的数据，2010 年农业普查对约 290hm^2 耕地上 52 128 处耕地的免耕处理进行了调查。免耕每公顷大约节省燃料 80～100L 柴油，可带来额外的经济效率，每公顷可节省 250～300 欧元的经济费用。而对就业率的估计表明，意大利的免耕农场总共雇用了大约210 000 名操作员（平均每个农场 4.1 名，传统耕作下为每个农场 3.8 名），每年总计约2 850万个工作日。

（四）意大利气候智慧型农业的机遇与挑战

意大利的气候智慧型农业实践处于起步阶段，需要时间和精力加以利用并在全国范围内推广。在分析此类可持续技术的可采用性时，时间问题尤其敏感。例如，为了通过保守的方法获得农业产品，可耕种的大田作物中，必须等待 6～8 年的土壤适应期，在此期间不得翻土。虽然最近的研究表明上述做法和政策具有环境和经济价值，但使用诸如传统农业等综合系统需要农业部门做出的努力较少。

与成本有关的挑战在边远地区和农村地区尤为明显，这些地区正在发生转型，但在面对相关风险方面需要更多援助。对正在进行的项目进行分析和监控，例如艾米利亚-罗马涅地区 2016 年资助的项目提供了支持知识共享和最佳实践的具体示例，同时开发了新的解决方案和策略。得益于国家和地方各级公共资源的支持，企业家培训的建议也可以被连续采用。获得资金、过渡期间的技术援助，以及结构调整和创新采纳，对于促进气候智慧型农业的发展至关重要。支持当前国家计划中其他新项目的举措仍然很重要，这些创新项目热衷于促使农场主参与建立最佳实践、产品、过程和创新技术。

在农业公司、农用工业、协会和科学界之间，应加强培训和联动，以克服关键问题并制定包括农民参与决策和制定战略的参与性方法。最后，应注意风险管理，因为新技术的全面采用要克服经济威胁，这也与对气候智慧型农业的批评和担忧联系在一起，导致建立伙伴关系和协作的意愿有限。必须克服利益稀缺的可能性，尤其是在地方一级引起，并建立促进利益攸关方参与和加强不同行为者之间对话的机制。

二、发展中国家气候智慧型农业案例——莫桑比克

莫桑比克作为非洲东南部的一个国家，是全世界最不发达的国家之一，农业对其至关重要。莫桑比克的农业生产条件极为落后，生产中极易受到自然环境的影响，故而气候变化对莫桑比克的农业生产具有十分显著的影响，尤其是极端天气（诸如高温和干旱）的增多，使得该国农业生产存在极大的不确定性，给该国农生产带来极大的阻碍。面对气候变化带来的不利影响，莫桑比克政府采取了一系列诸如保护农业、农林复合经营和有机农业等气候智慧型农业生产技术来应对，但受限于莫桑比克的实际条件，这些措施在实际生产中并未被大量采用。虽然存在较大阻碍，但莫桑比克国内仍旧有很多机构在从事气候智慧型农业的工作，同时该国同许多国家组织就气候智慧型农业的发展和研究也保持密切交流。莫桑比克国内也尝试出台了一些政策来推进气候智慧型农业的发展。尽管做出了很多努力，但该国的气候智慧型农业发展仍然存在较大问题，发展也依旧比较缓慢，未来莫桑比克的气候智慧型农业发展还有很多问题需要解决（CIAT et al.，2017）。

（一）气候变化对莫桑比克农业和粮食安全的影响

莫桑比克位于非洲东南部，陆地总面积约 80 万 km^2，自然资源丰富，可用于农业生产的土地约为 5 000 万 hm^2。莫桑比克人口约有 2 800 万，其中 68% 生活在农村地区。尽管在过去 20 年里经济稳步增长，但仍有超过三分之二的人口每天生活费不足 1.9 美元，55% 的人生活在国家贫困线以下。莫桑比克是实现到 2015 年将饥饿和营养不良人口比例减半的千年发展目标的七个国家之一。营养不良的患病率从1990—1992 年的 56% 下降到 2014—2016 年的 24%。然而，全球食品安全指数将该国排在倒数第二位，在食品质量、安全和可承受性方面得分特别低。干旱和洪涝等极端气候事件频繁发生加剧了莫桑比克粮食安全的挑战和生存压力。

莫桑比克每年有 22 万 hm^2 的天然林消失，砍伐森林的主要原因是国内能源对薪柴的依赖，以及农业用地的扩大。据估计，该国的农业潜力占总土地面积的 62%，但目前只有 7% 的土地面积是耕地。在 300 万 hm^2 有灌溉农业潜力的土地中，2015 年只有 11.8 万 hm^2 土地被灌溉，其中只有 6.2 万 hm^2 被用于灌溉农业。水稻、玉米和木薯是种植面积最大的作物，而畜牧业占总耕地面积的 55%；主要经济作物包括甘蔗、烟草和棉花，主要由大型跨国公司或国有公司种植和加工；莫桑比克有很大的潜力来提高生产力和增加土地产量。过去 20 年，由于生产实践的改进和政府对甘蔗的大力推广，甘蔗的生产力显著提高。畜牧业生产规模小，在生计、粮食安全和营养方面发挥着重要作用。莫桑比克的温室气体排放量估计为 66.72 兆 $t\ CO_2$，土地与林

业占该国总温室气体排放量的59%。农业是第二大贡献者，占该国温室气体排放的27%，主要是通过热带大草原的作物生产和肠道发酵，以及饲养牲畜而留在牧场上的粪便。莫桑比克是世界上干旱、洪水和旋风等气候灾害发生最频繁的国家之一，也是最易受气候变化影响的国家之一。

莫桑比克的农业以贫穷的小规模农民为主，他们主要是为了维持生计而生产。这些农民中的大多数缺乏获得生产性资产、农业融资、新技术和市场的机会；莫桑比克正在努力改革农业部门和吸引外国直接投资，这可能有助于他们提高生产力和收入。有限的机械化和传统农业工具的使用也阻碍了农业生产力的发展。大多数农民在日常农业活动中仍使用手锄或牛拉工具。由于当地市场投入成本高、可获得性低，并缺乏对其使用和效益的了解，化肥、农药、改良品种和其他购买投入的利用率较低。肥料、农药使用和灌溉集中在中部和南部地区，其中近90%的肥料用于甘蔗生产。现有灌溉基础设施和可灌溉土地利用不足，灌溉基础设施主要用于国外商业甘蔗和其他出口经济作物农场；80%的农业是雨养，易受气候变化和相关的极端气候事件影响。公路网差，缺乏发达的投入和产出市场。该国只有20%（相当于6 000km）的国道铺设完毕。糟糕的道路阻碍了市场准入，增加了农业运输成本。农业推广服务落后，相关调查表明，2000—2008年每年获得正式推广服务的农民不超过15%，2009—2010年只有8.6%获得这些服务。目前，全国共有2 875名公共和私人推广工作者，远远低于提供有效推广服务的最佳人数。这妨碍了农民获得有关新技术和新做法实施的技术咨询，否则可能大大提高生产力。农业信贷服务的可及性很低，特别是在农村农业社区，阻碍了对新技术的投资或维持资本密集型做法。

农业部门面临的最大挑战是气候变化导致的极端气候事件，特别是干旱和飓风引发的洪水。莫桑比克是自然灾害方面最脆弱和准备最不充分的国家之一，在全球适应指数（ND-GAIN）178个国家中排名153，这个国家的脆弱性是由一系列生物物理、气候和社会经济因素驱动的。1996—2015年，干旱、洪水和飓风等气候灾害造成的经济损失约为7.9亿美元。莫桑比克海岸线绵延2 700km以上，全国一半人口居住在这里，受热带气旋影响，热带气旋每年至少发生一次，强度不一。2000年，飓风导致洪水，经济损失约占GDP的20%。2009年对干旱和洪水成本的估计表明，玉米和高粱的年平均损失分别为9%和7%。天气和气候的变化还表现为海平面上升（洪水）、野火发生率增加，年平均气温上升，高温天气增多，农作物和牲畜病虫害激增，降水量减少，季节更替。该国的气候预测表明，预计到2030年，年平均气温升高1.4℃；到2070年年平均气温将升高2.2℃，其中东北部的增幅最高。预计12月至翌年5月间气温将出现最大幅度上升。总降水量不太可能显著减少，从东北部减少4%到南部仅减少1%。气候变化对农业的负面影响主要是由于飓风和洪水等极端事件的可能性增加。

（二）莫桑比克气候智慧型农业技术和实践

世界上有数百种技术和方法属于气候智慧型农业的范畴。莫桑比克的国家适应行动方案（NAPA）为优先选择加强农民对气候变化适应能力的方案奠定了基础，并确定了与农业、水资源管理和土地利用相关的关键适应领域。从那时起，由政府和非政府行为者领导的一些与农业生产者协会有关的倡议得到了实施，包括保护农业、农林复合经营、有机农业、可持续土壤肥力管理和综合病虫害管理。作物残留管理、覆盖、堆肥和轮作是莫桑比克几个生产系统采用的一些关键气候智慧型做法。作物残体和害虫综合管理在豆类、马铃薯和蔬菜生产中尤为重要。短季品种和小粒作物的使用也成为农民的关键适应策略。这个国家易受干旱和欠发达的灌溉潜力影响，特别是马铃薯和蔬菜的种植。气候智慧型农业在畜牧业方面的一些关键做法包括集水、家畜品种和物种的多样性及补充喂养。考虑到它们对干旱条件的适应性，农民越来越多地饲养山羊等小型家畜，作为一种抗干旱措施。2014年的一项调查结果显示，52%的受访者（小规模农户）由于缺乏知识和对现场干预措施投资的财政能力，没有采用气候智慧型农业的做法。关于各种做法对气候智慧型农业支柱的影响，也只有有限的量化证据，这使得投资优先次序和实施更加困难。通过实地试验和监测系统，改进关于气候智慧型农业做法的不同影响、成本和效益的信息，有助于建立证据基础，以加强该国不同地区不同农业适应和缓解办法的适当性。

（三）莫桑比克气候智慧型农业的制度和政策

莫桑比克有许多机构从事与气候智慧型农业有关的活动，包括政府、联合国机构、非政府组织、私营部门和农民组织等，他们与气候智慧型农业有关的工作包括通过培训和推广服务、政策宣传和提高认识来建设农民的能力。开展气候智慧型农业专题工作的机构，包括农业和粮食安全部（MASA）及土地、环境和农村发展部（MITADER）、莫桑比克农业研究所（IIAM）、经济和财政部（MEF）等职能部委，国家可持续发展委员会（CONDES）、国家计量研究所（INAM）、国家灾害管理研究所（INGC）和国家灌溉研究所（INIR）等。经济和财政部国家监测和评估局是该国目前绿色气候基金的国家指定机构，而土地、环境和农村发展部是《联合国气候变化框架公约》和全球环境基金的协调中心。土地、环境和农村发展部与农业和粮食安全部是负责促进农村和农业发展的主要政府部门，他们都已将与气候智慧型农业相关的投资纳入其规划的主流，尽管这并不总是被冠以气候智慧型农业的称号。

在莫桑比克从事气候智慧型农业相关研究的国际研究机构包括世界农林中心（ICRAF）、国际热带农业中心、国际昆虫生理学和生态学中心（ICIPE）和国际家畜研究所（ILRI）等。世界农林中心与国家农业推广局（DNEA）和莫桑比克农业研究所一起，在全国范围内积极推广农林复合系统，而国际昆虫生理学和生态学中心、国际热带农业中心则在害虫综合管理方法和技术及保护性农业方面开展了广泛的工作。其他研究机构包括国际热带农业研究所（IITA）和国际玉米小麦改良中心，他们也支持保护性农业项目。其他联合国机构包括联合国粮农组织、联合国开发计划署、国际农业发展基金和联合国环境规划署。联合国粮农组织特别促进了气候变化适应方案，而其他联合国机构则参与了更广泛的农业气候变化适应项目和方案。国际昆虫生理学和生态学中心、国际热带农业中心开发计划署支持制定国家气候变化适应和缓解战略及国家气候变化监测和评价框架。

在莫桑比克国内，气候智慧型农业的相关工作相当不协调。虽然气候变化部门确实存在，但建立一个国家气候变化评估协调机制将是有益的，并有可能促进全国范围内的气候变化评估的推广。一些关键机构的强制性行动和投资直接或间接地促进了一个、两个或所有的气候智慧型农业支柱。虽然上述被调查和提到的大多数组织都投资于生产力和/或适应活动，但减缓被视为他们的干预的共同利益，而不是减排。更有系统地将减少温室气体排放纳入农业发展规划，包括会计方法和报告，将有助于建立一个更加协调的部门间工作框架，并有助于加强气候智慧型农业扩大规模所必需的信息系统。

莫桑比克于 1992 年批准了《联合国气候变化框架公约》，于 2005 年签署了《京都议定书》，迄今已向《联合国气候变化框架公约》提交了一份国家通信。作为欠发达国家，莫桑比克于 2007 年制定了国家适应行动计划，以应对紧急和即时的适应需求。该方案在"加强农业生产者应对气候变化的能力"方面采取了关键行动，并确定了投资的战略领域，例如提高生产者的适应能力，加强早期预警系统，促进水资源的可持续利用，减少土壤退化，尤其是土壤侵蚀。2015 年，莫桑比克提交了其国家自主贡献（INDC）计划，该计划认可了林业部门的投资对减缓气候变化的贡献。然而，农业只被确定为适应行动的重点领域，而且只被指出为减缓气候变化的"潜在"领域。莫桑比克也是首批签署《巴黎协定》的国家之一，并于 2016 年 4 月 22 日在开放签字仪式上交存了批准书。莫桑比克也制定了《农业部门发展战略计划》《国家灌溉战略》和《非洲农业发展综合计划契约》。《农业部门发展战略计划》旨在通过改善自然资源（土地、水和森林）的利用和管理及加强粮食安全和生产力等途径，提高农业部门的竞争力。2014 年的国家农业投资计划（PNISA）旨在实施农业发展战略规划（PEDSA），并再次强调提高主要粮食作物的生产率、减少一半受饥饿影响的人口和减少营养不良的目标。PNISA 的一个组成部分是自然资源管理，这是实施和推广气候智慧型农业做法的一个关键切入点。

国家适应和减缓气候变化战略包括与农业、水和林业管理及生物多样性保护、社会保护方面的适应和减缓气候变化有关的目标。国家适应行动计划作为修订后的国家适应计划（NAP）的基础，将在未来几年（2015—2030 年）把各部门的适应行动纳入主流。《国家灌溉战略》旨在将灌溉土地数量翻一番，从而在为与集水和小规模农民高效灌溉系统有关的气候智慧型做法创造有利环境方面发挥重要作用。莫桑比克的《非洲农业发展综合计划契约》特别提到需要"促进采取行动，减少温室效应气体排放，支持社区和生产者采取缓解措施和适应气候变化"。这可能是大规模促进气候智慧型农业投资的一个关键切入点，因为《非洲农业发展综合计划契约》是该国重要的资源调动工具。

总的来说，尽管缺乏专门针对促进和扩大气候智慧型农业的政策和战略计划，但仍有大量的部门（农业、环境和林业）政策可能会创造有利的环境，并成为该国气候智慧型农业相关工作的切入点。然而，这需要进一步的部门间对话及机构和人力能力，以支持气候智慧型农业干预措施的方案拟订和农场实施，确保发挥协同作用，避免重复努力。这些政策、战略和方案被视为该国气候智慧型农业的关键切入点。

三、气候智慧型作物生产系统

（一）气候智慧型作物生产的技术体系

1. 作物品种改良创新

具有良好适应性的作物品种是气候智慧型作物生产必不可少的条件（FAO，2011）。国家、区域和全球的植物育种工作通常涉及多个地点的试验以研发具有稳定适应性的作物品种，从而获得对气候变化的抵抗力，更有效地利用农业资源以减少农业生态系统和更广泛环境对作物生产造成的不利影响。抗旱、耐盐、耐涝是作物品种最常见的气候相关性状。其他更具地域特异性的因素包括：苗期和授粉期结霜的频率高、灌浆期的高温、造成土壤板结的大雨、刺激种子萌发但阻止幼苗形成的交替小雨和高温。

粮食和农业植物遗传资源的保护对于改良品种至关重要。它们是改良并培育抗逆抗胁迫新种质的"原材料"。为了应对气候变化带来的新挑战，越来越迫切地需要投入更多的资源和努力，增加种质资源的多样性。作物野生近缘种的多样性是作物改良遗传性状的重要来源，但由于气候变化，其自然生境丧失，多样性可能受到侵蚀。为了使生产系统适应气候变化，育种家必须开发一个越来越多样化的作物品种组合。新品种通常取决于获得可遗传的变异，特别是来自不适应的材料，包括通常不被育种家使用的作物的野生亲缘种。这需要提高育种前种质材料准备的工作效率和能力，并将种质资源保护制度化，种质资源管理者和育种家共同筛选和评估理想性状的亲本，并将适当的亲本与优良品系杂交，以产生中间育种材料。还可能涉及一些诱导突变和其他生物技术的使用，如基因工程和基因组编辑技术等，高通量作物表型平台正被越来越多地用于提高作物品种选育的效率。在农民参与式植物育种中，农民和植物育种家在作物品种发展和更新方面进行合作。由于农民的观点有助于决定哪些品种被提议正式发布和注册，其参与植物育种工作是实现需求驱动作物种质改良以适应气候变化的有效途径，特别是在发展中国家。

气候变化将影响农民获得优质种子和种植材料的能力，这将危及当季作物的收成与效益。种子安全评估是一种确定种子可用性、农民可获得性、种子质量及其与农民品种偏好和生产系统兼容性的方法。这是一种在不妨碍种子部门发展的情况下，确定的最适当对策。种子安全评估考虑种子的正式和非正式来源及整个价值链的运作，以确定农民在获得所需种子方面所面临的主要制约因素。评估的结果可以指导下一步行动，可能是立即采取干预措施，例如直接向农民分发种子、支持种子市场、现金转移或长期发展活动。确保农民在危机后获得优质种子是紧急情况下的种子的两个有用工具：技术手册和种子安全评估从业人员指南。

2. 构建多样化的种植制度

玉米、小麦和水稻等主要粮食作物的种植，往往需要大量的杀虫剂和除草剂。作物生产系统高度集约化导致种植结构单一，它们对变化的反应能力和提供生态系统服务的能力受到损害（Folke，2006）。在种植制度中，保证作物生产系统的多样性是确保农场恢复力、经济稳定和盈利的重要方式。作物多样性在气候智慧型农业中尤其重要，它有助于害虫和疾病的管理，而且对产量和收入有直接影响。采用不同基因型的作物品种组合是增强生产系统适应力的有效手段，对气候变化有更高的适应力（FAO，2011）。当面临非生物变化（如降水量和温度模式的变化）和生物干扰（如虫害）时，现有生物多样性水平（功能多样性和响应多样性）可以使受胁迫的农业生态系统与有恢复力的农业生态系统之间产生差异。增加农场生物多样性与整合其他生产要素并提供其他环境服务，对农民和整个社会来说都是必不可少的。农业生态系统的生物多样性水平在景观尺度上影响着植物、动物、微生物之间的相互作用。在州省级增加农业生物多样性能够提升景观和饮食层面的可持续利用作用明显，在塑造农村和城市（城市区域）粮食生产流通系统方面具有巨大潜力，可以保障不断扩大的城市人口未来的粮食和营养安全。

实现作物系统的多样化可以采取多种形式，包括不同的作物种类和/或品种（种内和/或种间多样化）、不同的空间尺度（景观、农场、单个田地和/或作物）和不同的时间结构上的多样化。有几种方法可以提高作物的遗传多样性，包括：①同一物种的不同作物品种可以作为一种作物（品种混合物）混合种植。例如，种植生长长度相同，可同时种植和收获，但对不同水情反应不同的品种组合，是应对雨季不可预测的开始和提高产量稳定性的一种策略。②可以种植不同的作物种类，与混合物在同一表面积内同时种植或在第一作物中种植第二作物（连作）；在不同空间同时种植（间作）；或在前一作物收获后种植不同作物（轮作）。

3. 气候智慧型土壤管理

提高田块尺度的农田生产力可以使已经处于生产状态的土地得到更多的产量，减少了对农田播种面积增长的需要，并有助于减少与农业扩张相关的温室气体排放。改善农田管理措施，以提高作物生产力和资源利用效率，从而实现应对和缓解气候变化。最具成本效益的可持续性作物生产的管理策略包括通过生产系统实现养分平衡和保护农田土壤健康。

以固碳为目标的作物轮作系统往往保持正的氮平衡碳积累。2015 年在巴黎举行的联合国气候变化大会上，通过的"千分之四"倡议，使得土壤中碳固存的目标再次受到全世界的关注。启动这项计划的目的是使全球现有土壤有机碳每年增加 0.4%，作为对全球温室气体排放的补偿。Lal（2004a）估计，世界农田每年可能储存 4～12 亿 t 的碳。通过在高碳作物和高氮作物之间轮作，可以获得平均碳氮比在 25～30 的作物残茬。这使得碳在土壤中积累，并使腐烂的地表残茬中的氮缓慢地释放到下一季作物中。如果作物残茬中的氮含量过低，微生物会利用土壤中存在的矿质氮，从而减少生长作物可利用的氮含量，直到作物残茬中的碳开始耗尽（Gál et al.，2007）。合理的豆科轮作系统有助于土壤固碳，豆科植物产生大量分泌物有利于与菌根的共生。前茬作物根系统的分解在更深处增加了有机质。深根系统是把碳带到土壤深处的理想选择，深层碳不易氧化。在农业生态系统中，约 80% 的生物固氮是通过豆科植物与土壤细菌根瘤菌的共生关系实现的。农业生产管理措施影响了豆科作物生物固氮：选择对固氮特别有效的豆科植物，提高豆科植物和草种在饲料混合物中的比例，给豆科植物接种细菌（如根瘤菌），改善作物营养、特别是氮和磷，防治病虫害，选择最佳种植时间、种植顺序和种植强度，管理牧草的落叶频率。

农业生产氮肥管理措施优化有助于减少土壤中残留的硝酸盐，从而减少 N_2O 的排放。氮肥的最佳管理方法包括综合养分管理和有针对性地应用所需的精确矿质肥料。种植产生大量根系生物量的作物可以防止土壤变得紧实并改善排水。

作物残茬有助于提升土壤有机质含量。作物收获后，在土壤上覆盖一层均匀分布的作物残茬，平均碳氮比在 25～30，对随后的作物产生积极的残留肥料效应。移除作物残茬会使作物的根系进入土壤有机质库，从而导致土壤有机碳的积累减少。因此，谷物、豆科植物应该通过切割植物来收获，它们不应该被连根拔起。将作物残茬与土壤混合可能会加速土壤中养分的固定，并使其在生长季节的早期无法用于随后的作物。使用机械将作物残茬混合到土壤中比留在土壤表面的残茬分解得更快，而且更早发生氮固持过程。将富含易分解碳的作物残茬掺入土壤中，通常会对土壤有机质产生激发效应，并增加 CO_2 排放量。相反，当作物残茬未混合到土壤中时，其组成不会影响土壤中已存在的稳定土壤有机质的腐烂（Kuzyakov et al.，2000；Fontaine et al.，2004；Sisti et al.，2004；Fontaine，2007）。

保护性农业是一种将土壤干扰限制在最低限度、保持土壤覆盖和作物生产多样化相结合的方法。发展保护性农业是为了减少土壤侵蚀和恢复退化的土壤，但它为适应气候变化提供了一个战略切入点。保护性农业力求在每一个农业生态系统中重建最稳定的土壤生态系统，以减少生产者对植物营养和害虫管理外部投入的依赖。保持土壤覆盖减少水分流失，稳定土壤温度，减少水和风的侵蚀，通过作物残体的分解恢复土壤碳，并为有益的土壤有机体提供食物。轮作和多样化作物减少作物病虫害，补充土壤养分。避免机械耕作会增加土壤中蚯蚓、千足虫、螨虫和其他动物的数量。这种微型动物活动建立了土壤孔隙，改善了土壤结构，部分替代了土壤耕作。保护性农业将土壤表面的有机物质结合起来，土壤有机物的排泄物提供稳定的土壤团聚体，蠕虫形成的垂直通道排出多余的水分。土壤微生物所含的有机质改善了土壤结构和蓄水能力，进而有助于植物在干旱时期存活更长时间。由于未开垦的土壤可以通过吸收和储存碳起到碳汇的作用，保护性农业也因其缓解气候变化的能力而得到认可。免耕显著减少农作物生产所需的农场作业次数，从而降低燃料消耗（Lal，2003）。节约型农业能够带来显著的能源和燃料节约，这是为什么在能源成本高的时期，它成为农民更具吸引力的选择之一（Doets et al.，2000）。当前，世界范围内约 1.2～2.2 亿 hm^2 土地实行保护性农业（Prestele et al.，2018）。

最小化土壤机械扰动是提高土壤碳储量的一种长期治理方法。然而，土壤有机碳的积累是一个可逆的过程，任何短期干扰，例如在免耕条件下定期耕作土地，都不会导致土壤有机碳的显著增加（Jarecki et al.，2003；Al-Kaisi et al.，2008）。尽管几十年来，改善土壤健康和增加土壤有机碳所带来的好处及减少未来风险和成本的增长缓慢，但采取行动也可以立即带来财政红利，有助于保持作物生产力。当土壤重建时，它会生长和储存更多的有机质和水，从而改善对气候变化适应和缓解至关重要的生态系统功能和服务，比如控制降雨径流和土壤侵蚀。

通过提高农业机械的生产效率、运转时间和燃料使用效率，可以实现温室气体减排。这可以通过在特定农场类型使用最适合的设备来完成。适当的机械，如两轮拖拉机，加上农艺创新，如免耕直播技术，可以有助于适应和缓解气候变化。使用镀锡设备而不是圆盘犁或现代小型拖拉机带动的直播设备比传统耕作系统生产率更高。小型设备对小农户生产者、农民组织和服务提供者来说可能更容易获得和负担得起。在机械化系统中，关于提高农业生产力（包括能源效率）与可承受能力之间的取舍对农村贫困人口尤其重要。贫困的农民特别迫切需要提高产量和效率，但他们获得所需的资源以进行所需的改良并为其支付费用的可能性较小。

4. 气候智慧型灌溉

灌溉在全球粮食安全中扮演着重要角色，使得占世界面积20%的耕地生长了

40％的农作物。灌溉是全球主要的单一用水者，约占从地表水和地下水资源中抽取水的70％；灌溉面临一些挑战，主要与水是关键资源的地位有关。灌溉面积的扩大和向水密集型食品的转变，加上其他部门对水的需求不断增长，使水在世界许多地区日益成为稀缺资源。未来气候变化下降雨量不断减少，气候变化预计将加剧水资源匮乏的挑战；特别是在干旱地区，气温上升将增加作物蒸散量，从而增加对灌溉用水的需求。同时，灌溉也加剧了气候变化，比如通过化石燃料驱动的抽水、化石肥料的密集使用，以及在从作物种植到价值链最后阶段的各个阶段使用的化石燃料驱动的机械和自动化产生的温室气体排放。

需要采取一种全面和协调的办法来应对这些相互关联的挑战，支持向生产性和盈利性灌溉系统的过渡，同时要有弹性和很好地气候变化适应性，尽量减少温室气体排放，并确保水资源的可持续利用。这种转变有助于实现可持续发展目标，确保向所有人提供可持续的水资源，实现粮食安全和改善营养，促进可持续农业；采取紧急行动应对气候变化及其影响。在水是一个限制因素的情况下，可以通过保护土壤和水资源的措施来改善水管理；通过亏缺灌溉来最大限度地提高单位水资源的作物单产；通过更有效的灌溉技术减少非生产性蒸发损失。通常提高灌溉效率通常需要额外的能源成本，因此在扩大灌溉时采用适当的能源技术意义重大。改变农业用水管理和治理的策略必须通过将水平衡分析纳入决策过程来完成，在田间和水域两级进行水平衡评估。

5. 害虫综合治理

气候变化将影响各种病虫草害的发生和传播。这一现象在很大程度上是自然发生的寄主植物和作物、天敌的分布和健康的变化及农场管理的适应性变化的结果。随着贸易和种质资源交换的日益全球化，这些变化将加剧害虫管理的挑战。害虫综合治理是一种以生态系统为基础的作物生产和保护方法，是基于对所有现有害虫管理技术的仔细考虑。害虫综合治理包括采取适当措施阻止虫害种群的发展，并将杀虫剂和其他干预措施保持在经济合理的水平；减少或尽量减少对人类健康和环境的风险；尽可能少地破坏农业生态系统。在野外做出正确决策的能力对于害虫有效的综合治理至关重要。联合国粮农组织综合害虫治理办法的原则包括种植健康作物；了解田间的生态过程，鼓励建立自然虫害管理机制，维持害虫种群及其天敌（天敌、寄生虫、拮抗剂）之间的生态平衡；定期观察田间；培养农民的能力和对生态需求的理解，使他们有权在自己的土地上做出最佳的害虫管理决策。多种作物系统在增强作物系统的复原力和防止作物歉收、提供生态保险方面可以发挥的作用。合理的耕作措施也有助于某些病虫害的防治。

害虫综合治理在各异和不断变化的农业条件下都是有效的。随着气候变化加剧，必须加强国家法规、政策和体制框架，以使农场和农村社区能够采用害虫综合治理方法。特别是，气候智慧型农业框架应支持对农民进行有害生物综合治理的培训；维护监视系统，包括社区团体中使用的监视系统，用于检测和报告害虫和天敌行为的变化；制定适当的检疫程序，以防止植物有害生物的入侵和繁殖；并制定适当的管理策略以应对潜在爆发。促进向适应性作物生产系统转变的策略还包括一些其他措施，植物检疫框架和可以促进建立可持续产品市场的措施；国家注册程序过程中的政策制定者、企业家和农民之间用气候智慧的方法通力合作决定最合适使用的农药（FAO et al.，2016）。在区域和国际上，共同的法规和战略框架，包括国际植物保护公约（IPPC）和联合国粮农组织国际农药管理行为准则，以限制入侵物种的影响和化学农药的无管制使用。然而，虫害管理系统将得益于采取更加协调的行动来预防入侵虫害、重大虫害暴发和气候变化有关的危机。通过建立新的伙伴关系和联盟，可以在全球、国家和地区等尺度应对这一共同的挑战（Allara et al.，2012）。

6. 农业机械化

提升农业机械化水平是实施可持续的作物管理、提高单位土地的生产力的重要途径，农业机械化有利于创造更好的播种和收获条件，是应对气候变化的有效手段。它还提高了各种生产和加工作业及包括煤炭和石油在内的农业投入品的生产、提取和运输效率，减少温室气体排放。对机械化的投资使农民能够扩大他们的活动范围，以减少气候变化对农民生计的影响。可持续的机械化可以创造机会，为田间作业提供租用服务，改善运输和农产品加工，增加农业生产增值的可能性。从长期角度看，对机械化的最初投资将在后几年得到补偿，即提高农业和劳动力的回报率，实现剩余生产或增加生产用地的数量，提高资源利用效率和相关储蓄。常见的农业生产中恰当使用农业机械例子：①与保护性农业相结合，使用小型拖拉机，减少田间通行次数，减少工作时间，减少 CO_2 排放，最大限度地减少土壤干扰，并减少作物系统中常见的土壤侵蚀和退化。②拖拉机耕作是作物生产中最耗能的一种耕作方式。保护性农业具有足够的灵活性，可以容纳小农的社会经济资源及大规模的农业经营。最小的土壤干扰可以通过挖棒、刺戳播种机或机械化直播机来实现，这些播种机是专门为在植物层中播种而开发的。③随着保护性农业的引入，机械化农场的机械变成了需要更少牵引力的设备。这意味着可以使用更小的拖拉机，包括两轮拖拉机，消耗的燃油更少，工作时间减少，设备折旧率降低。所有这些都会导致各种农场作业和机械制造业的排放减少（Lal，2016）。④使用适宜配套的机械，使生产者能够高效地种植、收获和加工作物，有助于增加产量，减少收获后的损失。研究案例表明赞比亚小农户通过提高保护性农业机械化，增加了小农户获得可持续机械化技术的机会。⑤精密农业设备加上肥料控制释放和深埋技术，使生产肥料投入与植物需求精确匹配成为可能。这提高了肥料的使用效率，减少了肥料导致的温室气体排放。

7. 气象预测

合理科学的农业气象预测是指导农民决策、制定应对气候变化战略的重要支撑。

天气预报和预警系统是风险管理的重要技术，季节预报和水文监测的时间计划和结果可靠性得到改善，使农民能够更好地利用气候信息，提前采取适宜的应对措施，最大限度地减少极端事件的影响（Faurès et al.，2010；Gommes et al.，2010）。在现代商业园艺生产系统中，气象站经常根据作物的需水量监测灌溉情况。通过这种方式，灌溉系统可以根据气候变化自动调整，信息和通信技术也可以支持充分应对气候变化所需的信息交流。

（二）气候智慧型作物生产技术发展优先序及政策需求

1. 气候智慧型作物生产的技术研究优先序

应对未来气候变化相关的挑战需要更多的研究投入，包括完善气候智慧型农业技术和理论基础，强化已有相关战略的有效性与适用性，加速开发新技术体系。当前作物研究都是针对谷类作物（玉米、小麦和水稻）和豆类作物（大豆和花生）。不同气候条件下保持农业生态系统的健康，需要增加生产系统的生物多样性，构建更加合理的间套作和轮作模式。扩大研究作物的范围，增加农民的适应选项（Glover et al.，2010）。开发新的作物品种和商业上可持续的多年生粮食作物品种，以抵抗干旱、洪涝、盐碱、病虫害，将涉及保护多个品种及地方品种、珍稀品种和亲缘关系密切的野生驯化种的遗传库用于新性状的选择。

气候智慧型作物生产方面的其他研究优先项包括：研究适应不同区域特征的耕作方法和技术体系。气候智慧型技术的采用并不是简单地通过直接评估单一作物对特定环境的适应性和恢复力来决定的。任何干预措施的适宜性都需要综合科学调查，以评估农民难以采用气候智慧型作物生产系统的制约因素。必须设计、测试和验证气候智慧型种植系统，农民必须参与确定采用这些系统的障碍和制定克服这些障碍的策略。然而，在许多国家，作物、土壤和水的研究机构分别设在不同的实体中，并有不同的优先项。这种研究工作的分散是有效管理作物、土壤、水和养分的主要制约因素，并最终阻碍向气候智慧型农业的过渡。促进和支持综合研究将产生重要的公共产品。

研究成果的交流必须政策更加友好。研究人员需要为决策者和发展实践者提供明确的关键信息，并为他们提供所需的工具，以便优先考虑潜在的政策和战略。广泛采用农业系统创新方法确保研究优先项由实地经验决定，以促进生产者吸收研究。

2. 气候智慧型作物生产的政策需求

为作物生产制定和实施针对当地的、有效的气候变化适应和缓解战略，需要在许多层面加强科学技术能力，以创造有利的变革环境；提升作物生产气候智慧化有关的所有群体的能力。主要利益相关方包括国家研究人员、决策者、推广机构、农民和私营部门，特别是中小型企业。在获得技能和知识方面，需要支持的不仅是农业和与农业有关的企业，还有不熟悉农业生产的人。政策制定者、推广机构、农业企业家和农民的能力需要不断加强和更新。这要求加强组织和机构能力，例如协调机制。建议采用全系统能力发展方法，因为气候智慧型作物生产是知识密集型的，既具有高度的位置特异性，又与全球动态密切相关。

对农民来说，在制定应对限制作物系统主要因素的策略时，获得和分享关于气候条件变化及适应作物生产做法的持续可行性的知识是重要的，需要更好地分配他们掌握的资源和他们能够调动的资源，在适应和/或缓解气候变化方面进行合理投资。了解农民在决定采用新的做法和技术时所经历的过程非常重要。这只有在地方一级才有可能实现，多元化和需求驱动的推广服务在促进气候智慧型作物生产的实际变化方面发挥着关键作用。这些服务提供了获得和分享技术经验的机会，并提高了农民实施这些措施的能力。它们也有助于减少向新系统和新的经营方式转变带来的失败风险。例如，农民田间学校为农民、推广机构和研究人员之间的合作提供了当地平台，有助于制定适应气候变化的地区性策略。这些方案往往将地方一级的能力发展与更广泛的政策框架和治理有关的行动结合起来。在许多国家，公共推广服务已经恶化。它们的一部分已被各实体（如研究机构、政府部委、农民组织）通过手机、互联网、广播和电视直接发送的信息所取代。个体投入供应商和服务供应商（如整个种植者计划）的情况也有所增加。因此，许多农民，特别是女性，无法获得任何形式的推广服务。不能忽视女性农民的需要，因为她们作为许多国家的粮食生产者发挥着重要作用。

提高当地选择和评估作物品种的能力，对于确保农民能够获得当地适宜的品种至关重要。这需要为社区一级的参与式品种培育和评估创建平台。联合国粮农组织开发了一个多模块工具包，用于支持整个种子价值链的能力建设，包括中小型企业的生产、加工和质量保证及营销。

发展私营部门在制造业、提供服务和销售农业机械方面的能力，也可以支持采用气候智慧型作物生产做法。在大多数发展中国家，缺乏当地制造的农业机械和备件，以及缺乏当地的维修和保养服务，是可持续机械化的重要障碍，并导致作物生产效率低下。

（三）气候智慧型作物生产系统实践案例

1. 欧洲作物轮作系统

欧洲是全球重要的农业生产基地，农业生产水平高度发达。欧洲农业从高度集约化农业成功转型，其在气候智慧型农业实践方面的探索值得借鉴。丹麦的农业生产是一个农业生产和环境保护友好发展的典型案例。丹麦是世界上农业最密集的地区之一，其60%以上的土地用于农业，其粮食出口量是全国消费量的两倍以上（FAO，2014），且拥有世界上最完善的环境监管体系之一（Van Grinsven et al.，2012）。

几个世纪以来，丹麦一直是周围国家的主要食品供应国，首先是德国牛肉和挪威谷物的主要供应者，随后是英国和其他海外国家的黄油和培根的主要供应者。19世纪末，丹麦引入了合作的奶牛场和屠宰场（Odgaard et al.，2009）。最初，粮食产量提升是由三叶草和豆类的生物固氮作用以及耕地比例的显著扩大驱动的（Kjaergaard，1994；Dalgaard et al.，2003；Dam et al.，2008）。然而，粮食生产的最大扩张发生在第二次世界大战之后，并受到化肥氮投入的推动，N盈余从1945年的15kg/hm^2（以N计）增加到1983年的143kg/hm^2（Dalgaard et al.，2003；Dalgaard et al.，2005），而后下降到今天的74kg/hm^2（Statistics Denmark，2012）。

第二次世界大战后，农业氮投入的扩大逐渐导致农田土壤氮盈余的增加，并显著增加了地下水的氮淋溶量（Hansen et al.，2011）。加之丹麦耕地面积占全国土地面积的60%以上，7 500km的海岸线有浅河口和沿海水域，这导致了严重的环境问题，根据欧盟硝酸盐指令，丹麦已将整个领土定义为硝酸盐脆弱地区。丹麦的饮用水供应几乎100%来自地下水，地下水硝酸盐浓度的升高加剧了饮用水风险。2005年约有15%的土地被指定为硝酸盐脆弱区（Hansen et al.，2008）。

从1985年起，丹麦实施了一系列政策措施来减轻氮和其他营养元素的损失造成的环境污染（Dalgaard et al.，2005；Kronvang et al.，2008；Mikkelsen et al.，2010），包括：①1985年氮、磷和有机物行动计划（NPO）；②1987年水环境行动计划I（AP-I）；③1991年可持续农业行动计划；④1998年、2000年水环境行动计划II（AP-II）；⑤2001年氨行动计划；⑥2004年水环境行动计划III（AP-III）；⑦2009年绿色增长计划；⑧2011年流域管理计划草案（RBMPs），执行欧盟水框架指令（WFD）。

1972年，丹麦、法国、冰岛、挪威、葡萄牙、西班牙和瑞典就签署了《奥斯陆公约》，禁止在海上直接倾倒有害物质。在将英国、荷兰和德国等国包括在内之后，该条约于1981年进行了修订，被列入了《保护东北大西洋海洋环境公约》（1992年）。丹麦的行动计划随后被用来执行1991年的欧盟硝酸盐指令（The Council of the European Communities，1991）和2000年欧盟理事会的指令（The European Parliament and the Council of the European Union，2000）。此外，丹麦国家层面减少对环境的营养负荷的雄心壮志也是与赫尔辛基委员会（波罗的海海洋环境保护委员会）（The Helsinki Commission，2008）有关条约的重要组成部分，赫尔辛基委员会是海洋战略框架指令（The European Parliament and the Council of the European Union，2008），以及1983年及以后实施的《远距离越境空气污染公约》（CLRTAP，1979；Sutton et al.，2014）。这些举措和行动导致丹麦农田土壤氮盈余大幅减少。氮盈余的发展与行动计划的实施及地下水中硝酸盐的浓度有很高的相关性。

丹麦减缓氮排放的有效政策措施侧重于更好地利用肥料中的氮和降低施肥氮标准（Grant et al.，2003）。丹麦实施了有机肥料中氮的最低利用率的法定规范，并对可施用的氮素进行了严格的最高限制；农民必须根据国家规定的标准体系记录其氮肥施用情况，在强制性肥料和作物轮作计划中记录其肥料和矿物肥料的使用情况，并遵守矿物肥料与肥料的最低替代率的相关规定（Petersen et al.，2008；MAFF，2013）。

2. 美国玉米-大豆轮作系统

美国是全球最大的玉米和大豆生产国，大豆和玉米面积基本维持在1∶1。通过构建合理的玉米-大豆轮作模式，包括玉米-大豆、玉米-玉米-大豆和玉米-大豆-大豆等模式，结合以免耕为核心的保护性耕作技术，在提升农业系统生产力和固碳减排等方面起到了重要作用。土壤管理实践是影响土壤与大气之间温室气体交换的主要因素之一，温室气体的排放导致了全球气候变化（IPCC，1996）。因此，测量不同耕作处理和作物系统的土壤气体排放对确定可对碳平衡（Post et al.，1990；Reicosky et al.，1997）和温室气体排放产生积极影响的管理实践至关重要。美国中西部玉米-大豆轮作是最主要的种植模式在所有耕地面积中，免耕占总产量的22%以上，而传统耕作系统在耕地面积中所占比例超过35%（CTIC，2004）。历史上，中西部大多数不在免耕或MP中的田地都是CP。中西部约有$20.8\times10^6 hm^2$排水不良的耕地必须全部排干水分（USDA-NRCS，1987），排水的改善有利于保护性耕作的采用。耕作措施和轮作对CO_2和CH_4排放都有显著影响，但轮作系统在耕作后的短期内对CO_2和CH_4排放没有影响。温度和湿度的变化比例低于27%，并且随耕作制度而变化；但10 cm表层的土壤温度和湿度条件与CO_2排放显著相关。通常情况下连作玉米的CO_2排放量比轮作系统中的玉米高出16%。经过30年连续的耕作和轮作措施，玉米和大豆的产量已经高于中西部的平均水平，通过玉米生长过程的评估表明，免耕措施下长期的玉米-大豆轮作被认为是碳排放最少的系统。

3. 水稻生产系统

世界上90%以上的大米是在水田里生产的。水稻生长在连续淹水的稻田里，尽管蒸腾速率相似，但它吸收的水分是其他灌溉谷物的2～3倍。因此，生产1kg水稻通常需要使用多达2 500L水，这意味着每立方米水仅生产0.4kg的水稻（Bouman et al.，2007）。被淹没的稻田是CH_4排放的主要来源之一，稻田每年排放的CH_4总量约为6.25亿t（以CO_2计）（FAO，2016b）。在连续淹没的田地中，生长季节结束后的排水释放出有机物厌氧分解形成的CH_4；氮的释放主要通过NH_3挥发的形式（Xu et al.，2012）。在灌溉水稻/低地水稻生产中，农民有许多节约用水的方法。这些选择包括免耕秸秆覆盖，以提供土壤覆盖、提升种床、平整土地，使用交替干湿灌溉技术，种植好氧水稻等（Bouman et al.，2007）。

好氧水稻生产系统使用的是特别开发的好氧水稻品种，它们生长在排水良好、没有积水和不饱和的土壤中。由于好氧水稻在田间需要的水比传统的水稻少，该系统用于相对缺水的灌溉或雨养低地环境。灌溉可以通过漫灌、犁沟灌溉（水稻种植在抬高的床上）或洒水器进行。在这一系统中，杂草种类多、生长快，其防控效果至关重要。此外，土传病害，如线虫、根蚜虫和真菌也比在淹水水稻中更常见，特别是在热带地区。因此，建议与适宜的旱地作物轮作配套使用以控制好水稻的病虫草害。因地制宜的养分管理策略能有效实现水稻生产系统 $4\sim6t/hm^2$ 的目标产量。

非连续淹水灌溉方式，如干湿交替，减少了水资源消耗，可为其他用途提供额外供给。这在主要的灌溉水稻地区尤其有利，主要是由于这些地区水资源供应的压力较大。同时，干湿交替灌溉减少了动力消耗，降低了农户的生产成本。此外，干湿交替灌溉减少了稻田的厌氧时间，降低了约 16% 的 CH_4 排放量，但可能会增加 N_2O 的排放量。在好氧和厌氧条件之间的反复转换加强了硝化作用，如果植物不吸收硝酸盐，氮可能通过反硝化作用（细菌将硝酸盐生物还原为 N_2）释放到大气中。在干湿交替灌溉技术中，灌溉用水在水稻植株成熟时使用。首先淹水 2 周可以阻止杂草的生长，然后撤水风干田地，直到水位降到土壤表面以下 15cm。在开花期间，保持一层 $3\sim5cm$ 深的水。在谷物灌浆过程中，干湿交替灌溉直到收获前 2、3 周。不同的水稻生产方法均可以采用干湿交替灌溉的方法。它可代替连续淹水，也可用于水稻集约化生产系统。

4. 非洲保护性农业

非洲地区热量资源丰富，但农业资源缺乏，农业生产技术落后，作物生产导致土壤破坏严重。保护性农业蓄水保墒在该地区的农业生产中起到了关键作用。纳米比亚北部的农民正在采用保护性农业做法来种植耐旱作物，包括小米、高粱和玉米。耕作系统使用拖拉机牵引的松土犁沟机将硬盘撕裂至 60cm 深，并形成犁沟以进行田间雨水收集。收集的水集中在作物的根部区域，将其与肥料和肥料的混合物一起种植在裂谷线中。第一年使用拖拉机来建立系统。从第二年开始，农民使用免耕直播技术进行播种作业。虽然作物秸秆主要作为动物的饲料，但是提高了生物产量也一定程度上增加了地表覆盖的作物秸秆。同时，保护性农业鼓励农民开展豆禾轮作模式。这可有效改善土壤结构，提高肥力和水分保持能力。在使用保护性农业技术后，玉米平均单产从每公顷 300kg 增加到 1.5t 以上。

参考文献

Al-Kaisi M，Kruse M，Sawyer J，2008. Effect of Nitrogen Fertilizer Application on Growing Season Soil CO_2 Emission in a Corn-Soybean Rotation [J]. Journal of Environmental Quality，37：325-332.

Allara M，Kugbei S，Dusunceli F，Gbehounou G. 2012. Coping with changes in cropping systems：plant pests and seeds [R] // FAO/OECD Workshop on Building Resilience for Adaptation to Climate Change in the Agriculture Sector，23-24 April 2012. Rome：FAO.

Bouman B A M，Lampayan R M，Tuong T P，2007. Water management in irrigated rice：coping with water scarcity [Z]. Los Baños：International Rice Research Institute (IRRI).

Choudhary M A，Akramkhanov A，Saggar S，2002. Nitrous oxide emissions from a New Zealand cropped soil: tillage effects, spatial and seasonal variability. Agriculture Ecosystems & Environment, 93: 33-43.

CIAT, World Bank, 2017. Climate-Smart Agriculture in Mozambique [M] //CSA Country Profiles for Africa Series. Washington: World Bank.

CTIC, 2004. National Crop Residue Management Survey: A Survey of Tillage System Usage by Crops and Acres Planted [Z]. West Lafayette: Conservation Technology Information Center.

Dalgaard T, Børgesen C D, Hansen J F, et al., 2005. How to half N-losses, improve N-efficiencies and maintain yields? The Danish Case [D]. Monmouth: Science Press.

Dalgaard T, Kyllingsbæk A, 2003. Developments in the nitrogen surplus and the fossil energy use in Danish agriculture during the 20th century [M] // Usó J L, Patten B C, Brebbia C A. Advances in Ecological Sciences vol 18. Southampton: WIT Press: 669-678.

Dam P, Jakobsen J G G, 2008. Historisk-Geografisk Atlas [M] // Brandt J, Guttesen R, Korsgaard P, et al. Atlas over Danmark. odense: Det Kongelige Danske Geografiske Selskab: 179.

Doets C E M, Best G, Friedrich T, 2000. Energy and Conservation Agriculture [R]. Rome: FAO.

FAO, INRA. 2016. Innovative markets for sustainable agriculture—How innovations in market institutions encourage sustainable agriculture in developing countries [R]. Rome: FAO.

FAO, 2011. Save and grow, a policymaker's guide to the sustainable intensification of smallholder crop production. [Z]. Rome: FAO.

FAO, 2014. FAOSTAT, Food and Agriculture Organization of the United Nations Statistics Country Profile for Denmark [Z]. Rome: FAO.

FAO, 2016a. Global Alliance for Climate-Smart Agriculture Case Study, Italian synergies and innovations for scaling-up CSA [Z]. Rome: FAO.

FAO, 2016b. The state of food and agriculture - climate change, agriculture and food security [Z]. Rome: FAO.

Faurès J M, Bernardi M, Gommes R, 2010. There is no such thing as an average: how farmers manage uncertainty related to climate and other factors [J]. International Journal of Water Resources Development, 26 (4): 523-542.

Folke, 2006. Resilience: the emergence of a perspective for social ecological systems analyses [J]. Global Environmental Change, 16: 253-267.

Fontaine S, 2007. Stability of organic carbon in deep soil layers controlled by fresh carbon supply [J]. Nature, 450: 277-280.

Fontaine S, Bardoux G, Abbadie L, et al., 2004. Carbon input to soil may decrease soil carbon content [J]. Ecology Letters, 7: 314-320.

Gál A, Vyn T J, Michéli E, et al., 2007. Soil carbon and nitrogen accumulation with long-term no-till versus moldboard plowing overestimated with tilled-zone sampling depths [J]. Soil & Tillage Research, 96: 42-51.

Glover J D, Reganold J P, Bell L W, et al., 2010. Increased food and ecosystem security via perennial grains [J]. Science, 328: 1638-1639.

Gommes R，Acunzo M，Baas S，et al. , 2010. Communication approaches in applied agrometeorology ［M］//Stigter K. Applied Agrometeorology. Heidelberg：Springer：263-287.

Grant R，Waagepetersen J，2003. Vandmiljøplan II— slutevaluering（aquatic action plan II—final evaluation）［M］. Silkeborg：National Environmental Research Institute：32 .

Hansen B，Thorling L，2008. Use of geochemistry in groundwater vulnerability mapping in Denmark ［J］. Geologic survey of Denmark and Greenland bulletin，15：45-48.

Hansen B，Thorling L，Dalgaard T，et al. , 2011. Trend reversal of nitrate in Danish groundwater—a reflection of agricultural practices and nitrogen surpluses since 1950 ［J］. Environmental Science & Technology，45（1）：228-234.

IPCC，1996. Intergovernmental panel on climate change（IPCC）：impacts，adaptations and mitigation of climate change：science technical analysis ［R］// Watson R T，et al. Climate Change：The IPCC Scientific Assessment. Cambridge：Cambridge University Press：745-771.

ISTAT , 2015. ISTAT Annual Report ［Z］. Rome：ISTAT.

ISTAT , 2016. ISTAT Annual Report ［Z］. Rome：ISTAT.

Jarecki M K，Lal R，2003. Crop management for soil carbon sequestration ［J］. Critical Reviews in Plant Sciences，22：471-502.

Kjaergaard T，1994. The Danish Revolution，1500-1800 An Ecohistorical Interpretation ［M］. Cambridge：Cambridge University Press：314.

Kronvang B，Andersen H E，Børgesen C D，et al. , 2008. Effects of policy measures implemented in Denmark on nitrogen pollution of the aquatic environment ［J］. Environmental Science & Policy，11（2）：144-152.

Kuzyakov Y，Friedel J K，Stahr K，2000. Review of mechanisms and quantification of priming effects. Soil Biology & Biochemistry，32（11-12）：1485-1498.

Lal R，2003. Carbon emission from farm operations ［J］. Environment International，30（7）：981-990.

Lal R，2004a. Soil carbon sequestration impacts on global climate change and food security ［J］. Science，304（5677）：1623-1627.

Lal R，2004b. A system approach to conservation agriculture ［J］. Soil and Water Conservation Society，Journal of Soil and Water Conservation，70（4）：82A-88A.

López-Bellido G R J，López-Bellido L，2001. Effects of crop rotation and nitrogen fertilization on soil nitrate and wheat yield under rainfed Mediterranean conditions ［J］. Agronomie，21（6-7）：509-516.

MAFF，2013. Vejledning Om gødnings- Og Harmoniregler（Guide on F and Harmonisation Regulations）［Z］. Copenhagen：The Danish Agrifish Agency：150.

Mikkelsen S，Iversen T M，Jacobsen B H，et al. , 2010. Danmark—Europe Reducing nutrient losses from intensive livestock operations ［M］// Gerber P，Mooney H，Dijkman J. Livestock in a Changing Landscape vol 2：Experiences and Regional Perspectives . Washington：Island Press.

MiPAAF，2011. Libro Bianco：Sfide e opportunità dello sviluppo rurale per la mitigazione e l' adattamento ai cambiamenti climatici ［M］. Rome：MiPAAF.

Odgaard B V，Rømer J R，2009. Danske Landbrugslandskaber Gennem 2000 år ［M］. Aarhus：Aarhus

University Press.

Petersen J, Sørensen P, 2008. Fertilizer value of nitrogen in animal manures—basis for determination of a legal substitution rate [M] .

Post W M, Peng T H, Emmanuel W R, et al. , 1990. The global carboncycle [J] . American Scientist, 78 (4): 310-326.

Prestele R, Hirsch A L, Davin E L, et al. , 2018. A spatially explicit representation of conservation agriculture for application in global change studies [J] . Global Change Biology, 24 (9): 4038-4053.

Reicosky D C, 1997. Tillage-induced CO_2 emission from soil [J] . Nutrient Cycling Agroecosyst, 49: 273-285.

Sisti C P J, Santos H P D, Kohhann R, et al. , 2004. Change in carbon and nitrogen stocks in soil under 13 years of conventional or zero tillage in southern Brazil [J] . Soil & Tillage Research, 76 (1): 39-58.

Statistics. 2012. Denmark 1961—2012 Agricultural Statistics. Statistics on Agriculture, Gardening and Forestry.

Statistics Denmark, 2012. Statistics Denmark 1961—2012 Agricultural Statistics//Statistics on Agriculture, Gardening and Forestry [Z] . Copenhagen: Statistics Denmark.

Sutton M A, Oenema O, Dalgaard T, 2014. Preface: Nitrogen on the table: the influence of food choices on nitrogen emissions and the European environment ENA Special Report on Nitrogen and Food The Food Climate Research Network [M] . Oxford: University of Oxford.

The Council of the European Communities, 1991. Council Directive of 12 December 1991 Concerning the protection of waters against pollution caused by nitrates from agricultural sources (91 /676/EEC) [J]. [s. l.]: Communications in Soil Science and Plant Analysis.

The European Parliament and the Council of the European Union, 2008. Directive 2008/56/ EC of the European Parliament and the council establishing a framework for community action on the field of marine environmental policy (Marine Strategy Framework Directive) [J] . [s. l.]: Communications in Soil Science and Plant Analysis .

The European Parliament and the Council of the European Union, 2000. Directive 2000/60/EC of the European Parliament and of the Council of 23 October 2000 establishing a framework for Community action in the field of water policy [J] . [s. l.]: Communications in Soil Science and Plant Analysis.

The Helsinki Commission, 2008. 1992 Markets of concentration permits: the case of manure policy [Z] //Convention on the Protection of the Marine Environment of the Baltic Sea Area. Helsinki : The Helsinki Commission : 43.

USDA-NRCS, 1987. Farm Drainage in the United States: History, Status and Prospects [Z]. Washington: USDA-NRCS.

VanGrinsven H J M, Ten Berge H F M, Dalgaard T, et al. , 2012. Management, regulation and environmental impacts of nitrogen fertilization in northwestern Europe under the Nitrates Directive: a benchmark study [J] . Biogeosciences, 9: 5143-5160.

Xu J, Peng S, Yang S, et al. , 2012.　 Ammonia volatilization losses from a rice paddy with different irrigation and nitrogen managements [J] . Agricultural Water Management, 104: 184-192.

第六章
中国气候智慧型农业发展背景

提　要

　　气候智慧型农业是近年来国际流行的新兴概念，其核心内容是提升农业生产适应气候变化能力的同时持续提高农业生产力和农民收入，并尽可能减少或消除农业温室气体排放。本章从气候变化背景下我国农业面临的多重挑战、气候智慧型农业在我国农业转型发展中的作用和我国气候智慧型农业相关基础等角度系统总结了我国气候智慧型农业的发展背景；重点阐述了我国农业转型对保障粮食安全、应对和减缓气候变化影响、保护资源环境、促进农田固碳减排及增加农民收入的需要；分析了气候智慧型农业在协同实现农业转型多维目标需求的理论路径；同时，也梳理了我国当前对气候智慧型农业理论的认识与研究，汇总了近一个阶段气候智慧农业的支撑政策，综述了保护性耕作、秸秆还田技术等关键气候智慧型农业技术的研究与应用进展。

一、气候变化下中国农业生产面临多重挑战

　　气候变化给全球和人类生存带来了重大影响，我国及全球农业生产收到巨大冲击。如何应对并减缓气候变化的不利影响，是我国农业生产当前和今后一个时期面临的一个重大转型难题。同时，在复杂的外部环境和内部需求下，我国粮食安全问题尤其是口粮安全问题不容忽视。此外，国家"十四五"规划和二〇三五年远景目标建议要求优先发展农业农村，全面推进乡村振兴。因此，在气候变化背景下，我国未来农业生产将面临保障粮食安全、适应与减缓气候变化影响、保护资源与环境、促进固碳减排及增加农民收入等多重挑战。

（一）未来中国粮食需求对农业生产提出了新的要求

《中国农业展望报告（2020—2029）》结果显示我国农业高质量发展取得新成效。2020年，"三农"领域重点工作将如期实现目标，农业农村发展短板将得以补齐，农业高质量发展将取得新成效。粮食、生猪等重要农产品能够实现稳产保供，主要农产品有效供给保障能力和供给质量进一步提升。农业种植结构继续优化，水稻、小麦不断调优品种结构，播种面积将适当调减，优势产区玉米产能将得到巩固提升，"镰刀弯"地区玉米播种面积稳中略增，水稻、小麦和玉米等三大主粮作物的播种面积9 500万 hm²，口粮播种面积5 300 万 hm² 左右，大豆振兴计划将继续深入实施，大豆播种面积有望再增加 13.3 万 hm² 以上。棉花播种面积稳定在 330 万 hm² 左右，油菜播种面积预计增加，特色油料生产有望不同程度增长。城乡居民消费升级加快，消费需求的优质化、绿色化、个性化、营养化趋势更加明显。优质专用稻米和小麦口粮消费较快增长，特色食物植物油、优质特色水果、绿色安全蔬菜等消费需求强劲，牛奶、禽肉、禽蛋消费将继续保持增长，畜产品消费结构不断优化；加工农产品的消费需求稳步增长，水果、马铃薯、豆制品等加工消费分别增长 3.9%、1.8%和2.0%。由于国内消费需求减少，棉花、食用植物油和食糖等资源密集型农产品进口预计不同程度下降。农产品价格预计总体趋涨走势，部分品种高位震荡的风险进一步增加。稻米、小麦价格预计小幅波动，存在国际价格传导风险，玉米供需关系偏紧预计价格总体走强，大豆、棉花、食糖、食用植物油等农产品价格波动的国际因素预计更加突出；猪肉价格高位趋涨风险加大，并带动畜禽产品价格保持高位运行。蔬菜水果价格预计波动较大，季节性因素和突发性事件影响依然存在，区域性、品种间和品质上的价格差异也将更加明显。

未来 10 年，农业转型升级将明显加快，农业高质量发展将取得显著成效，农业现代化水平稳步提升。农业由增产导向转向提质导向，绿色、生态、优质、安全的农产品生产和供给明显增加，粮食等主要农产品增产保供能力大幅提升。随着市场配置资源的决定性作用发挥，以市场需求为导向的农业生产结构不断优化，播种市场短缺品种和契合消费者需求产品供给不断增多；口粮品种结构持续优化，播种面积稳中有降，单产增长推动稻米、小麦产量稳步增长，年均增速小于 1.0%；大豆和奶类产量年均增速在 3.0%，玉米、水果、禽肉产量年均增速在 2.0%～3.0%。粮食等主要农产品消费总量将继续增长，食物消费结构不断升级，饲料粮消费和工业消费持续增加。人口增加带动口粮消费继续增长，未来 10 年稻米和小麦国内总消费量分别预计增长 2.4%、11.8%；畜牧业生产规模不断扩大推动粗粮饲料消费和大豆压榨消费持续增长，玉米和大豆国内总消费量分别预计增长 18.7%和14.5%；食物消费结构升级对动物性产品消费需求增加，肉类、禽蛋、奶制品、水产品国内总消费量分别预计增长 20.7%、8.9%、39.5%、9.8%。

农产品价格形成机制不断完善，农产品名义价格和实际价格均呈上涨趋势。随着现代农业市场体系的建立完善，农产品价格将主要由市场决定，在人工、土地、物质投入、环保等成本上涨不可逆性条件下，农产品价格将整体上涨。口粮供给宽裕，稻米、小麦价格市场化将更加明显；饲料粮供给偏紧，玉米价格预计温和上涨趋势；大豆、棉花、食糖、食用植物油等土地密集型产品国内短缺，进口依存度较高，国内外价格联动非常明显；蔬菜、水果、肉类、禽蛋、奶制品、水产品等劳动密集型产品，受成本推动和市场需求拉动总体呈上涨趋势。2020 年新型冠状病毒肺炎疫情显著影响了全球粮食贸易格局，我国粮食安全需进一步保障。

（二）气候变化下中国粮食生产面临的挑战

自 20 世纪 80 年代以来，全球气候变化问题逐渐引起了各界人士的注意。自 1990 年以来，IPCC 已经连续发布了 5 次全球气候变化评估报告。大量研究事实表明，由人为温室气体排放造成的全球温度升高，已经对全球气候变化产生了重大影响，而随着人类活动的加剧，全球变暖趋势仍将进一步加剧（Stocker et al.，2014）。据 IPCC 最近的一次评估报告指出，在过去的一百多年里，全球平均温度升高了 0.85℃，据预测，到 2100 年全球平均温度将有可能升高 3.7~4.6℃（Stocker et al.，2014）。在全球变暖背景下，中国气候变化也表现出十分明显的特征，其中温度变化主要呈现出全国范围内气温普遍升高；而降水呈现出北方地区减少，并且地区和季节间变化不平衡（秦大河，2004；葛全胜等，2014；秦大河，2014）。伴随着全球变暖的加剧，极端气候事件的发生频率和强度也呈现出增加的趋势（IPCC，2012）。

大量研究结果表明气候变化已经对人类生活的各个方面都产生了重大影响（Burke et al.，2015；Challinor et al.，2014；Lobell et al.，2011b；Moore et al.，2015；吴绍洪等，2014）。农业生态系统中作物的生长发育和最终的产量形成对外界环境条件表现出一定程度的依赖性（Cai et al.，2015；Rosenzweig et al.，2014），而其对自然条件的高度依赖决定了任何程度的气候变化都将对农业生产带来影响，因此如何正确评估气候变化对农业生产的影响是目前政府部门和各界学者普遍关注的重要问题，也是目前农业生产中所面临的一项重要任务。中国作为一个农业大国，农业生产在维持国计民生方面具有重要作用，伴随着全球变暖的加剧，气候变化对中国农业生产所带来的影响已经逐渐显现（Xiong et al.，2009a，2010；Piao et al.，2010）。研究表明气候变化对农业生产的影响将随着未来全球变暖过程进一步加剧，在不采取适应措施的情况下，热带和温带的主要粮食作物产量将会出现较大幅度的下降（Challinor et al.，2014；Zhao et al.，2017；Zhao et al.，2016）。此外也有分析指出，气候资源波动是现阶段主要粮食作物产量波动的主要贡献因素（Ray et al.，

2015)。因此，明确气候变化背景下作物生产变化、作物布局变化等，对于政府部门和农户采取适应措施，并制定因地制宜的应对策略，提高区域适应能力和保障粮食安全至关重要（Olesen et al.，2011；Yang et al.，2015）。

首先是气候变化对作物物候期的影响。物候期是反应作物生长发育进程的重要指标，气候变化对其造成的影响会反映到最终作物产量。因此，利用物候资料来分析物候期的变化及其对气候变化的响应成为了当前的研究热点。目前，关于物候期变化对气候变化的响应研究主要集中在受人类活动影响较少的自然植被，而对农作物的相关研究较少（Menzel，2000；Siebert et al.，2012；Ge et al.，2015）。长时间序列的研究表明，温度升高对植被物候期变化有着明显的作用（Sacks et al.，2011；Atlin et al.，2017），主要表现在温度升高将导致作物生育期变短，物候期提前（Thomas et al.，2014；Van Bussel et al.，2015；Zhang et al.，2016b；Rezaei et al.，2017）。气候变化所带来的作物物候期进程的变化，必定会导致作物生长发育过程发生改变，从而影响有机物的合成与积累，最终导致产量发生变化（Bindi et al.，2011；Tao et al.，2013；Challinor et al.，2016）。随着气候变化对农业生产影响研究的进一步深入，国内外学者利用历史气象数据与作物物候期资料匹配，分析了物候期变化与外部环境变化之间的定量关系，并结合作物生长模型，定量评价了不同情景下作物物候期变化及其变化对最终作物产量的影响。

其次是气候变化对作物产量的影响。针对气候变化对粮食生产的影响问题做出定量而又明确的回答，既是保障粮食安全的需要，也是制定应对气候变化政策的主要依据（姚凤梅，2005）。气候变化已经对农业生产产生了重要影响，在气候变化对作物生产影响的研究中，人们尤其关心其对农作物产量的影响。国内外学者从田间试验尺度到区域尺度上进行了大量的评价，进一步证实了气候变化的影响效应。

最后是气候变化对作物布局的影响。随着气候变化，作物分布及种植制度也发生了一定程度的变化（Li et al.，2015；Olesen et al.，2011；Zhang et al.，2016）。尽管管理措施的进步和品种的更替促进了作物产量的提高，但对气候变化的影响研究中仍旧不可忽视其对作物种植区域及种植布局变化的可能影响（Singh et al.，2017；Wang et al.，2017）。杨晓光等（2010）对我国主要作物种植北界变化的研究中发现，随着气候变暖，我国主要种植制度的种植北界均发生了不同程度北移；Li 等（2015）研究指出，温度升高对水稻种植重心迁移有着显著的影响，并且与种植重心的北移具有明显的同步性。Liu 等（2015）利用物种分布最大熵原理进行分析，发现我国现阶段水稻适宜性区域呈现出增加的趋势，并且这些数值与实际观测到的结果一致，在水稻适宜性区域的分析结果中，气候变化是影响水稻种植区域时空分布的主要因素。对未来情景下中国水稻的潜在适宜种植区域进行分析时，发现种植区域呈现向西北迁移的趋势，综合考虑社会环境等因素，平衡水稻种植布局与气候资源的匹配至关重要。

目前国内外学者同时从种植界限等角度分析了气候变化可能带来的效应，Yang 等 (2015) 指出种植界限北移可以促进中国粮食作物的生产能力增加 2.2%，其他学者在对不同区域小麦、水稻的研究中也得到了类似的结果 (Singh et al.，2017；Wang et al.，2017)。

（三）集约农业与资源环境保护的矛盾

我国人均占有耕地面积只有世界平均水平的 40%；全国有 666 个县的人均耕地面积低于联合国粮农组织制定的 0.8 亩警戒线，463 个县低于 0.5 亩危险线。近 10 年来，耕地面积年均减少幅度仍超过 500 万亩。农业集约化是我国农业的一个重要特征，也是我国农业产量持续提升的一个重要驱动因素。随着市场化、工业化、城镇化高速发展，以及国内外开放程度的不断提高，以简单高投入换取高产出的粮食高产之路越走越窄，不仅在国际市场的竞争力越来越弱，而且既得不到地方政府的支持，更得不到农民的欢迎。近年来，我国在粮食安全作为一项重大政治任务强行推行背景下产量实现了"十五连增"，但付出代价也是相当巨大。在传统农业集约化模式下，粮食持续增产不仅资源投入代价越来越大，生态环境压力也越来越大，已经难以为继，必须构建新的农业集约化模式。

灌溉面积增加为支撑我国粮食增产作出了重大贡献，我国有效灌溉面积由 1980 年的 44 888 千 hm^2 发展到 2012 年的 63 333 千 hm^2，增加了 41.1%，年均增长 1.28%，但我国是世界严重缺水的国家之一，目前缺口已超过 500 亿 m^3，其中农业灌溉缺水 300 多亿 m^3，水资源短缺对农业发展及粮食生产的影响会越来越突出。美国只有 17% 的粮食是利用灌溉来生产的，即使它耗尽灌溉用水，它自己和世界的粮食供给会遇到挑战，但不至于产生灾难性后果；而中国有 70% 的粮食是利用灌溉来生产的，要是耗尽了水，其后果是灾难性的。

化肥投入量近 50 年一直在持续快速增加，已经成为农业增长的主要基础。1980 年我国化肥施用量只有 1 269 万 t，2012 年达到 5 884 万 t，增加 3.6 倍，年均增长 11.4%。但肥料的利用率却很低，全国平均的氮素化肥表观利用率不足 30%，多年累计的利用率不到 50%，损失率高达一半以上，和发达国家存在很大差距。由于化肥过量使用带来的生态环境问题和农产品质量问题开始显现。

由于农田过度利用带来的耕地质量问题已经不容忽视，粮食主产区耕地土壤普遍存在不同程度的耕层变浅、容重增加、养分效率降低等问题，而且由不合理的施肥、耕作、植保等造成的耕地生态质量问题日益突出。东北黑土地土壤有机质含量由过去的 5%～7% 下降到目前的 3%～5%，平均耕层厚度只有 20cm 左右，比美国黑土区耕层差 5～10cm。南方土壤酸化程度持续加剧，部分红壤的 pH 由 30 年前的 6.5 下降到现在的 5.6 左右，不仅造成作物减产，而且加剧土壤重金属污染。由于长期过量施用除草剂等农药制剂，一些地方的耕地甚至产生了"毒土"现象，带来了更加严重生态安全问题。

传统农业集约化造成的农业面源污染倾向加重。据调查，我国集约化农区每年每亩平均施纯氮 30～40kg、磷 20～30kg，实际利用率不到 40%；农药年投放量 20 多万 t（折纯），仅有 20%～30% 达到靶标而起作用，其余 70%～80% 的农药进入水体和土壤中，成为严重的污染源，目前全国受农药污染的耕地面积近 2 亿亩，其中中度以上污染耕地面积超过 5 000 万亩。

另外，从中国与美国粮食生产的化肥使用情况比较看，美国在 20 世纪 80 年代以后化肥用量增长不再明显了，而我国的化肥用量一直处于大幅度增长的状态。而且从化肥投入的表观效率粮肥比（单位化肥投入量的粮食产量）看，我国的肥效一直处于较低趋势，美国近 30 年的肥效基本保持稳定，甚至有上升趋势。可以看出，我国粮食在稳定达到 6 亿 t 水平后，可以把重点放在控制投入过快增长和提高资源效率上来。

二、气候智慧型农业有助于中国农业转型发展

（一）适应气候变化是粮食稳产增产的关键

目前，全球变暖的趋势在学术界越来越获得认可，气候变化已成为人们关注的一个焦点问题。气候变化给农业生产带来了严峻的挑战，研究表明，气候变化使全球小麦和玉米分别减产 5.5% 和 3.8%，这在很大程度上抵消了因技术进步等有利因素带来的增产效应（Lobell et al.，2011）。Ray 等（2015）指出全球约 1/3 的粮食产量变动是由气象因素的变化而导致的。有学者预测到 21 世纪下半叶全球升温使热带作物减产的趋势要强于温带作物，但即使是小幅度的升温也会使温带作物明显减产（Challinor et al.，2014）。对于我国农业生产而言，不管是种植制度的界限移动，还是作物光温生产潜力的发挥，抑或是自然灾害发生的频率和病虫害风险都受到气候变化不同程度的影响（杨晓光等，2010；Liu et al.，2012；Liu et al.，2013）。IPCC 指出未来气温升高情况下，我国水稻和玉米总体上将表现出不同程度的减产，但在不同区域作物产量受影响的效应和程度表现并不一致（IPCC，2014）。因此，应对和缓解气候变化已成为农业领域研究的一个重要方向。据联合国最新的预测报告，到 21 世纪中期，世界人口总量将达到 97 亿，这无疑加剧了未来对粮食的需求。面对日益严峻的粮食需求形势和不断恶化的生态环境，如何在未来寻找到一条出路，需要对农业乃至整个人类行为作出通盘的考虑（Foley et al.，2011；Tilman et al.，2011）。

农业生产受到全球气候变化的显著影响，在未来不确定的气候情景下其风险也不断增加。除了未来不确定的气候环境带来的威胁，粮食需求持续增长、作物单产增速

放缓也严重威胁人类的生存（Foley et al.，2011；Tilman et al.，2011；Ray et al.，2012）。农业生产、土地利用是重要的温室气体排放源，一定程度上增加了温室气体的排放，加剧了全球变暖。IPCC第四次评估报告指出在所有人类活动导致的温室气体排放中，农业活动占13.5%（IPCC，2007）。据估算，在主要温室气体排放中约60%的CH_4和61%的N_2O来自农业生产（IPCC，2013），对于种植业而言，CH_4和N_2O的排放主要来自土壤的直接排放和农业生产资料（化肥、柴油、种子等投入品）的间接排放（Lal，2004a；Smith et al.，2008；Van Kessel et al.，2013；Xue et al.，2014）。CH_4和N_2O在100年尺度上的增温潜势分别是CO_2的25倍和298倍（IPCC，2006；2007），其排放量的增加对气候变化的影响也十分显著。不合理的农业管理措施不仅影响作物的生长发育，更加速了土壤碳的流失和排放（Lal，2004a；Lal et al.，2007）。由于土地开垦，长期的翻整扰动使得温带和热带土壤有机碳分别流失了近60%和75%（Lal，2004b）。据预测，到21世纪中期，人类的粮食需求量将是现在的2倍，农业生产面临巨大压力（Foley et al.，2011；Ray et al.，2012）。因此，在全球气候变暖的趋势下，如何进一步改善农业生产以更好地应对气候变化，保障粮食供应的前提下，实现农业的可持续发展，是全世界广泛关注的重要挑战（Lal，2004b；Lal et al.，2007；Lal，2015b）。

（二）固碳减排是农业可持续发展的核心内容

农田不但是温室气体的排放源，同时也是重要的碳库。据估算，土壤碳库作为全球第三大碳库在0～1m土层内的有机碳储量为1 220～1 550Pg（10^{15}g），无机碳储量为695～748Pg；而0～2m土层有机碳储量则为2 376～2 450Pg（Lal et al.，1995；Batjes，1996）。据Lal估算，采用合理的农田碳库管理策略能够实现0.4～1.2Pg农田土壤固碳潜力。这约为年度人为碳排放全量的15%，能够有效缓解全球变暖。虽然仍存在一定争议（Schlesinger et al.，2019），但是通过促进土壤固碳缓解全球变暖也逐渐被认为是一项重要和有效的策略，尤其是在巴黎全球气候变化大会提出全球开展千分之四固碳项目之后（Lal，2016a；Soussana et al.，2019）。同时，土壤有机碳含量是指示土壤质量的一个重要指标，对维持农田土壤生产能力意义重大（Reeves，1997；Sá et al.，2009；Brandão et al.，2011）。通过提高土壤固碳量缓解气候变化也越来越得到国际社会的重视。通过采用推荐的农田管理措施（RMP）和综合的养分管理措施（INM）可以有效增加农田土壤固碳，提高土壤质量，实现缓解气候变化、保障作物生产能力和维持粮食供应的目标（Lal，2004b）。有研究表明，与传统农田管理措施相比，免耕、秸秆还田、优化施肥措施及有机肥的施用等能有效提高土壤固碳能力（薛建福等，2013；魏燕华等，2013；Zhang et al.，2014；Zhao et al.，2015），减少农田温室气体排放（West et al.，2002；Ussiri et al.，2009；杨书云等，

2010；Zhao et al.，2016），同时也能有效提高作物生产效率，促进产量增加（Ding et al.，2014；Liu et al.，2014；Zhao et al.，2017；Bai et al.，2019）。Lal（2004b）研究发现土壤固碳能力提高有助于作物增产，土壤碳库每增加 1t，玉米增产 10～20kg/hm^2，而小麦可以增产 20～40kg/hm^2。因此，合理的农田综合管理措施可以提高土壤固碳能力、减少农田温室气体排放、维持甚至促进作物生产，对缓解全球气候变暖和保障粮食安全具有重要的意义。

我国作为世界上最大的发展中国家，面临严峻的人口压力和发展压力，作为世界上人口最多的国家之一，我国用不到世界 10% 的耕地养活了世界 20% 的人口。随着我国改革开放和经济发展的深入，对农业生产的结构、产品供应、生产效率等都提出了更高的要求。提高作物单产是促进粮食增产的重要方式。据联合国粮农组织的统计数据显示，我国 2018 年谷物产量较 2000 年增加了近 40%，单产是世界平均水平的近 2 倍（FAO，2019）。但我国农业生产的高产出是建立在高投入基础上的，大量的农业生产资料投入，特别是化肥的大量使用，在提高作物产量的同时，也带来了一系列的生态环境问题（Schlesinger，2010；Chen et al.，2014；李亮科，2015）。我国 20 世纪 90 年代因氮肥投入增加而导致的每年 N_2O 排放量为 32.3 Gg（以 C 计），较 20 世纪 50 年代增加了近 22 Gg（Zou et al.，2009）。随之而来的酸雨、水体富营养化也日益严重，更加威胁到人类的健康（Zhang et al.，2013）。此外，随着农业进一步发展，对提高农业投入品使用效率的要求，特别是对减少农村劳动力投入发展"轻简化"的农业栽培管理措施，以及对高效、可持续性集约农业的要求越来越突出，进一步改善和推广相应农业措施就显得尤为重要。近年来，联合国粮农组织提出为应对气候变化应发展气候智慧型农业（Climate-smart）（FAO，2013）。气候智慧型农业是一项能在粮食安全、气候变化的适应和缓解方面达到"三赢"的重要策略。气候智慧型农业需要通过技术创新、政策管理、科技和财政投入等多方面的协作，实现提高作物生产力，解决粮食安全的目标；同时发挥人类在促进农田系统适应和缓解气候变化中的作用。减少农业生产温室气体排放和增加土壤固碳是达到这一目标的有效手段。因此，改善农田管理措施，发展气候智慧型农业，对于降低农田碳排放，应对和缓解气候变暖，保障食物供给，以及我国农业可持续发展有着十分重要的意义；同时，优化管理措施，减少温室气体排放和增加农田土壤固碳，实现农业低碳生产，也是我国积极承担国际责任的重要表现。

（三）气候智慧型农业是绿色农业的重要路径

近年来，国家政府连续发文，力促农业绿色转型。2015 年农业部、国家发展改革委等部门印发《全国农业可持续发展规划（2015—2030 年）》，2017 年中共中央办公厅、国务院办公厅印发《关于创新体制机制推进农业绿色发展的意见》，2018 年农业农村部印发《农业绿色发展技术导则（2018—2030 年）》大力推动我国农业绿色发展。农业绿色发展，是在绿色增长理念的指导下发展农业的一种范式，其本质还是可持续农业的范畴。农业绿色发展作为一种促进农业可持续发展的新型农业发展模式与体系，是以绿色农产品产业化为主线的生态、安全、优质、高产、高效的现代化农业，是在生态农业等农业发展模式探索、绿色食品发展的基础上进行的总结、扩展、提升与系统化，是绿色经济的重要内容和基础。随着绿色农业在农业发展及经济、社会、生态协调发展中的地位和作用日显重要，绿色农业的成长发展问题在国内外开始受到广泛重视，并引起学术界越来越多的关注。

绿色发展是现代农业发展的内在要求，是生态文明建设的重要组成部分。近年来，我国粮食连年丰收，农产品供给充裕，农业发展不断迈上新台阶。但由于化肥、农药过量使用，加之畜禽粪便、农作物秸秆、农膜资源化利用率不高，渔业捕捞强度过大，农业发展面临的资源压力日益加大，生态环境亮起"红灯"，我国农业到了必须加快转型升级、实现绿色发展的新阶段。实施绿色发展，有利于推进农业生产废弃物综合治理和资源化利用，把农业资源过高的利用强度缓下来、面源污染加重的趋势降下来，推动我国农业走上可持续发展的道路。习近平总书记指出，推进农业供给侧结构性改革，要把增加绿色优质农产品供给放在突出位置。当前，我国农产品供给大路货多，优质品牌的少，与城乡居民消费结构快速升级的要求不相适应。推进农业绿色发展，就是要发展标准化、品牌化农业，提供更多优质、安全、特色农产品，促进农产品供给由主要满足"量"的需求向更加注重"质"的需求转变。实施绿色发展，有利于改变传统生产方式，减少化肥等投入品的过量使用，优化农产品产地环境，有效提升产品品质，从源头上确保优质绿色农产品供给。农业和环境最具相融性，新农村的优美环境离不开农业的绿色发展。近年来，随着农业生产的快速发展，农业面源污染日益严重，特别是畜禽养殖废弃物污染等问题突出，对农民的生活和农村的环境造成了很大影响。习近平总书记强调，加快推进畜禽养殖废弃物处理和资源化，关系6 亿多农村居民生产生活环境，是一件利国利民利长远的大好事。实施绿色发展，有利于减少农业生产废弃物排放，美化农村人居环境，推动新农村建设，实现人与自然和谐发展、农业生产与生态环境协调共赢。

农业绿色发展是我国农业发展观的一场深刻革命。农业发展要由主要满足"量"的需求向更注重"质"的需求转变。利用有限的资源增加优质安全农产品供给，把农业资源利用过高的强度降下来，把农业面源污染加重的趋势缓下来，让生态环保成为现代农业鲜明标志。当前，我国农业领域绿色发展的五大行动主要包括：①畜禽粪污资源化利用。加快构建种养结合、农牧循环的可持续发展新格局。在畜牧大县开展畜禽粪污资源化利用，实施种养结合一体化项目，集成推广畜禽粪污资源化利用技术模式，提升畜禽粪污处理能力，努力解决大规模畜禽养殖场粪污处理和资源化问题。

②果菜茶有机肥替代化肥。以发展生态循环农业、促进果菜茶质量效益提升为目标，以果菜茶优势产区、核心产区、知名品牌生产基地为重点，大力推广有机肥替代化肥技术，加快推进畜禽养殖废弃物及农作物秸秆资源化利用，实现节本增效、提质增效。农作物秸秆处理利用。③大力推进秸秆肥料化、饲料化、燃料化、原料化、基料化利用，加强新技术、新工艺和新装备研发，加快建立产业化利用机制，不断提升秸秆综合利用水平。推动出台秸秆还田、收储运、加工利用等补贴政策，构建市场化运营机制。④农膜回收。以加厚地膜应用、机械化捡拾、专业化回收、资源化利用为主攻方向，连片实施，整县推进，综合治理。全面推广使用加厚地膜，推进减量替代；推动建立以旧换新、经营主体上交、专业化组织回收、加工企业回收等多种方式的回收利用机制；完善农田残留地膜污染监测网络。⑤重点水域的水生生物保护。坚持生态优先、绿色发展、减量增收、减船转产，逐步推进长江流域全面禁捕，率先在水生生物保护区实现禁捕，修复沿江近海渔业生态环境。开展水产健康养殖示范创建，强化海洋渔业资源总量管理，加强水生生物栖息地保护。

气候智慧型农业生产是一种农业发展新理念，既能减缓气候变化，又能适应气候变化的不利影响，其核心目标是固碳减排、稳粮增收。改善土壤健康和增强土壤应对气候变化的缓冲能力是气候智慧型农业生产的目标之一，也是实现农业绿色可持续发展的重中之重。

三、中国适应和缓解气候变化的相关基础

（一）中国应对气候变化的理论与政策

近年来，气候智慧型农业的研究已经起步，由于各学者对气候智慧型农业的理解有所不同，其研究关注的焦点不一。首先对于气候智慧型农业的定义及其内涵的认识，不同学者存在一定差异。对于气候智慧型农业的定义，联合国粮农组织的表述为：旨在可持续提高农业效率、增强适应性、减少温室气体排放，并以更高目标实现国家粮食安全的农业生产和发展模式；而世界银行则定义为建立面对气候变化，能满足不断增长的需求，并保持盈利和可持续发展的食物系统。对于其内涵的理解，不同学者挖掘和解读的侧面也有所不同，但总结其中一致性的认识，气候智慧型农业的内涵主要是指高层次、高标准、科学应对气候变化，能保障粮食生产，提升农田生态系统功能的农业发展形态和模式，是指导农业系统改革和调整的重要参考，对保障粮食安全、有效支持农业可持续发展和因地制宜调整农业结构具有重要意义。

对于气候智慧型农业研究的侧重点，有的学者主要关注于作物产量的变化，如Bai等（2016）采用APSIM模型模拟了1981—2010年不同管理情景下小麦产量的变化，发现基于最优种植密度和播种日期结合良好水肥管理和植保措施构建的气候变化

智慧型管理模式可以显著增加作物产量及其稳定性。而较多的学者则更加关心气候智慧型农业固碳减排的效果。在 2015 年的巴黎气候变化大会上，法国提出了名为"千分之四计划：服务于粮食安全和气候的土壤"的动议，该计划将土壤增碳与农业可持续生产挂钩，指出通过良好农田管理措施增加土壤碳库不仅可以大量抵消化石燃料燃烧排放，还能够通过有机质的增加保障产量并提升土壤质量（Lal，2016a）。借助 Meta 分析方法，Bai 等（2019）对保护性耕作、覆盖作物、生物质炭应用等气候变化智慧型农业管理措施的土壤固碳效应进行评价，发现生物质炭应用是最有效的土壤固碳措施，其次是覆盖作物和保护性耕作。此外，也有研究关注到了水分管理在未来气候变化应对中的重要作用，如 Brouziyne 等（2018）采用美国农业部开发的水文模型 SWAT 模拟了不同气候变化情景对摩洛哥西北部一个流域出水量和作物水分生产率（单位实际蒸散发所获得的产量）的影响，同时设置了不同优化管理情景探索最优气候变化智慧型管理模式，发现未来气候变化会减少该流域 26％的出水量和 45％的作物水分生产率，而免耕与提早播种日期相结合可以在未来气候变化情景下有效提高作物水分利用效率。总体而言，目前气候智慧型农业的研究主要还是集中在不同农作技术的使用效应及优势、气候智慧型农业的实施途径等方面。

长期以来，我国农业的首要目的就是保证粮食安全，作为世界人口最多的国家，中国以不足世界 10％的耕地生产出占世界近 25％的粮食，养活了世界 20％以上的人口（马常宝，2016），中国对世界粮食安全的贡献有目共睹。但在取得丰硕成果的同时，也不难看出我国农业的发展在很大程度上是以牺牲资源和生态环境为代价的，发展的同时也带来了自然资源短缺、生态环境问题加重、农业生产效益低下等问题。"十二五"期间，中国在农业应对气候变化方面，通过强化农业生产抗灾减灾、加大草原保护与恢复、推动农村沼气转型升级、开展秸秆综合利用、推广省柴节煤炉灶炕、开发农村太阳能和微水电、实施化肥农药使用量零增长行动、实施保护性耕作、开展渔业节能减排技术试验示范等，适应气候变化和减少温室气体排放。目前，以碳排放量过高、温室气体排放过多为代表的农业生产问题已得到国家各部门的高度重视。近年来，围绕农业固碳减排、应对气候变化影响和可持续地提高农业生产效率开展了一系列技术研究、项目示范推广和应对措施，并取得了初步成效。

在政策方面，2013 年国家发展改革委联合财政部、农业部等八大部委共同发布了《国家适应气候变化战略》，战略中明确了农业适应气候变化的努力方向：一是加强农业监测预警和防灾减灾措施，二是提高种植业适应能力，三是引导畜禽和水产养殖业合理发展，四是加强农业发展保障力度。2014 年国家发展改革委印发《国家应对气候变化规划（2014—2020 年）》，对农业控制温室气体排放和适应气候变化提供了思路。2016 年国务院印发了《"十三五"控制温室气体排放工作方案》，方案中明确提出要发展低碳农业和增加生态系统碳汇。另外，在政策与制度创新方面，我国开始探索性地进行有关技术补贴、激励机制和政策引导等试点示范工作。

（二）中国固碳减排相关技术

1. 保护性农业技术

土壤耕作是农田管理中一项重要环节，翻耕等传统耕作在我国和全球范围内都有着悠久的历史。翻耕可以改变土壤结构与微环境，影响土壤物理、化学、生物学的各项指标，如增加土壤孔隙度和通气性、降低土壤紧实度、提高入渗量、控制杂草等，进而影响作物的生长发育状况，对全球农业发展起了非常重要的作用。但是，频繁的翻耕也带来了诸如有机质大量损耗、土壤风蚀水蚀严重等问题，不利于农田土壤的可持续利用，甚至造成灾难性的后果。20 世纪 30 年代，美国因连续高强度的采用有壁犁翻耕农田土壤，导致大平原土壤干旱和风蚀加剧，引发了举世震惊的"黑风暴"，吹走了几百万吨的表层土壤，4 000 多万 hm² 农田地力严重退化，造成了巨大的损失（Logan et al.，1991；Lal et al.，2007）。经过反思，美国开始研究推广应用免耕技术，后来美国土壤保护局提出了免耕为主的现代保护性耕作技术体系，并在全球范围内推广。Zhang 等（2014）系统总结了我国保护性耕作的应用与发展历程，并在此基础上提出保护性农业及其四个重要组成部分，包括：少免耕、永久覆盖、多样性复合种植系统和综合养分管理系统。Lal（2015a）总结了自 1960 年代以来全球保护性耕作的研究与应用情况后指出，保护性耕作是以免耕为主体的技术系统，潜在的应用风险或者缺陷应当根据当地实际条件通过适当的措施（秸秆覆盖、覆盖作物、作物轮作、综合养分管理等）配合使用来规避。

随着气候变化日益被重视，为实现可持续发展的目标，人们开始持续关注农业发展的可持续性集约化、抵御气候变化的能力、生态高效性及农作措施与土壤管理之间的联系（United Nations，2014）。以免耕为核心的保护性耕作在全球范围内作为可持续农业的重要组成部分被广泛采用（Zhang et al.，2014）。保护性耕作措施的优势，主要包括促进土壤水土保持、改善土壤结构、提高土壤质量、维持作物生产及强化农田固碳减排等方面（West et al.，2002；Zhang et al.，2014；Lal，2015a；Lal，2015b）。有学者估算，目前全球有 1.22～2.15 亿 hm² 的土地采用了保护性农业措施，占全球耕地面积的约 9%～15%；同时近 533～1 130 亿 hm² 土地（约 38%～81% 全球耕地面积）有使用保护性农业技术措施的潜力（Prestele et al.，2018）。近年来，保护性耕作作物产量、温室气体排放、气候变化、生态服务等方面的研究是国际上的研究热点（Palm et al.，2014；Powlson et al.，2014；Pittelkow et al.，2015）。

我国是农业大国，有着悠久的"精耕细作"的农业史。但是，长期翻耕使我国农田土壤质量出现了退化，制约了农业生产的可持续发展。我国保护性耕作的相关研究始于 20 世纪 70 年代，以免耕为核心的保护性耕作以其保土、培肥、节水、省工等特点在国内得到推广与应用。目前保护性耕作技术推广面积经超过 1.1 亿亩。回顾我国保护性耕作技术发展历史：我国保水、保土的农业技术措施历史悠久，但对机械化保护性耕作的探索始于 20 世纪 80 年代初，当时借鉴国外经验，开展了免耕、深松、覆盖等单项技术的试验和研究工作，但由于我国长期倡导中国传统的精耕细作，虽然免耕覆盖技术的试验研究取得了令人满意的生产成效，但没有形成大的应用环境。从 1992 年开始在山西省引入和借鉴澳大利亚保护性耕作技术，从 2001 年起由甘肃农业大学、兰州大学与澳大利亚阿德莱德大学等单位合作在甘肃西部黄土高原地区开始了积极探索。

总结现有的我国保护性耕作的研究发现，目前相关研究多关注于保护性耕作技术对土壤理化性状（如土壤容重、土壤水分、温度）（张海林等，2005；Du et al.，2010）、作物产量（谢瑞芝等，2008）、土壤固碳（Liang et al.，2011；Zhang et al.，2014）、土壤质量（Huang et al.，2010）、温室气体排放（张冉等，2015；Zhao et al.，2016）、农田生态系统碳足迹及生态服务价值（Xue et al.，2014；Zhang et al.，2016）的影响等方面。Zhang 等（2014）在总结我国保护性耕作（农业）发展遇到的挑战和未来的机遇时提出，多样化的种植制度、少免耕减产现象、缺少适宜小农经营的播种机械及人们对保护性耕作（农业）的理解和认识不足是我国发展保护性耕作（农业）面临的主要问题和挑战；同时也指出我国农业目前面临着高度集约化、地力下降、作物秸秆量大、农业经济效益低、农村劳动力紧缺等问题，保护性耕作（农业）因其诸多独特的作用，在我国有着很好的发展前景。

目前，保护性耕作对作物产量影响的结论存在较大争议，不同研究结果之间差异明显。全球尺度的 Meta 分析结果表明，与传统耕作相比，免耕秸秆不还田降低了作物产量，但是配合使用秸秆还田和轮作措施，作物产量有所提高（Pittelkow et al.，2015）。此外，在干旱地区长期使用免耕或少耕，作物产量相比于短期免耕有所提高（Van Kessel et al.，2013）。相比于秸秆不还田，秸秆还田能显著提高水稻和旱作作物产量（Liu et al.，2014）。谢瑞芝等（2008）综述有关我国保护性耕作措施对作物产量影响的研究发现，相比于传统耕作，采用免耕等措施，作物产量平均提高了 12.5%，其中水稻增产幅度最大为 15.9%；也有近 10%的研究显示作物产量呈降低趋势，尤其是在华北，小麦减产幅度高达 18.5%。这表明在不同区域、不同作物种类上应用保护耕作措施对作物产量有着不同的影响（谢瑞芝等，2008；Zhao et al.，2017）。秸秆还田对提高作物产量的正向作用有较为一致的认识，全国尺度上的 Meta 分析结果显示，作物秸秆还田能有效提高我国作物产量（Huang et al.，2013；Zhao et al.，2017）。

土壤是重要的碳库，增强土壤固碳能力在应对和缓解气候变化、维护粮食安全中具有重要作用。农田管理措施，如土壤耕作措施（West et al.，2002；Ussiri et al.，

2009；Dalal et al.，2011；Zhang et al.，2014）、秸秆管理方式（Lu et al.，2009；Ding et al.，2014；Liu et al.，2014）、化肥施用（Lu et al.，2009；Ding et al.，2014）、有机肥投入（Ding et al.，2014）及土壤水分管理措施等均会对土壤有机碳库产生影响。大量研究表明，较传统翻耕，保护性耕作措施（如免耕秸秆还田）因增加了地表覆盖、减少了土壤扰动，而显著提高了土壤有机碳的固定能力，尤其是表层土壤有机碳的固定（West et al.，2002；Dalal et al.，2011；薛建福等，2013；Zhang et al.，2014）。土壤碳库的增加有利于进一步改善土壤质量与土壤结构，进而改变了农田土壤微环境，因此，保护性耕作措施有利于促进作物生长发育（Delgado et al.，2013；Zhang et al.，2014）。研究表明，土壤固碳能力的提高有利于作物产量的增加，尤其是质量退化严重的土壤有机碳含量提高后作物增产效果明显（Lal，2004b；Sá et al.，2014）。

免耕秸秆还田等保护性耕作措施对农田土壤 CH_4 和 N_2O 直接排放影响的结果变化不一，且受研究位点的气候、土壤等因素影响明显。免耕秸秆还田通过改变土壤各项指标（如 pH、含水量、有机碳及其组分、氮素状态、容重、孔隙度），以及有机质降解及微生物利用过程（Six et al.，2002；West et al.，2002；He et al.，2011；Zhang et al.，2013；Liu et al.，2014；Mangalassery et al.，2014），从而对 CH_4 和 N_2O 排放造成不同影响（Stevens et al.，1998；Godde et al.，2000；Ussiri et al.，2009；Ruan et al.，2013；Yao et al.，2013）。为了揭示某一农作措施对温室气体排放造成的变化及主要影响因素，Meta 分析方法被广泛应用于评价保护性耕作下土壤温室气体排放（Chen et al.，2013；Van Kessel et al.，2013；Skinner et al.，2014）。Van Kessel 等（2013）基于全球尺度上的 Meta 分析结果指出，免耕或少耕增加了 N_2O 排放，但并未解释不同研究位点 N_2O 排放的变异情况及其产生的原因。我国区域或者全国尺度上农作措施对于土壤 CH_4 和 N_2O 直接排放影响的相关报道并不多见。此外，Meta 分析方法被广泛用于探索温室气体排放与影响因素之间的关系（Gattinger et al.，2012；Skinner et al.，2014）。借助 Meta 分析等工具从全国尺度上研究保护性耕作对土壤 CH_4 和 N_2O 直接排放的影响及其影响因素，对于揭示保护性耕作技术对温室气体排放的影响十分必要。研究表明，免耕秸秆还田等保护性耕作措施可以通过提高土壤固碳能力消除温室气体直接排放增加造成的不利影响，而表现为净固碳（Zhang et al.，2013；Liu et al.，2014）。除了土壤碳库和直接温室气体排放的变化，农资投入品生产、使用等过程中造成的温室气体排放也对农田生态系统总碳排放存在一定影响。一般认为，采取保护性耕作措施可以通过减少肥料投入、机械使用等显著减少农田间接温室气体排放。

2. 秸秆还田技术

作物秸秆是一项重要的农业产品。据估算，全球每年的作物秸秆产量约为 3.8 Gt

（109 t），资源量十分丰富（Lal，2005）。据估算，我国的作物秸秆产量约为 7.2 亿 t，可有效代替部分化学肥料的使用。目前，作物秸秆的利用存在多种方式，主要包括：直接还田、动物饲料、燃料、生物质能源的原料等（Lal，2008；孙宁等，2016；Li et al.，2017）。在多种利用方式中，秸秆直接还田被认为是一项最经济、环保、高效的措施，一方面可以给土壤带来一定的养分补充；另一方面可以显著提高土壤固碳能力从而有效提高农田土壤质量与生产能力，对维持粮食安全和缓解气候变化具有重要作用（Lal，2004a；Li et al.，2019）。同时，秸秆还田技术被作为保护性农业的核心技术之一，在我国乃至全球都有着广泛的应用（Zhang et al.，2014；Lal，2015a）。但是，由于我国不同地区气候、土壤类型及种植制度存在明显差异，秸秆还田的效果也必然存在明显的区别，这很大程度影响了秸秆还田技术的推广与应用。因此，深入探究我国秸秆还田技术对农田土壤质量、土壤固碳能力、温室气体排放、环境影响、作物生产等的影响，系统分析其在不同区域的变化，对于明确秸秆还田的"正负"效应并提出"负"效应规避方案有重要意义，也可以为我国推广秸秆还田技术、实现农业生产可持续发展提供一定的理论支撑，对于发展气候智慧型农业意义重大。

秸秆主要是指收获作物主产品之后大田剩余的副产物及主产品初加工过程产生的副产物。根据不同方式可以分成田间秸秆、加工副产物或者大田作物秸秆、园艺作物秸秆。一般所说的作物秸秆通常是指大田作物秸秆。本书主要关注大田作物秸秆的利用与还田效应。从资源总量来说，我国作物秸秆资源体量较大，且呈每年递增的趋势。20 世纪 90 年代，我国作物秸秆产量约为 6.0～6.8 亿 t；21 世纪前 10 年，我国作物秸秆产量达到了 7.4 亿 t 左右；据学者估算，我国 2016 年作物秸秆产量约为 8.2 亿 t（Li et al.，2017）。而不同作物种类下，水稻、小麦、玉米等作物是作物秸秆的主要来源，且在不同区域间分布并不均匀。从作物种类来看，我国作物秸秆量中玉米、水稻、小麦、油料作物（油菜、花生、大豆）、棉花、薯类分别占总量的 41.7%、23.0%、15.8%、10.9%、2.0%、1.8%；从区域角度来看，我国华北、东北、长江中下游、东南、西南、西北分别贡献了 26.4%、19.0%、26.2%、2.2%、11.7%、11.5% 的全国秸秆产量。

面对如此巨大的资源潜力，如何更好地利用这一资源也至关重要。我国政府鼓励对作物秸秆的资源化利用，并总结了秸秆资源的"五化"利用：能源化（或燃料化）、肥料化、饲料化、原料化及基料化。自国务院办公厅于 2008 年印发《关于加快推进农作物秸秆综合利用的意见》，秸秆资源的利用水平得到大幅度的提升，目前，我国秸秆综合利用率已经超过了 65%。具体来讲，据学者估算，直接还田、动物饲料、补充燃料、生物质能源、工业原料、废弃或焚烧等不同秸秆利用方式消纳秸秆量分别占秸秆资源总量的 14.1%、27.1%、32.3%、1.1%、8.6%、16.8%（Wang et al.，2013）。诸多利用方式中，秸秆直接还田是最简便、经济、高效的处理方式。近年来，随着国家政策支持力度的加大和农民接受意愿的提升，秸秆还田面积在不断提高。秸秆还田是作物秸秆肥料化利用的主要方式之一，包括了直接还田和间接还田。直接还田有秸秆直接耕翻入土、覆盖还田和秸秆粉碎还田等方式；间接还田有快速腐熟还田、堆沤还田、过腹还田、茹渣还田和秸秆制成有机复合肥等方式。

回顾我国秸秆还田技术的发展，主要经历了以下几个阶段：20 世纪 70 年代末，随着国内学者开始对保护性耕作技术的关注，免耕和秸秆还田作为两项核心技术被引进、研究、推广与应用。在经历了一段时间的研究与应用之后，到 20 世纪 90 年代末，农业部开展了秸秆还田技术研究，并由中国农业大学牵头组织开展了我国秸秆还田技术的全国性调研与研究、应用总结，最终形成了《秸秆还田的机理与技术模式》一书，为我国秸秆还田技术的深入研究和推广应用打下了坚实基础。此后，在"十一五""十二五"期间，随着保护性耕作、循环农业等技术研究的深入，对我国不同地区、作物、种植模式、土壤气候条件下的秸秆还田技术模式与机理开展了较为系统和深入的研究。目前，据农业部农业机械化司公布数据显示，截至 2016 年，我国机械化秸秆还田面积超过 4 800 万 hm^2，占总播种面积的 28.8%（农业部农业机械化司，2017）。

总结我国秸秆还田技术研究发现，秸秆还田技术的研究多集中于秸秆还田的肥料替代性、土壤理化生性状、土壤碳库动态、温室气体排放、农田可持续性、生态服务价值及生态足迹等方面。但是我国秸秆还田技术发展中也面临着许多问题：秸秆还田数量大、还田质量和时间不适宜；秸秆粉碎技术不过关；新型农机具的选型、改进速度过慢；秸秆腐解慢，堆积量过大；耕作模式不适宜，影响苗情；田间管理措施不及时，影响作物群体质量；农机农艺一体化技术不过关；秸秆还田的政策法规不完善；农民接受意愿低等，限制了技术的广泛推广（Zhang et al.，2014）。但是，这也说明了秸秆还田技术在我国仍有较大的推广潜力，有着很好的发展前景。未来，随着对保护性农业技术研究的深入和绿色农业发展需求的加深，秸秆还田技术与其他措施相结合，对于构建气候智慧型农业有着重要的意义。

参考文献

白小琳，张海林，陈阜，等，2010. 耕作措施对双季稻田 CH_4 与 N_2O 排放的影响 [J]. 农业工程学报，26 (1)：282-289.

葛道阔，金之庆，石春林，等，2002. 气候变化对中国南方水稻生产的阶段性影响及适应性对策 [J]. 江苏农业学报，18：1-8.

葛全胜，郑景云，郝志新，等，2014. 过去 2000 年中国气候变化研究的新进展 [J]. 地理学报，69：1248-1258.

李宁，白蕤，伍露，等，2017. 基于气象灾害的 ORYZA（V3）模型对双季稻发育期模拟的适应性评价 [J]. 干旱气象，35：559-566.

刘胜利，薛建福，张冉，等，2015. 气候变化背景下湖南省双季稻生产的敏感性分析 [J]. 农业工程学报，31，246-252.

刘巽浩，徐文修，李增嘉，等，2014. 农田生态系统碳足迹法：误区、改进与应用——兼析中国集约农作碳效率（续）[J]. 中国农业资源与区划，35（1）：1-7.

刘巽浩，徐文修，李增嘉，等，2013. 农田生态系统碳足迹法：误区、改进与应用——兼析中国集约农作碳效率 [J]. 中国农业资源与区划，34（6）：1-11.

农业部农业机械化管理司，2017. 2016 年全国农业机械化统计年报 [Z]. 北京：农业部农业机械化管理司.

秦大河，2004. 进入 21 世纪的气候变化科学——气候变化的事实、影响与对策 [J]. 科技导报，22：4-7.

秦大河，2014. 气候变化科学与人类可持续发展 [J]. 地理科学进展，33：874-883.

田慎重，宁堂原，李增嘉，等，2010. 不同耕作措施对华北地区麦田 CH_4 吸收通量的影响 [J]. 生态学报，30（2）：541-548.

魏海苹，孙文娟，黄耀，2012. 中国稻田甲烷排放及其影响因素的统计分析 [J]. 中国农业科学，45（17）：3531-3540.

魏燕华，赵鑫，翟云龙，等，2013. 耕作方式对华北农田土壤固碳效应的影响 [J]. 农业工程学报，29（17）：87-95.

吴珊珊，王怀清，黄彩婷，2014. 气候变化对江西省双季稻生产的影响 [J]. 中国农业大学学报，19 207-215.

伍芬琳，李琳，张海林，等，2007. 保护性耕作对农田生态系统净碳释放量的影响 [J]. 生态学杂志，26（12）：2035-2039.

伍芬琳，张海林，李琳，等，2008. 保护性耕作下双季稻农田甲烷排放特征及温室效应 [J]. 中国农业科学，41（9）：2703-2709.

谢瑞芝，李少昆，金亚征，等，2008. 中国保护性耕作试验研究的产量效应分析 [J]. 中国农业科学，41（2）：397-404.

薛建福，赵鑫，陈阜，等，2013. 保护性耕作对农田碳，氮效应的影响研究进展 [J]. 生态学报，33（19）：6006-6013.

杨晓光，刘志娟，陈阜，2010. 全球气候变暖对中国种植制度可能影响Ⅰ. 气候变暖对中国种植制度北界和粮食产量可能影响的分析 [J]. 中国农业科学，43（2）：329-336.

姚凤梅，2005. 气候变化对我国粮食产量的影响评价——以水稻为例 [D]. 北京：中国科学院大学.

张建平，赵艳霞，王春乙，等，2005. 气候变化对我国南方双季稻发育和产量的影响 [J]. 气候变化研究进展，1：151-156.

张帅，2012. 我国水稻生长发育对气候变化的响应分析及模拟研究 [D]. 北京：中国科学院大学.

朱珠，陶福禄，娄运生，等，2012. 1981-2009 年江苏省气候变化趋势及其对水稻产量的影响 [J]. 中国农业气象，33：567-572.

Alvarez R，Steinbach H S，2009. A review of the effects of tillage systems on some soil physical properties，water content，nitrate availability and crops yield in the Argentine Pampas [J]. Soil & Tillage Research，104（1）：1-15.

Arvidsson J，Etana A，Rydberg T，2014. Crop yield in Swedish experiments with shallow tillage and no-tillage 1983—2012 [J]. European Journal of Agronomy，52（Part B）：307-315.

Asseng S，Ewert F，Martre P，et al.，2015. Rising temperatures reduce global wheat production [J]. Nature Climate Change，5：143-147.

Atlin G N，Cairns J E，Das B，2017. Rapid breeding and varietal replacement are critical to adaptation of cropping systems in the developing world to climate change [J]. Global Food Security，12：31-37.

Baker J M，Ochsner T E，Venterea R T，et al.，2007. Tillage and soil carbon sequestration - What do we really know? [J]. Agriculture，Ecosystems & Environment，118 (1-4)：1-5.

Bassu S，Brisson N，Durand J L，et al.，2014. How do various maize crop models vary in their responses to climate change factors? [J]. Global Change Biology，20：2301-2320.

Batjes N H，1996. Total carbon and nitrogen in the soils of the world [J]. European Journal of Soil Science，47 (2)：151-163.

Bayer C，Gomes J，Vieira F C B，et al.，2012. Methane emission from soil under long-term no-till cropping systems [J]. Soil & Tillage Research，124：1-7.

Bindi M，Olesen J E，2011. The responses of agriculture in Europe to climate change [J]. Regional Environmental Change，11：S151-S158.

Blanco-Canqui H，Lal R，2008. No-tillage and soil-profile carbon sequestration：An on-farm assessment [J]. Soil Science Society of America Journal，72 (3)：693-701.

Brandão M，Canals L M I，Clift R，2011. Soil organic carbon changes in the cultivation of energy crops：Implications for GHG balances and soil quality for use in LCA [J]. Biomass & Bioenergy，35 (6)：2323-2336.

Burke M，Hsiang S M，Miguel E，2015. Global non-linear effect of temperature on economic production [J]. Nature，527：235-239.

Cai Z C，Tsuruta H，Gao M，et al.，2003. Options for mitigating methane emission from a permanently flooded rice field [J]. Global Change Biology，9 (1)：37-45.

Challinor A J，Koehler A K，Ramirez-Villegas J，et al.，2016. Current warming will reduce yields unless maize breeding and seed systems adapt immediately [J]. Nature Climate Change，6：954-958.

Challinor，A J，Watson，J，Lobell，D B，et al.，2014. A meta-analysis of crop yield under climate change and adaptation [J]. Nature Climate Change，4 (4)：287-291.

Chen D G，Peace K E，2013. Applied Meta-analysis with R [M]. Boca Raton：CRC Press.

Chen H，Li X，Hu F，et al.，2013. Soil nitrous oxide emissions following crop residue addition：a meta-analysis [J]. Global Change Biology，19 (10)：2956-2964.

Chen H，Wang J，Huang J，2014. Policy support，social capital，and farmers' adaptation to drought in China [J]. Global Environmental Change-Human and Policy Dimensions，24：193-202.

Chen H，Wu W，Liu H，2016. Assessing the relative importance of climate variables to rice yield variation using support vector machines [J]. Theoretical and Applied Climatology，126：105-111.

Conrad R，1996. Soil microorganisms as controllers of atmospheric trace gases (H$_2$，CO，CH$_4$，OCS，N$_2$O，and NO) [J]. Microbiological Reviews，60 (4)：609-640.

Dalal R C，Allen D E，Wang W J，et al.，2011. Organic carbon and total nitrogen stocks in a Vertisol following 40 years of no-tillage，crop residue retention and nitrogen fertilization [J]. Soil & Tillage Research，112 (2)：133-139.

De Vita P，Di Paolo E，Fecondo G，et al.，2007. No-tillage and conventional tillage effects on durum wheat yield，grain quality and soil moisture content in southern Italy [J]. Soil & Tillage Research，92 (1-2)：69-78.

Derpsch R，Franzluebbers A J，Duiker S W，et al.，2014. Why do we need to standardize no-tillage research? [J]. Soil & Tillage Research，137：16-22.

Ding X L，Yuan Y R，Liang Y，et al.，2014. Impact of long-term application of manure，crop residue，and mineral fertilizer on organic carbon pools and crop yields in a Mollisol [J]. Journal of Soils and Sediments，14 (5)：854-859.

Du Z，Ren T，Hu C，2010. Tillage and residue removal effects on soil carbon and nitrogen storage in the North China Plain [J]. Soil Science Society of America Journal，74 (1)：196.

Ellert B H，Bettany J R，1995. Calculation of organic matter and nutrients stored in soils under contrasting management regimes [J]. Canadian Journal of Soil Science，75 (4)：529-538.

Espe M B，Hill J E，Hijmans R J，et al.，2017. Point stresses during reproductive stage rather than warming seasonal temperature determine yield in temperate rice [J]. Global Change Biology，23：4386-4395.

FAO，2013. CLIMATE-SMART AGRICULTURE Sourcebook [M]. Rome：FAO.

FAO，2019. The state of food security and nutrition in the world [Z/OL]. http：//www. fao. org/state-of-food-security-nutrition/zh/.

Feng J，Chen C，Zhang Y，et al.，2013. Impacts of cropping practices on yield-scaled greenhouse gas emissions from rice fields in China：A meta-analysis [J]. Agriculture，Ecosystems & Environment，164：220 - 228.

Foley J A，Ramankutty N，Brauman K A，et al.，2011. Solutions for a cultivated planet [J]. Nature，478：337-342.

Fraga H，De Cortazar-Atauri I G，Malheiro A C，et al.，2016. Modelling climate change impacts on viticultural yield，phenology and stress conditions in Europe [J]. Global Change Biology，22 (11)：3774-3788.

Gartner T B，Cardon Z G，2004. Decomposition dynamics in mixed-species leaf litter [J]. Oikos，104 (2)：230-246.

Gattinger A，Muller A，Haeni M，et al.，2012. Enhanced top soil carbon stocks under organic farming [J]. Proceedings of the National Academy of Sciences，109 (44)：18226-18231.

Ge Q，Wang H，Rutishauser T，et al.，2015. Phenological response to climate change in China：a meta-analysis [J]. Global Change Biology，21：265-274.

Gebert J，Groengroeft A，Pfeiffer E M，2011. Relevance of soil physical properties for the microbial oxidation of methane in landfill covers [J]. Soil Biology & Biochemistry，43 (9)：1759-1767.

Godde M，Conrad R，2000. Influence of soil properties on the turnover of nitric oxide and nitrous oxide by nitrification and denitrification at constant temperature and moisture [J]. Biology and Fertility of Soils，32 (2)：120-128.

Hawkins E，Fricker T E，Challinor A J，et al.，2013. Increasing influence of heat stress on French maize yields from the 1960s to the 2030s [J]. Global Change Biology，19：937-947.

Hawkins E，Osborne T M，Ho C K，et al.，2013. Calibration and bias correction of climate projections for crop modelling：An idealised case study over Europe [J]. Agricultural and Forest Meteorology，170：19-31.

Hawkins E，Sutton R，2010. The potential to narrow uncertainty in projections of regional precipitation change [J]. Climate Dynamics，37：407-418.

He J，Li H W，Rasaily R G，et al.，2011. Soil properties and crop yields after 11 years of no tillage farming in wheat-maize cropping system in North China Plain [J]. Soil & Tillage Research，113 (1)：48-54.

Hu X，Huang Y，Sun W，et al.，2017. Shifts in cultivar and planting date have regulated rice growth duration under climate warming in China since the early 1980s [J]. Agricultural and Forest Meteorology，247：34-41.

Huang S，Zeng Y，Wu J，et al.，2013. Effect of crop residue retention on rice yield in China：A meta-analysis [J]. Field Crops Research，154：188-194.

IPCC，2013. Climate Change 2013：The physical science basis [R] //Stocker T F，Qin D，Plattner G K，et al. Contribution of working group I to the Fifth Assessment Report of the Intergovernmental Panel on Climate Change. Cambridge：Cambridge University Press.

IPCC，2006. IPCC guidelines for national Greenhouse gas inventories [J]. Kanagawa：Institute for Global Environmental Strategies (IGES) for the IPCC.

IPCC，2007. Climate change 2007：the physical science basis [R] // Solomon S，et al. Contribution of working group I to the fourth assessment report of the intergovernmental panel on climate change. Cambridge：Cambridge University Press.

IPCC，2014b. Climate change 2014：synthesis report [R]. Geneva：IPCC.

IPCC，2012. Managing the risks of extreme events and disasters to advance climate change adaptation [R] //A special report of working groups I and II of the intergovernmental panel on climate change. Cambridge：Cambridge University Press

Islam R，Glenney D C，Lazarovits G，2015. No-till strip row farming using yearly maize-soybean rotation increases yield of maize by 75%[J]. Agronomy for Sustainable Development，35 (2)：837-846.

ISO，2006. Environmental management - Life Cycle Assessment - requirements and guidelines：ISO 14044 [S]. Geneva：ISO.

ISO，2013. Greenhouse gases - carbon footprint of products - requirements and guidelines for quantification and communication：ISO 14067 [S]. Geneva：ISO.

Jalota S K，Kaur H，Ray S S，et al.，2012. Mitigating future climate change effects by shifting planting dates of crops in rice - wheat cropping system. Regional Environmental Change，12：913-922.

Jin Z，Zhuang Q，Wang J，et al.，2017. The combined and separate impacts of climate extremes on the current and future US rainfed maize and soybean production under elevated CO_2 [J] . Global Change Biology, 23: 2687-2704.

Jones J W, Hoogenboom G, Porter C H, et al. , 2003. The DSSAT cropping system model [J] . European Journal of Agronomy, 18: 235-265.

Kazan K, Lyons R, 2016. The link between flowering time and stress tolerance [J] . Journal of Experimental Botany, 67: 47-60.

Kim H Y, Ko J, Kang S, et al. , 2013. Impacts of climate change on paddy rice yield in a temperate climate [J] . Global Change Biology, 19: 548-562.

Lal R, 2004a. Agricultural activities and the global carboncycle [J] . Nutrient Cycling in Agroecosystems, 70 (2): 103-116.

Lal R, 2004b. Soil carbon sequestration impacts on global climate change and foodsecurity [J] . Science, 304 (5677): 1623-1627.

Lal R, 2004c. Carbon emission from farmoperations [J] . Environment International, 30 (7): 981-990.

Lal R, 2005. World crop residues production and implications of its use as abiofuel [J] . Environment International, 31 (4): 575-584.

Lal R, 2015a. A system approach to conservation agriculture [J] . Journal of Soil and Water Conservation, 70 (4): 82A-88A.

Lal R, 2015b. Sequestering carbon and increasing productivity by conservation agriculture [J] . Journal of Soil and Water Conservation, 70 (3): 55A-62A.

Lal R, 2016a. Global food security and nexus thinking [J] . Journal of Soil and Water Conservation, 71, 85A-90A.

Lal R, 2016b. Beyond COP 21: Potential and challenges of the "4 per Thousand" initiative [J] . Journal of Soil and Water Conservation, 71 (1): 20A-25A.

Lal R, Follett R F, Stewart B, et al. , 2007. Soil carbon sequestration to mitigate climate change and advance food security [J] . Soil Science, 172 (12): 943-956.

Lal R, Kimble J, Levine E, et al. , 1995. Soils and global change [M] . Boca Raton : CRC Press Inc.

Lesk C, Rowhani P, Ramankutty N, 2016. Influence of extreme weather disasters on global crop production [J] . Nature, 529: 84-87.

Li C, Zhang Z, Guo L, et al. , 2013. Emissions of CH_4 and CO_2 from double rice cropping systems under varying tillage and seeding methods [J] . Atmospheric Environment, 80: 438-444.

Li T, Angeles O, Radanielson A, et al. , 2015. Drought stress impacts of climate change on rainfed rice in South Asia [J] . Climatic Change, 133, 709-720.

Li T, Hasegawa T, Yin X, et al. , 2015. Uncertainties in predicting rice yield by current crop models under a wide range of climatic conditions [J] . Global Change Biology, 21, 1328-1341.

Li Y, Wu W, Ge Q, et al. , 2016. Simulating Climate Change Impacts and Adaptive Measures for Rice Cultivation in Hunan Province, China [J] . Journal of Applied Meteorology and Climatology, 55, 1359-1376.

Li Z P, Liu M, Wu X C, et al. , 2010. Effects of long-term chemical fertilization and organic amendments on dynamics of soil organic C and total N in paddy soil derived from barren land in subtropical China [J] . Soil & Tillage Research, 106 (2): 268-274.

Li Z, Liu Z, Anderson W, et al. , 2015. Chinese rice production area adaptations to climate changes, 1949-2010 [J] . Environ Sci Technol, 49: 2032-2037.

Liu B, Asseng S, Müller C, et al. , 2016. Similar estimates of temperature impacts on global wheat yield by three independent methods [J] . Nature Climate Change, 6: 1130-1136.

Liu B, Liu L, Tian L, et al. , 2014. Post-heading heat stress and yield impact in winter wheat of China [J] . Global Change Biology, 20: 372-381.

Liu C, Lu M, Cui J, et al. , 2014. Effects of straw carbon input on carbon dynamics in agricultural soils: a meta-analysis [J] . Global Change Biology, 20 (5): 1366-1381.

Liu L, Zhu Y, Tang L, et al. , 2013. Impacts of climate changes, soil nutrients, variety types and management practices on rice yield in East China: A case study in the Taihu region [J] . Field Crops Research, 149: 40-48.

Liu S L, Huang D Y, Chen A L, et al. , 2014. Differential responses of crop yields and soil organic carbon stock to fertilization and rice straw incorporation in three cropping systems in the subtropics [J] . Agriculture Ecosystems & Environment, 184: 51-58.

Liu S, Pu C, Ren Y, et al. , 2016b. Yield variation of double-rice in response to climate change in Southern China [J] . European Journal of Agronomy, 81: 161-168.

Liu Z J, Yang X G, Hubbard K G, et al. , 2012. Maize potential yields and yield gaps in the changing climate of northeast China [J] . Global Change Biology, 18 (11): 3441-3454.

Liu Z, Yang P, Tang H, et al. , 2015. Shifts in the extent and location of rice cropping areas match the climate change pattern in China during 1980-2010 [J] . Regional Environmental Change, 15: 919-929.

Lobell D B, Banziger M, Magorokosho C, et al. , 2011a Nonlinear heat effects on African maize as evidenced by historical yield trials [J] . Nature Climate Change, 1: 42-45.

Lobell D B, Burke M B, Tebaldi C, et al. , 2008. Prioritizing climate change adaptation needs for food security in 2030 [J] . Science, 319, 607-610.

Lobell D B, Hammer G L, Chenu K, et al. , 2015. The shifting influence of drought and heat stress for crops in northeast Australia [J] . Global Change Biology, 21: 4115-4127.

Lobell D B, Roberts M J, Schlenker W, et al. , 2014. Greater sensitivity to drought accompanies maize yield increase in the U. S. Midwest [J] . Science, 344: 516-519.

Lobell D B, Schlenker W, Costa-Roberts J , 2011. Climate trends and global crop production since 1980 [J] . Science, 333 (6042): 616-620.

Lu F, Wang X, Han B, et al. , 2009. Soil carbon sequestrations by nitrogen fertilizer application, straw return and no-tillage in China's cropland [J] . Global Change Biology, 15 (2): 281-305.

Ludwig B, Geisseler D, Michel K, et al. , 2010. Effects of fertilization and soil management on crop yields and carbon stabilization in soils. A review [J] . Agronomy for Sustainable Development, 31 (2): 361-372.

Luo Z, Wang E, Sun O J, 2010. Can no-tillage stimulate carbon sequestration in agricultural soils? A

Meta-analysis of paired experiments [J] . Agriculture, Ecosystems & Environment, 139 (1-2): 224-231.

Mangalassery S, Sjogersten S, Sparkes D L, et al. , 2014. To what extent can zero tillage lead to a reduction in greenhouse gas emissions from temperate soils? [J] . Scientific Report, 4: 4586.

Menzel A, 2000. Trends in phenological phases in Europe between 1951 and 1996 [J] . International Journal of Biometeorology, 44, 76-81.

Mikha M M, Vigil M F, Benjamin J G, 2013. Long-term tillage impacts on soil aggregation and carbon dynamics under wheat-fallow in the central Great Plains [J] . Soil Science Society of America Journal, 77 (2): 594-605.

Miller M N, Zebarth B J, Dandie C E, et al. , 2008. Crop residue influence on denitrification, N_2O emissions and denitrifier community abundance in soil [J] . Soil Biology & Biochemistry, 40 (10): 2553-2562.

Moore F C, Diaz D B, 2015. Temperature impacts on economic growth warrant stringent mitigation policy [J] . Nature Climate Change, 5: 127-131.

Moore F C, Lobell D B, 2014. Adaptation potential of European agriculture in response to climate change. Nature Climate Change, 4: 610-614.

Mosier A R, 1998. Soil processes and global change. Biology and Fertility of Soils, 27 (3): 221-229.

Nawaz A, Farooq M, Ahmad R, et al. , 2016. Seed priming improves stand establishment and productivity of no-till wheat grown after direct seeded aerobic and transplanted flooded rice [J] . European Journal of Agronomy, 76: 130-137.

Naylor R L, Battisti D S, Vimont D J, et al. , 2007. Assessing risks of climate variability and climate change for Indonesian rice agriculture [J] . Proceedings of the National Academy of Sciences of the United States of America, 104: 7752-7757.

Oguntunde P G, Lischeid G, Dietrich O, 2017. Relationship between rice yield and climate variables in southwest Nigeria using multiple linear regression and support vector machine analysis [J] . International Journal of Biometeorology, 62 (3): 459-469.

Olesen J E, Trnka M, Kersebaum K C, et al. , 2011. Impacts and adaptation of European crop production systems to climate change [J] . European Journal of Agronomy, 34 (2): 96-112.

Palm C, Blanco-Canqui H, DeClerck F, et al. , 2014. Conservation agriculture and ecosystem services: An overview [J] . Agriculture, Ecosystems & Environment, 187: 87-105.

Peng S, Huang J, Sheehy J E, et al. , 2004. Rice yields decline with higher night temperature from global warming [J] . Proceedings of the National Academy of Sciences of the United States of America, 101: 9971-9975.

Piao S, Ciais P, Huang Y, et al. , 2010. The impacts of climate change on water resources and agriculture in China [J] . Nature, 467: 43-51.

Pittelkow C M, Fischer A J, Moechnig M J, et al. , 2012. Agronomic productivity and nitrogen requirements of alternative tillage and crop establishment systems for improved weed control in direct-seeded rice [J] . Field Crops Research, 130: 128-137.

Pittelkow C M, Liang X, Linquist B A, et al., 2015. Productivity limits and potentials of the principles of conservation agriculture [J]. Nature, 517 (7534): 365-368.

Pittelkow C M, Linquist B A, Lundy M E, et al., 2015. When does no-till yield more? A global Meta-analysis [J]. Field Crops Research, 183: 156-168.

Ramirez-Villegas J, Heinemann A B, Pereira De Castro A, et al., 2018. Breeding implications of drought stress under future climate for upland rice in Brazil [J]. Global Change Biology, 24, 2035-2050.

Ramirez-Villegas J, Koehler A K, Challinor A J, 2017. Assessing uncertainty and complexity in regional-scale crop model simulations [J]. European Journal of Agronomy, 88, 84-95.

Ray, D K, Gerber, J S, MacDonald, G K, et al., 2015. Climate variation explains a third of global crop yield variability [J]. Nature Communications, 6: 5989.

Redfern S K, Azzu N, Binamira J S, 2012. Rice in Southeast Asia: facing risks and vulnerabilities to respond to climate change [J]. Build Resilience Adapt Climate Change Agri Sector, 23: 295.

Reeves D W, 1997. The role of soil organic matter in maintaining soil quality in continuous cropping systems [J]. Soil & Tillage Research, 43 (1-2): 131-167.

Reidsma P, Ewert F, Oude Lansink A, 2007. Analysis of farm performance in Europe under different climatic and management conditions to improve understanding of adaptive capacity [J]. Climatic Change, 84: 403-422.

Rezaei E E, Siebert S, Ewert F, 2017. Climate and management interaction cause diverse crop phenology trends [J]. Agricultural and Forest Meteorology, 233: 55-70.

Rosenzweig C, Elliott J, Deryng D, et al., 2014. Assessing agricultural risks of climate change in the 21st century in a global gridded crop model intercomparison [J]. Proceedings of the National Academy of Sciences of the United States of America, 111: 3268-3273.

Ruan L L, Robertson G P, 2013. Initial nitrous oxide, carbon dioxide, and methane costs of converting conservation reserve program grassland to row crops under no-till vs. conventional tillage [J]. Global Change Biology, 19 (8): 2478-2489.

Rusinamhodzi L, Corbeels M, Van Wijk M T, et al., 2011. A meta-analysis of long-term effects of conservation agriculture on maize grain yield under rain-fed conditions [J]. Agronomy for Sustainable Development, 31 (4): 657-673.

Sá, J C D, Lal R, 2009. Stratification ratio of soil organic matter pools as an indicator of carbon sequestration in a tillage chronosequence on a Brazilian Oxisol [J]. Soil & Tillage Research, 103 (1): 46-56.

Sacks W J, Kucharik C J, 2011. Crop management and phenology trends in the U. S. Corn Belt: Impacts on yields, evapotranspiration and energy balance [J]. Agricultural and Forest Meteorology, 151: 882-894.

Schlenker W, Roberts M J, 2009. Nonlinear temperature effects indicate severe damages to U. S. crop yields under climate change [J]. Proceedings of the National Academy of Sciences of the United States of America, 106: 15594-15598.

Schrope M K，Chanton J P，Allen L H，et al.，1999. Effect of CO_2 enrichment and elevated temperature on methane emissions from rice，*Oryza sativa*［J］. Global Change Biology，5（5）：587-599.

Shi P，Tang L，Wang L，et al.，2015. Post-heading heat stress in rice of South China during 1981-2010［J］. PLoS One，10：e0130642.

Siebert S，Ewert F，2012. Spatio-temporal patterns of phenological development in Germany in relation to temperature and day length［J］. Agricultural and Forest Meteorology，152：44-57.

Singh K，Mcclean C J，Buker P，et al.，2017. Mapping regional risks from climate change for rainfed rice cultivation in India［J］. Agricultural Systems，156：76-84.

Singh V，Nguyen C T，Mclean G，et al.，2017. Quantifying high temperature risks and their potential effects on sorghum production in Australia［J］. Field Crops Research，211：77-88.

Six J，Feller C，Denef K，et al.，2002. Soil organic matter，biota and aggregation in temperate and tropical soils - Effects of no-tillage［J］. Agronomie，22（7-8）：755-775.

Six J，Ogle S M，Jaybreidt F，et al.，2004. The potential to mitigate global warming with no-tillage management is only realized when practised in the long term［J］. Global Change Biology，10（2）：155-160.

Skinner C，Gattinger A，Muller A，et al.，2014. Greenhouse gas fluxes from agricultural soils under organic and non-organic management—a global Meta-analysis［J］. Science of the Total Environment，468-469：553-563.

Smith K A，Conen F，2004. Impacts of land management on fluxes of trace greenhouse gases［J］. Soil Use and Management，20：255-263.

Smith P，Martino D，Cai Z，et al.，2008. Greenhouse gas mitigation in agriculture［J］. Philosophical Transactions of the Royal Society B-Biological Sciences，363（1492）：789-813.

Song Y，Wang C，Ren G，et al.，2014. The relative contribution of climate and cultivar renewal to shaping rice yields in China since 1981［J］. Theoretical and Applied Climatology，120，1-9.

Stevens R J，Laughlin R J，Malone J P，1998. Soil pH affects the processes reducing nitrate to nitrous oxide and di-nitrogen［J］. Soil Biology & Biochemistry，30（8-9）：1119-1126.

Tack J，Singh R K，Nalley L L，et al.，2015. High vapor pressure deficit drives salt-stress-induced rice yield losses in India［J］. Global Change Biology，21：1668-1678.

Tao F，Hayashi Y，Zhang Z，et al.，2008. Global warming，rice production，and water use in China：Developing a probabilistic assessment［J］. Agricultural and Forest Meteorology，148：94-110.

Tao F，Zhang S，Zhang Z et al.，2014. Maize growing duration was prolonged across China in the past three decades under the combined effects of temperature，agronomic management，and cultivar shift［J］. Global Change Biology，20：3686-3699.

Tao F，Zhang Z，Shi W，et al.，2013. Single rice growth period was prolonged by cultivars shifts，but yield was damaged by climate change during 1981-2009 in China，and late rice was just opposite［J］. Global Change Biology，19：3200-3209.

Teixeira E I，Fischer G，VanVelthuizen H，et al.，2013. Global hot-spots of heat stress on agricultural crops due to climate change［J］. Agricultural and Forest Meteorology，170：206-215.

Thomas D T，Lawes R A，Descheemaeker K，et al.，2014. Selection of crop cultivars suited to the location combined with astute management can reduce crop yield penalties in pasture cropping systems [J]. Crop & Pasture Science，65：1022-1032.

Tilman D，Balzer C，Hill J，et al.，2011. Global food demand and the sustainable intensification of agriculture [J]. Proceedings of the National Academy of Sciences of the United States of America，108（50）：20260-20264.

Ussiri D A N，Lal R，Jarecki M K，2009. Nitrous oxide and methane emissions from long-term tillage under a continuous corn cropping system in Ohio [J]. Soil & Tillage Research，104（2）：247-255.

Ussiri D A N，Lal R，2009. Long-term tillage effects on soil carbon storage and carbon dioxide emissions in continuous corn cropping system from an alfisol in Ohio [J]. Soil & Tillage Research，104（1）：39-47.

VanBussel L G J，Stehfest E，Siebert S，et al.，2015. Simulation of the phenological development of wheat and maize at the global scale [J]. Global Ecology and Biogeography，24：1018-1029.

Van Kessel C，Venterea R，Six J，et al.，2013. Climate，duration，and N placement determine N_2O emissions in reduced tillage systems：a meta-analysis. Global Change Biology，19（1）：33-44.

Vanhie M，Deen W，Lauzon J D，et al.，2015. Effect of increasing levels of maize（*Zea mays* L.）residue on no-till soybean（Glycine max Merr.）in northern production regions：A review [J]. Soil & Tillage Research，150：201-210.

Vanuytrecht E，Thorburn P J，2017. Responses to atmospheric CO_2 concentrations in crop simulation models：a review of current simple and semicomplex representations and options for model development [J]. Global Change Biology，23：1806-1820.

Vermeulen S J，Challinor A J，Thornton P K，et al.，2013. Addressing uncertainty in adaptation planning for agriculture [J]. Proceedings of the National Academy of Sciences of the United States of America，110，8357-8362.

Vivanco L，Austin A T，2008. Tree species identity alters forest litter decomposition through long-term plant and soil interactions in Patagonia [J]. Argentina. Journal of Ecology，96（4）：727-736.

Wallach D，Nissanka S P，Karunaratne A S，et al.，2017. Accounting for both parameter and model structure uncertainty in crop model predictions of phenology：A case study on rice [J]. European Journal of Agronomy，88：53-62.

Wallach D，Thorburn P T，2017. Estimating uncertainty in crop model predictions：Current situation and future prospects [J]. European Journal of Agronomy，88：A1-A7.

Wang B，Liu L，O'leary G J，et al.，2017. Australian wheat production expected to decrease by the late 21st century [J]. Global Change Biology，24（6）：1-13.

Wang J，Yang Y，Huang J，et al.，2015. Information provision，policy support，and farmers' adaptive responses against drought：An empirical study in the North China Plain [J]. Ecological Modelling，318：275-282.

Wang Y D，Hu N，Xu M G，et al.，2015. 23-year manure and fertilizer application increases soil organic carbon sequestration of a rice-barley cropping system [J]. Biology and Fertility of Soils，51（5）：

583-591.

Wang Z, Shi P, Zhang Z, et al., 2017. Separating out the influence of climatic trend, fluctuations, and extreme events on crop yield: a case study in Hunan Province, China [J] . Climate Dynamics, 51: 469 – 4487.

Watson R T, 2000. Land use, land-use change, and forestry: A special report of the intergovernmental panel on climate change [R] . Cambridge: Cambridge University Press.

Welch J R, Vincent J R, Auffhammer M, et al., 2010. Rice yields in tropical/subtropical Asia exhibit large but opposing sensitivities to minimum and maximum temperatures [J] . Proceedings of the National Academy of Sciences of the United States of America, 107: 14562-14567.

West T O, Marland G, 2002. A synthesis of carbon sequestration, carbon emissions, and net carbon flux in agriculture: comparing tillage practices in the United States [J] . Agriculture, Ecosystems &. Environment, 91 (1-3): 217-232.

West T O, Post W M, 2002. Soil organic carbon sequestration rates by tillage and crop rotation [J] . Soil Science Society of America Journal, 66 (6): 1930-1946.

West T O, Six J, 2007. Considering the influence of sequestration duration and carbon saturation on estimates of soil carbon capacity [J] . Climatic change, 80 (1-2): 25-41.

Wheeler T, Von Braun J, 2013. Climate change impacts on global food security [J] . Science, 341, 508-513.

Xiong W, Conway D, Lin E, et al., 2009a. Potential impacts of climate change and climate variability on China's rice yield and production [J] . Climate Research, 40: 23-35.

Xiong W, Conway D, Lin E, et al., 2009b. Future cereal production in China: The interaction of climate change, water availability and socio-economic scenarios [J] . Global Environmental Change-Human and Policy Dimensions, 19: 34-44.

Xiong W, Holman I, Lin E D, et al., 2010 Climate change, water availability and future cereal production in China [J] . Agriculture, Ecosystems &. Environment, 135: 58-69.

Xiong W, Van Der Velde M, Holman I P, et al., 2014. Can climate-smart agriculture reverse the recent slowing of rice yield growth in China? [J] . Agriculture, Ecosystems &. Environment, 196: 125-136.

Xu S, Shi X, Zhao Y, et al., 2011. Carbon sequestration potential of recommended management practices for paddy soils of China, 1980—2050 [J] . Geoderma, 166 (1): 206-213.

Xue J F, Liu S L, Chen Z D, et al., 2014. Assessment of carbon sustainability under different tillage systems in a double rice cropping system in southern China [J] . The International Journal of Life Cycle Assessment, 19 (9): 1581-1592.

Yang X, Chen F, Lin X, et al., 2015. Potential benefits of climate change for crop productivity in China [J] . Agricultural and Forest Meteorology, 208: 76-84.

Yao Z, Zheng X, Wang R, et al., 2013. Nitrous oxide and methane fluxes from a rice-wheat crop rotation under wheat residue incorporation and no-tillage practices [J] . Atmospheric Environment, 79: 641-649.

Zhang F S, Chen X P, Vitousek P, 2013. An experiment for the world [J] . Nature, 497 (7447):

33-35.

Zhang H L, Bai X L, Xue J F, et al., 2013. Emissions of CH_4 and N_2O under different tillage systems from double-cropped paddy fields in southern China[J]. PLoS One, 8 (6): e65277.

Zhang H L, Lal R, Zhao X, et al., 2014. Opportunities and challenges of soil carbon sequestration by conservation agriculture in China[J]. Advances in Agronomy, 124: 1-36.

Zhang M Y, Wang F J, Chen F, et al., 2013. Comparison of three tillage systems in the wheat-maize system on carbon sequestration in the North China Plain[J]. Journal of Cleaner Production, 54: 101-107.

Zhang S, Tao F L, Zhang Z, 2014. Rice reproductive growth duration increased despite of negative impacts of climate warming across China during 1981-2009[J]. European Journal of Agronomy, 54: 70-83.

Zhang S, Tao F, Zhang Z, 2016. Changes in extreme temperatures and their impacts on rice yields in southern China from 1981 to 2009[J]. Field Crops Research, 189: 43-50.

Zhang S, Tao F, Zhang Z, 2017. Uncertainty from model structure is larger than that from model parameters in simulating rice phenology in China[J]. European Journal of Agronomy, 87: 30-39.

Zhang T, Huang Y, 2012. Impacts of climate change and inter-annual variability on cereal crops in China from 1980 to 2008[J]. Journal of the Science of Food and Agriculture, 92: 1643-1652.

Zhang T, Huang Y, Yang X, 2013. Climate warming over the past three decades has shortened rice growth duration in China and cultivar shifts have further accelerated the process for late rice[J]. Global Change Biology, 19: 563-570.

Zhang T, Li T, Yang X, et al., 2016. Model biases in rice phenology under warmer climates[J]. Scientific Reports, 6 (1): 1-9.

Zhang T, Simelton E, Huang Y, et al., 2013. A Bayesian assessment of the current irrigation water supplies capacity under projected droughts for the 2030s in China[J]. Agricultural and Forest Meteorology, 178-179: 56-65.

Zhang T, Yang X, 2016. Mapping Chinese Rice Suitability to Climate Change[J]. Journal of Agricultural Science, 8: 33.

Zhang T, Yang X, Wang H, et al., 2014. Climatic and technological ceilings for Chinese rice stagnation based on yield gaps and yield trend pattern analysis[J]. Global Change Biology, 20: 1289-1298.

Zhang X Q, Pu C, Zhao X, et al., 2016. Tillage effects on carbon footprint and ecosystem services of climate regulation in a winter wheat-summer maize cropping system of the North China Plain[J]. Ecological Indicators, 67: 821-829.

Zhang Y, Zhao Y, Wang C, et al., 2016. Using statistical model to simulate the impact of climate change on maize yield with climate and crop uncertainties[J]. Theoretical and Applied Climatology, 130: 1065-1071.

Zhang Z, Chen Y, Wang C, et al., 2017. Future extreme temperature and its impact on rice yield in China[J]. International Journal of Climatology, 37: 4814-4827.

Zhao C, Liu B, Piao S, et al., 2017. Temperature increase reduces global yields of major crops in four independent estimates [J]. Proceedings of the National Academy of Sciences of the United States of America，114：9326-9331.

Zhao C，Piao S，Wang X，et al.，2016. Plausible rice yield losses under future climate warming [J]. Nature Plants，3：16202.

Zhao H，Fu Y H，Wang X，et al.，2016. Timing of rice maturity in China is affected more by transplanting date than by climate change [J]. Agricultural and Forest Meteorology，216：215-220.

Zhao X，Liu S L，Pu C，et al.，2017. Crop yields under no-till farming in China：A meta-analysis [J]. European Journal of Agronomy，84：67-75.

Zhao X，Xue J F，Zhang X Q，et al.，2015. Stratification and storage of soil organic carbon and nitrogen as affected by tillage practices in the North China Plain [J]. PLoS One，10（6）：e0128873.

Zhao X，Zhang R，Xue J F，et al.，2015. Management-induced changes to soil organic carbon in China：a meta-analysis [J]. Advances in Agronomy，134：1-50.

Zheng C，Jiang Y，Chen C，et al.，2014. The impacts of conservation agriculture on crop yield in China depend on specific practices，crops and cropping regions [J]. The Crop Journal，2（5）：289-296.

Zou J，Huang Y A O，Qin Y，et al.，2009. Changes in fertilizer-induced direct N_2O emissions from paddy fields during rice-growing season in China between 1950s and 1990s [J]. Global Change Biology，15（1）：229-242.

第七章
中国气候智慧型麦-稻生产实践与探索

提　要

　　气候智慧型粮食作物生产项目组围绕气候智慧型农业的理念、技术、政策，于2015—2019年安徽省怀远县进行了大量中国气候智慧型农业麦-稻生产系统的技术实践、技术培训及服务咨询、监测评价等工作。项目组在项目实施期间，通过探索麦-稻生产系统农田采用不同固碳减排新材料、新模式及保护性耕作的配套栽培技术对农田温室气体排放、产量的影响，在温室气体减排、作物高产高效协同方面取得阶段性成果。与此同时，项目组对当地的农户、农机人员、村干部等人员进行了麦-稻生产的系统培训，不仅开展了大量的"气候智慧型农业"讲座，而且对当地生产进行技术指导和病虫害防治示范；新型种养结合技术和农产品配套销售新知识、新内容的教学使得项目区的农村和农民走上了真正的乡村振兴道路。气候智慧型麦-稻生产监测与评价推进了项目条件和基线条件下生产系统固碳减排、环境效应、病虫害管理、社会影响效果的研究，试验结果表明中国气候智慧型农业麦-稻系统有增产减排效应，同时改善了项目区水质，对示范区的农田病虫害有了更好的预防和控制，降低用药成本，提高农药有效利用率，项目结果达到了预期效果。农民对气候智慧型农业的理念、技术、政策有了更深入的理解和接受，并有较强的意愿将其运用到生产中去，有力地推动了气候智慧型农业在麦-稻系统中的应用。

一、气候智慧型麦-稻生产技术实践

　　中国气候智慧型农业麦-稻生产系统重点围绕温室气体减排、作物高产高效协同发展方面，开展了不同的固碳减排新材料、固碳减排新模式及保护性耕作栽培配套技术研究。不同固碳减排新材料对水稻和小麦生产温室气体排放和产量的影响试验结果表明，在周年温室气体排放中，CH_4 的排放主要取决于水稻季，小麦季 N_2O 排放总量在周年 N_2O 排放总量中占比较大。施肥和秸秆焚烧增加了麦-稻系统周年全球增温潜势，常规施肥秸秆全量还田条件下，增施硝化抑制剂（双氰胺）与生物炭或硫铵可有效降低麦-稻系统的周年全球增温潜势。无论水稻季还是小麦季，增施氮肥均可增加作物产量，且增施硝化抑制剂对产量提升具有促进作用，小麦季中硝化抑制剂与硫铵配合使用增产更多，水稻季常规施肥施加硝化抑制剂和生物炭的增产效果更好。

不同农田固碳减排新模式试验结果表明，生产系统周年温室气体排放中，与温室气体排放量最高的水稻-小麦轮作模式相比，水稻-油菜、水稻-绿肥、水稻-冬闲 3 种模式，均具有降低温室气体排放的作用，且冬季休闲条件下系统的减排效果最佳。综合比较不同固碳减排新模式的水稻产量和冬季作物生物量，水稻-毛苕子（绿肥）模式的冬季作物生物量最大，且对水稻的增产效果最好。可以看出，冬季作物种植油菜、绿肥或者冬闲，均是代替稻-麦生产系统固碳减排新模式的可选模式，综合固碳减排效果、冬季作物生物量及对水稻产量的影响等因素来讲，水稻-绿肥模式是最适的种植模式。

不同的保护性耕作的配套栽培技术对稻-麦生产系统的影响结果表明，水稻季进行翻耕旋耕措施，对水稻季和小麦季的 N_2O 都具有减排效果，可有效降低系统的 N_2O 排放量；在稻-麦生产系统中，不同的土壤耕作方式对小麦季的温室气体排放影响更大，与少免耕相比，小麦季旋耕降低了 N_2O 排放，增加了 CH_4 排放，但 CH_4 在单位面积温室气体排放量（GWP）中贡献较小，因此，小麦季旋耕有利于降低GWP、单位产量排放量（GHGI）。无论水稻季还是小麦季，秸秆全量还田均可减少作物生育期内 N_2O 和 CH_4 的排放量。且小麦秸秆全量还田下，结合旋耕的耕作措施小麦季的温室气体减排效果更好。小麦季秸秆全量还田条件下，适当的增加耕作措施强度（如旋耕）有利于稳定产量，但水稻季的旋耕、翻耕措施对水稻产量的影响不明显。

（一）农田固碳减排新材料筛选与示范

怀远项目区围绕稻-麦生产系统，探索不同固碳减排新材料对水稻和小麦生产温室气体排放和产量的影响（图 7-1）。2015—2019 年，试验重点测定了不同固碳减排新材料的 CH_4 和 N_2O 等温室气体排放速率、累积排放量及稻-麦生产系统的增温潜势及温室气体排放强度等指标，系统分析不同试验处理对该生产系统温室气体排放的影响，研究不同试验处理对小麦、水稻产量及产量构成因素等的影响。研究结果表明，在周年麦-稻生产系统中，水稻季不施肥处理增加稻田的 CH_4 排放同时降低了 N_2O 排放总量，增施氮肥、新材料硫铵增加 N_2O 排放速率，从而提高了 N_2O 排放量，但对 CH_4 具有减排效果，且在秸秆全量还田下对 CH_4 减排效果更佳，其中新材料硫铵对

CH$_4$排放量具有显著的降低作用，效果最佳。小麦季施氮肥及焚烧秸秆增加温室气体排放量，增施硝化抑制剂、秸秆还田可降低农田温室气体排放，且秸秆全量还田条件下增施硝化抑制剂的减排效果最显著。

图 7-1   麦-稻项目区固碳减排新材料筛选与示范

1. 不同减排材料对麦-稻生产系统温室气体排放的影响

（1）水稻生产 CH$_4$ 和 N$_2$O 排放动态

2015 年水稻季试验共设置不施肥处理（CK）、新材料硫铵处理（NM）、秸秆全量还田条件下不施肥处理（CK＋S）、秸秆全量还田条件下常规施肥处理（FP＋S）、秸秆全量还田条件下增施硫铵处理（NM＋S）5 个处理。增施硫铵处理稻田 CH$_4$ 的排放速率降低，且生育期内 CH$_4$ 排放速率相较于不施肥处理更加稳定。以高峰苗期（9 月 2 日）为分界线，9 月 2 日之前，下秸秆全量还田不施肥处理的 CH$_4$ 排放速率较高，9 月 2 日之后，不施肥处理的 CH$_4$ 排放速率开始迅速增长，并在一定的时间内 CH$_4$ 排放速率最大。新材料硫铵处理有效降低了 CH$_4$ 排放速率，且秸秆全量还田条件下效果更为显著。常规施肥虽能有效降低 CH$_4$ 排放速率，但相比新材料硫铵，其减排效果不显著。

2015 年水稻季各处理对 N$_2$O 排放速率的影响呈现出单峰状变化趋势，从移栽至 8 月 5 日，各处理之间差异不大。在 8 月 5 日至 8 月 26 日，各处理出现排放高峰；这是因为 8 月中下旬，水稻分蘖结束，水稻生产管理进入搁田期，此时水稻田内几乎没有水层存在，田间含水量较低，N_2O 排放速率增加并出现高峰。其中，秸秆全量还田条件下增施硫铵处理的排放速率最大，不施肥处理排放速率最小。与不施肥处理相比，8 月 20 日之前新材料硫铵处理、秸秆全量还田条件下不施肥处理、秸秆全量还田条件下常规施肥处理和秸秆全量还田条件下增施硫铵处理的 N_2O 排放速率分别提高了约 61.7%、43.7%、69.5% 和 114.4%。8 月 20 日之后，秸秆全量还田处理的 N_2O 排放速率大于不还田处理。试验结果表明，增施氮肥和秸秆全量还田两者之间的相互效应均显著增加了 N_2O 排放速率，增施酸性肥料使得 N_2O 排放增幅最大。

2015 年试验结果表明，不施肥处理在显著增加稻田 CH_4 排放总量的同时减少了稻田 N_2O 排放总量；增施氮肥增加了稻田 N_2O 排放总量，同时减少了稻田 CH_4 排放总量；在秸秆还田条件下，增施氮肥对 N_2O 排放总量的提高和 CH_4 排放总量的降低效果更加显著。

（2）小麦生产 CH_4 和 N_2O 排放动态

2016 年和 2017 年小麦季试验均设置了不施肥处理（CK）、常规施肥处理（CF）、常规施肥＋秸秆全量还田处理（CFS）、常规施肥＋秸秆焚烧还田处理（CF＋BS）、秸秆不还田常规施肥＋硝化抑制剂处理（CF＋DCD）和秸秆全量还田常规施肥＋硝化抑制剂处理（CFS＋DCD）6 个处理。研究结果表明，小麦季 CH_4 排放相比水稻季要小很多，在 4 月 13 日各处理的排放速率均趋于 0，但各处理排放趋势不明显。相比其他处理，不施肥处理的 CH_4 排放速率最小，秸秆全量还田下常规施肥处理在 1 月 14 日排放速率排放达到高峰，并于 3 月 1 日至第二次排放高峰，但总体而言各处理之间差异不大，且无显著的变化趋势。

2016 年小麦生育期内 N_2O 排放出现两次高峰，第一次在 2 月中旬，此时气温逐渐回升，前期施入的基肥逐渐被植株利用。第二次排放高峰在 3 月中旬，这是因为此时小麦进行追肥，氮肥的投入加速了 N_2O 的产生，但不施肥处理因为不施肥，所以 N_2O 排放量低。增施硝化抑制剂可有效减少 N_2O 排放速率。不同的秸秆还田方式对 N_2O 排放速率影响不同，常规施肥条件下，秸秆焚烧还田处理的 N_2O 排放速率显著大于秸秆全量还田处理的 N_2O 排放速率，因此从减少 N_2O 排放的角度来看，应大力推广秸秆全量还田，减少秸秆焚烧。

2017 年小麦季 N_2O 排放趋势与 2016 年小麦季一致，同样出现了两次高峰，第一次是在 2 月中旬，第二次因追肥时期相比 2016 年小麦季推迟，排放高峰出现在 4 月中旬。与常规施肥相比，无论秸秆还田与否，增施硝化抑制剂处理小麦生育前期的 N_2O 排放速率均显著降低；但生育后期（5 月初），随着硝化抑制剂作用的减弱，秸秆不还田常规施肥＋硝化抑制剂处理和秸秆全量还田常规施肥＋硝化抑制剂处理逐渐出现排放高峰，较常规施肥处理和不施肥处理，排放高峰出现偏晚。因此，增施硝化抑制剂对小麦生育前期 N_2O 排放的抑制作用较大，生育后期的减排效应较弱。

2016 年小麦季试验结果表明，秸秆不还田条件下，不施肥处理 N_2O 排放量为 350 kg/hm² *，常规施肥处理 N_2O 排放量增加了 263.4%，但增施硝化抑制剂后，N_2O 排放量下降了约 88%。与秸秆不还田相比，常规施肥+秸秆全量还田的 N_2O 排放量降低了约 17.6%，继续增施硝化抑制剂后，N_2O 排放量又下降了 17.6%。研究结果表明，增施硝化抑制剂对降低 N_2O 排放的效果显著；秸秆还田可减少 N_2O 排放量，增加 CH_4 排放量。与常规施肥相比，增施硝化抑制剂后，CH_4 排放量略有增加，这可能与增施硝化抑制剂增加了田间可溶性有机碳含量有关。

2017 年小麦季试验温室气体排放规律与 2016 年一致，秸秆不还田条件下不施肥处理 N_2O 和 CH_4 排放量最小，常规施肥处理和常规施肥+秸秆全量还田处理均使得 CH_4 和 N_2O 排放增加，增施硝化抑制剂可以显著降低 N_2O 排放量，但也可能增加 CH_4 排放量。研究结果表明，常规施肥和秸秆焚烧还田显著增加小麦 N_2O 和 CH_4 排放。两年的试验结果表明，秸秆全量还田比秸秆焚烧后还田有助于减少农田温室气体排放。

（3）麦-稻系统周年温室气体排放

2016 年和 2017 年设置了 8 组水稻-小麦周年轮作试验，分别为不施肥处理 (T1)、常规施肥处理 (T2)、常规施肥条件下增施硝化抑制剂和生物炭处理 (T3)、常规施肥条件下增施硝化抑制剂和硫铵处理 (T4)、常规施肥条件下秸秆全量还田处理 (T5)、常规施肥条件下秸秆全量还田增施硝化抑制剂和生物炭处理 (T6)、常规施肥条件下秸秆全量还田增施硝化抑制剂和硫铵处理 (T7)、常规施肥条件下秸秆焚烧还田处理 (T8)。

麦-稻生产系统周年 CH_4 排放量主要取决于水稻季，小麦季的 CH_4 排放量占比很小。秸秆全量还田条件下，无论是常规施肥还是增施硝化抑制剂，均减少了 CH_4 排放量。增施硝化抑制剂条件下，2017 年 CH_4 的排放量显著降低，2016 年减排效果不明显。与常规施肥处理相比，2016 年增施生物炭和硫铵降低了水稻季稻田 CH_4 排放量，其中以生物炭的减排效应较为明显，2017 年处理间差异不显著。此外，研究结果也反映出年际存在较大的差异，推测这与处理设置的"累积"效应和年际气象因子变化有较大关系。

麦-稻生产系统周年 N_2O 排放量主要由小麦季决定，小麦季 N_2O 的排放量在周年 N_2O 排放总量中占比较大。与对照组相比，增施氮肥增加了小麦季的 N_2O 排放量，但降低了水稻季的 N_2O 排放量，周年 N_2O 排放量增加。秸秆不还田条件下，与常规施肥处理相比较，增施硝化抑制剂可显著降低小麦季 N_2O 排放量。但在秸秆还

---

* 温室气体排放量计算以 CO_2 为参照。

田条件下，与常规施肥条件下秸秆全量还田处理相比较，仅常规施肥条件下秸秆全量还田增施硝化抑制剂和生物炭处理小麦季 N_2O 排放量降低了约 11.7%，而常规施肥条件下秸秆全量还田增施硝化抑制剂和硫铵处理小麦季 N_2O 排放量增加了约 35.0%，可能水稻季增施硫铵会改变小麦季土壤理化性状，增加了土壤硝化与反硝化作用的底物，导致小麦季 N_2O 排放量增加。各组处理中常规施肥条件下秸秆全量还田增施硝化抑制剂和硫铵处理 N_2O 排放量最高，从周年上来讲，秸秆全量还田下，小麦季增施硝化抑制剂＋水稻季增施生物炭均有利于 N_2O 排放量的降低。

由不同的减排新材料对小麦和水稻全球增温潜势的影响可知，与不施肥处理相比，增施氮肥增加周年全球增温潜势，2016 年处理间差异不显著，2017 年处理间差异显著。在秸秆不还田情况下，增施硝化抑制剂降低了周年全球增温潜势，但处理间差异不显著。当秸秆全量还田时，常规施肥条件下秸秆焚烧还田处理的周年全球增温潜势最大，与常规施肥相比，2017 年增施硝化抑制剂和生物炭处理、增施硝化抑制剂和硫铵处理的全球增温潜势分别降低了约 16.4%、4.1%，但 2016 年小麦季各处理间差异不显著。

比较不同减排新材料处理对小麦和水稻单位产量温室气体排放量的影响，结果显示，秸秆不还田条件下，增施硝化抑制剂可降低小麦、水稻单位产量温室气体排放量，且增施生物炭在 2017 年小麦季差异显著。在秸秆全量还田情况下，与常规施肥相比，增施硝化抑制剂和生物炭可降低小麦、水稻单位产量温室气体排放量，但增施硫铵各处理差异之间效果不显著。

2. 不同减排新材料对麦-稻产量的影响

（1）不同减排新材料对单季水稻和小麦产量的影响

2015 年试验结果表明，秸秆不还田条件施肥和不施肥 CK（水稻）产量分别为 12.1t/hm² 和 11.7t/hm²，不还田条件下增施硫铵处理（NM）、秸秆全量还田条件下常规施肥处理（FP＋S）和秸秆全量还田条件下增施硫铵处理（NM＋S）水稻产量分别为 13.6t/hm²、13.3t/hm² 和 14.9t/hm²。秸秆全量还田条件下增施硫铵处理的水稻增产效果最明显。

2016 年试验结果表明，不施肥处理（CK）、常规施肥处理（CF）、常规施肥＋秸秆全量还田处理（CFS）、常规施肥＋秸秆焚烧还田处理（CF＋BS）、秸秆不还田常规施肥＋硝化抑制剂处理（CF＋DCD）和秸秆全量还田常规施肥＋硝化抑制剂处理（CFS＋DCD）下小麦产量分别为 5.5t/hm²、5.4t/hm²、5.6t/hm²、5.8t/hm²、5.6t/hm² 和 5.6t/hm²，常规施肥＋秸秆焚烧还田处理小麦产量最高，但各处理间无显著差异。

（2）不同减排新材料对稻-麦周年产量的影响

试验结果，表明水稻产量在稻-麦生产系统周年作物产量中占比较大。与不施肥处理相比，增施氮肥可增加作物产量。小麦季无论秸秆还田与否，增施硝化抑制剂均增加小麦产量，且常规施肥下增施硝化抑制剂和硫铵处理的产量与对照组相比增加最多。水稻季施加硝化抑制剂与常规施肥相比可增加作物产量，常规施肥下增施硝化抑制剂和生物炭的增产效果更好。对于作物周年产量，与常规施肥相比，秸秆全量还田下小麦季增施硝化抑制剂和水稻季增施生物炭处理周年产量增加了约 12.6%。秸秆焚烧还田对作物的产量影响趋势不明显。

（二）农田固碳减排新模式筛选与示范

怀远项目区自 2015 年 11 月开始试验设置了 4 种轮作模式处理（图 7-2），包括水稻-小麦（RW）、水稻-油菜（RO）、水稻-紫云英（RG）〔2018 年为水稻-毛苕子（RH），紫云英和毛苕子为绿肥〕和水稻-冬闲田（RF）。按照当地的秸秆还田模式，水稻季整田时先翻耕后再旋耕，小麦、油菜和绿肥均采取少免耕措施。每个处理 3 次重复，共计 12 个小区，小区面积 60 m²，肥水管理措施按照当地高产栽培技术模式。

图 7-2　麦-稻项目区固碳减排新模式筛选与示范

不同的固碳减排新模式试验说明，与水稻-小麦模式相比较，其他模式从周年温室气体排放角度来看均具有减排效果。值得注意的是，在冬季作物中，种植绿肥的处理 CH_4 排放量最大，差异显著。不过，整个系统的 CH_4 排放主要集中在夏季，所以

整个生产系统的 CH_4 排放趋势与系统的夏季水稻的 CH_4 趋势保持一致,水稻-小麦处理的 CH_4 排量最高,水稻-冬闲田处理的 CH_4 排放量最低。不同种植模式中同样是水稻-小麦处理 N_2O 排放量最高,其次是水稻-油菜处理、水稻-绿肥处理、水稻-冬闲田。综合减排效果、水稻产量、冬季作物生物量等多因素来看,水稻-绿肥种植模式是较为合适的种植模式。

1. 不同轮作模式对温室气体排放的影响

(1) CH_4 排放速率

2017 年结果表明,不同轮作模式下冬季作物 CH_4 排放速率的变化趋势不明显。2月中旬之前,水稻-小麦和水稻-绿肥种植模式的 CH_4 排放速率较低,水稻-油菜和水稻-冬闲田种植模式的排放速率较高。2月中旬之后,各轮作种植系统有排放高峰,时间有所不同,各处理之间无相似的规律,处理间差异不显著。

2018 结果表明,4月11日前冬种绿肥处理(水稻-油菜、水稻-毛苕子)的 CH_4 排放速率高于水稻-小麦和水稻-冬闲田,但之后冬种绿肥处理 CH_4 排放增加,这可能是由于绿肥作物生物量较大形成遮蔽(如毛苕子),导致土壤湿度增加引起的。不同种植模式下水稻季的 CH_4 排放速率差异显著。之后整个水稻生长季出现了两次 CH_4 排放高峰,第一次排放高峰出现在 7月11日,水稻-小麦(RW)、水稻-油菜(RO)、水稻-毛苕子(RH)和水稻-冬闲田(RF)等种植模式的 CH_4 排放速率分别为 32.6mg/ $(m^2 \cdot h)$ 、23.1mg/ $(m^2 \cdot h)$ 、18.7mg/ $(m^2 \cdot h)$ 和 4.6mg/ $(m^2 \cdot h)$;其中水稻-小麦模式排放速率最高,水稻-冬闲田模式排放最低。第二次 CH_4 排放高峰出现在 8月9日至8月30日之间,各处理第二次排放高峰的速率分别为 12.5mg/ $(m^2 \cdot h)$ 、14.9mg/ $(m^2 \cdot h)$ 、12.2mg/ $(m^2 \cdot h)$ 和 22.5mg/ $(m^2 \cdot h)$ 。

(2) N_2O 排放速率

2017 年试验结果表明,不同轮作模式下冬季作物的 N_2O 排放速率趋势不显著,但整体而言,均有两次排放高峰。第一次是2月中旬,此时因为回春后气温回升,施入的基肥在温度升高下使 N_2O 排放速率逐渐增加达到高峰;第二次高峰是4月中旬,此时是因为后期追肥和气温升高的双重作用。其中,水稻-小麦模式和水稻-油菜模式变化趋势较为相近,且 N_2O 排放速率较高;水稻-小麦模式的 N_2O 排放速率最大,水稻-紫云英和水稻-冬闲田种植模式的 N_2O 排放速率相比其他两种模式较低,且水稻-冬闲田种植模式的 N_2O 排放速率最低。

2018 年试验结果表明,水稻-毛苕子模式冬季作物在4月18日出现一次排放高峰 [316.1μg/ $(m^2 \cdot h)$] 外,其他处理的 N_2O 排放高峰均出现在3月30日,该时期水稻-小麦、水稻-油菜、水稻-毛苕子和水稻-冬闲田模式冬季作物的 N_2O 排放速率分别为 393.5μg/ $(m^2 \cdot h)$ 、121.1μg/ $(m^2 \cdot h)$ 、103.9μg/ $(m^2 \cdot h)$ 和 87.8μg/ $(m^2 \cdot h)$ 。

两年试验结果均表明，水稻-小麦模式排放速率最高，水稻-毛苕子模式排放速率最低，水稻-冬闲田种植模式是降低冬季作物 N_2O 排放的有效模式。不同种植模式下，水稻季各处理 N_2O 排放之间差异不显著。在 7 月中下旬时，各处理有一个排放高峰，其中水稻-毛苕子和水稻-冬闲田种植模式下水稻季的 N_2O 排放速率较高，达到 $220.3\mu g/$（$m^2 \cdot h$）和 $204.0\mu g/$（$m^2 \cdot h$），此时是因为 8 月水稻季搁田，稻田土壤通气性良好，促进了微生物的活动，加速了 N_2O 排放。

2. 轮作模式生育期内累积温室气体排放

比较不同轮作模式间温室气体排放差异显著，水稻-小麦种植模式 N_2O 排放量最高，达 1 261.1kg/hm^2，其次为水稻-油菜模式和水稻-紫云英模式，水稻-冬闲田模式排放量最低。与水稻-水麦模式相比，水稻-油菜、水稻-紫云英和水稻-冬闲田轮作模式下 N_2O 排放量分别降低了 7.4%、33.9% 和 70.5%。四种轮作模式中，冬季种植油菜和紫云英模式的 CH_4 排放量均较低。进一步比较不同轮作模式下 GWP 发现，冬季种植油菜、紫云英均有利于降低单位面积的温室气体排放量，但是冬闲模式的 GWP 最低。

研究结果表明，稻田轮作系统 CH_4 排放主要集中在水稻生长季，与水稻-小麦轮作模式相比，水稻-油菜、水稻-毛苕子、水稻-冬闲田轮作模式的水稻季 CH_4 排放有所降低，水稻-冬闲田轮作模式的下降幅度最大。冬季作物中，水稻-毛苕子模式的 CH_4 排放量最大，与其他处理有显著差异。稻田轮作系统 N_2O 排放主要集中在冬季作物生长季，各处理之间无显著差异。单位面积温室气体排放量数据表明，相比水稻-小麦轮作模式，其他轮作模式单位面积温室气体排放量均有所下降，且水稻-冬闲田轮作模式的 GWP 最小，因此冬季休闲可有效降低温室气体排放。

分析不同轮作模式下作物周年 CH_4 排放可知，CH_4 排放主要集中在水稻季，冬季作物 CH_4 排放很少。2016 年，水稻-小麦轮作模式中水稻季的 CH_4 排放最大，水稻-冬闲田模式中的 CH_4 排放最小，因为水稻季的 CH_4 排放占比较大，所以各处理的周年 CH_4 排放趋势与水稻季保持一致。与水稻-冬闲田轮作模式相比，2016 年水稻-小麦、水稻-油菜和水稻-绿肥的周年 CH_4 排放量增加了 69.7%、40.6% 和 25.5%；2017 年除了水稻-小麦模式降低了 22.1% 外，水稻-油菜和水稻-绿肥模式分别增加了 32.3% 和 24.6%。这表明以绿肥作为冬季作物，可有效地降低水稻季 CH_4 排放。

分析不同轮作模式下作物周年 N_2O 排放可知，与水稻-冬闲田轮作模式相比，2016 年水稻-小麦、水稻-油菜和水稻-绿肥的周年 N_2O 排放量增加了 113.6%、11.4% 和 8.4%；2017 年水稻-小麦、水稻-油菜和水稻-绿肥模式分别降低了 28.0%、38.8 和 3.6%。

比较不同种植模式下周年作物全球增温潜势的结果表明，水稻季的温室气体排放对周年全球增温潜势影响较大，水稻-小麦轮作模式的全球增温潜势最大，水稻-冬闲田的轮作模式全球增温潜势最小。与水稻-冬闲田模式相比，2016 年水稻-小麦、水稻-油菜和水稻-绿肥模式的周年 GWP 排放量增加了 55.2％、28.8％和 20.1％；2017年除水稻-小麦模式降低了 21.1％外，水稻-油菜和水稻-绿肥模式分别增加了 33.1％和 24.6％。

3. 不同轮作模式对产量的影响

比较不同轮作模式对水稻产量的影响发现，在冬季作物秸秆全量还田条件下，与水稻-冬闲田轮作模式相比，2016 年水稻-小麦、水稻-油菜、水稻-绿肥模式的水稻产量分别增加了约 4.8％、5.6％和 11.0％。因 2016 冬季作物播种后遭遇冷害低温，严重降低了小麦、油菜和紫云英出苗率，所以 2017 年水稻季产量受到一定影响。不同轮作模式下，水稻-小麦轮作模式的水稻产量最低，为 9.83 t/hm²，水稻-油菜、水稻-毛苕子、水稻-休闲模式的水稻产量分别为 10.54 t/hm²、10.63 t/hm²、10.57 t/hm²，比水稻-小麦模式增加了 7.8％、8.5％和 7.8％，其中以绿肥毛苕子对水稻的增产效果最好。冬季作物生物量中，毛苕子的生物量最大，达到 5.29 t/hm²，其次为小麦。因此，综合水稻产量和冬季作物生物量来看，采用水稻-毛苕子轮作模式的经济效益最高，且增产效果显著。

（三）保护性耕作的配套栽培技术示范

2015 年水稻季的耕作处理分为 4 组（图 7-3），包括小麦季旋耕＋水稻季翻耕旋耕＋秸秆全量还田（RT-CT-S）、小麦季免耕＋水稻季旋耕＋秸秆全量还田（NT-RT-S）、小麦季旋耕＋水稻季翻耕旋耕（RT-CT）和小麦季免耕＋水稻季旋耕（NT-RT）。

2016 年和 2017 年小麦季包括 8 个耕作处理（图 7-3），分别为水稻翻耕旋耕＋小麦旋耕＋秸秆全量还田（CT-RT-S）、水稻翻耕旋耕＋小麦免耕＋秸秆全量还田（CT-NT-S）、水稻旋耕＋小麦旋耕＋秸秆全量还田（RT-RT-S）、水稻旋耕＋小麦免耕＋秸秆全量还田（RT-NT-S）、水稻翻耕旋耕＋小麦旋耕（CT-RT）、水稻翻耕旋耕＋小麦免耕（CT-NT）、水稻旋耕＋小麦旋耕（RT-RT）、水稻旋耕＋小麦免耕（RT-NT）。2015-2018 年不同保护性耕作的配套栽培技术试验结果显示，秸秆全量还田处理可减少小麦季、水稻季的 N_2O 和 CH_4 排放量。在秸秆全量还田处理下，小麦季配套旋耕耕作处理，温室气体的减排效果更显著。水稻季进行翻耕旋耕处理，对整个稻-麦生产系统两季作物的 N_2O 均有减排作用。在秸秆还田条件下，对小麦进行旋耕处理，有利于提高和稳定产量，但是水稻季进行旋耕翻耕处理对水稻的产量影响无显著差异。

1. 不同耕作方式和秸秆还田方式对麦-稻温室气体排放的影响

（1）水稻 CH_4 和 N_2O 排放动态

2015 年试验比较水稻生育期稻田的 CH_4 排放速率发现，整体上呈现出单峰变化。

图 7-3　麦-稻项目区保护性耕作的配套栽培技术示范

7 月 7 日至 8 月 2 日处理间差异显著，7 月 14 日达到排放高峰。在排放高峰时，小麦季旋耕＋水稻季翻耕旋耕处理的排放速率最大，小麦季免耕＋水稻季旋耕＋秸秆全量还田处理最小，且秸秆全量还田可降低 CH_4 排放高峰排放速率。

2015 年试验结果表明，不同耕作方式下稻田 N_2O 排放速率呈现出多峰变化趋势。第一次高峰在 7 月 14 日，小麦季免耕＋水稻季旋耕＋秸秆全量还田和小麦季免耕＋水稻季旋耕处理的排放速率较高，显著大于小麦季旋耕＋水稻季翻耕旋耕和小麦季旋耕＋水稻季翻耕旋耕＋秸秆全量还田处理，说明小麦季旋耕＋水稻季翻耕旋耕处理降低 N_2O 第一次排放速率。第二次高峰在 8 月 20 日，此次高峰显示小麦季旋耕＋水稻季翻耕旋耕和小麦季免耕＋水稻季旋耕处理下 N_2O 排放速率高于小麦季旋耕＋水稻季翻耕旋耕＋秸秆全量还田和小麦季免耕＋水稻季旋耕＋秸秆全量还田处理。第三次高峰在 9 月 22 日，此次排放高峰显示小麦季旋耕＋水稻季翻耕＋旋耕处理 N_2O 排放速率显著高于其他三组处理。试验结果表明，秸秆不还田处理的 N_2O 排放速率呈现出高于秸秆还田处理的趋势。

（2）小麦 CH_4 和 N_2O 排放动态

小麦季 CH_4 排放较小，2016 年和 2017 年试验结果表明，秸秆不还田处理 CH_4 排放大于秸秆全量还田处理，不同处理之间 CH_4 排放差异不显著。2016 年试验结果表明，不同耕作处理下小麦整个生育时期出现了两次 N_2O 排放高峰，第一次排放高峰出现在 2 月中旬，秸秆不还田处理下 N_2O 排放速率平均达 143.2 $\mu g/（m^2 \cdot h）$，秸

秆全量还田下 N_2O 排放速率下降了约23.8%，旋耕处理 N_2O 排放速率略低于少免耕处理。第二次排放高峰出现在3月中下旬，趋势与第一次排放高峰相近。2017年试验结果发现，不同的耕作处理下小麦全生育期 N_2O 排放出现两次高峰，第一次是在2月中下旬，秸秆不还田处理下 N_2O 排放平均达 $380.0\mu g/（m^2·h）$，秸秆全量还田下 N_2O 排放速率增加了约21.8%，旋耕处理 N_2O 排放速率略低于少免耕处理。第二次排放高峰在4月中旬，这是因为追肥和升温的双重作用，水稻旋耕＋小麦免耕＋秸秆全量还田处理的排放速率最大，水稻旋耕＋小麦旋耕处理次之，这两种处理方式排放速率较高，且高于其他处理。比较小麦季整个生育期的 N_2O 排放速率，水稻季旋耕处理的 N_2O 排放速率较水稻季翻耕旋耕处理的 N_2O 排放速率高，因此，对水稻季进行翻耕旋耕处理有利于降低系统的 N_2O 排放速率。

（3）水稻-小麦轮作周年温室气体排放

进一步分析不同耕作方式和秸秆还田方式对稻田温室气体排放的影响表明，水稻季翻耕旋耕处理 CH_4 排放有所降低，尤其在秸秆全量还田条件下，降低幅度达11.7%。无论秸秆还田或者不还田，水稻季翻耕旋耕处理 N_2O 排放均有所降低；秸秆全量还田之后，稻田 N_2O 的排放显著降低，与不还田相比，N_2O 排放量降低了约26.3%。稻田综合温室效应和排放强度变化趋势同 CH_4 一致。

土壤耕作方式对小麦季温室气体排放影响显著。2016年试验结果表明，小麦季旋耕处理下平均 N_2O、CH_4 排放量达 1 161.7kg/hm²、46.2kg/hm²，与少免耕处理相比，N_2O 排放量减低了约20.2%，CH_4 排放量增加了约624.3%；对于秸秆还田方式，秸秆不还田条件下平均 N_2O、CH_4 的排放量达 1 062.0kg/hm²、3.8kg/hm²，与秸秆不还田相比，两者排放量分别降低了约31.7%、88.5%。进一步比较小麦季 GWP 和 GHGI 发现，尽管小麦季旋耕显著增加了 CH_4 排放量，但其在 GWP 中贡献较小，因此与少免耕相比，小麦季旋耕 GWP 和 GHGI 分别降低了约16.6%和16.2%；与秸秆不还田相比，秸秆全量还田下小麦季 GWP 和 GHGI 分别降低了约32.9%和28.0%。也就是说，小麦季秸秆全量还田条件下，结合旋耕耕作措施的减排效果较好。

2017年小麦季试验结果表明，小麦季旋耕处理下平均 N_2O、CH_4 的排放量达 8 023.2kg/hm²、96.2kg/hm²，与少免耕处理相比，N_2O 排放量增加了约20.9%，CH_4 增加了约15.2%；对于秸秆还田方式，秸秆不还田条件下平均 N_2O、CH_4 的排放量达 7 514.3kg/hm²、102.6kg/hm²，与秸秆不还田相比，秸秆全量还田下 N_2O、CH_4 排放量分别降低了约8.7%、26.7%。进一步比较小麦季 GWP 发现，尽管小麦季旋耕显著增加了 N_2O 和 CH_4 排放量，与少免耕相比，小麦季旋耕 GWP 增加了约20.8%；与秸秆不还田相比，秸秆全量还田下小麦季 GWP 降低了约9.0%。

研究结果表明，秸秆全量还田后，小麦季全球增温潜势降低了约10.1%，但水稻季增加了约 3.5%。与秸秆不还田相比，周年秸秆全量还田后两年平均全球增温潜势变化不大（增加 0.6%）。进一步比较不同耕作方式差异发现，与旋耕处理相比，小麦季免耕处理两年平均 GWP 增加了 17.0%，水稻季翻耕处理则降低了 6.9%。

2. 不同耕作方式和秸秆还田方式对产量的影响

2015 年试验结果表明，秸秆还田处理对水稻产量影响不大，小麦季旋耕＋水稻季翻耕旋耕＋秸秆全量还田、小麦季免耕＋水稻季旋耕＋秸秆全量还田、小麦季旋耕＋水稻季翻耕＋旋耕和小麦季免耕＋水稻季旋耕处理下水稻单产分别为 13.29t/hm²、13.75t/hm²、13.45t/hm² 和 13.53t/hm²。与秸秆不还田相比，秸秆全量还田下水稻产量提高了约 2.0%。旋耕处理下水稻产量略高于翻耕处理，与翻耕相比旋耕处理下水稻产量增加了约 2.1%，但各处理间差异不显著。2016 年小麦季小麦旋耕＋秸秆全量还田（RT-S）、小麦免耕＋秸秆全量还田（NT-S）、小麦旋耕（RT）和小麦免耕（NT）处理下小麦单产分别为 5.70t/hm²、5.48t/hm²、6.23t/hm² 和 6.65t/hm²。与秸秆还田相比，秸秆不还田小麦产量提升 12.9%。秸秆不还田条件下，与旋耕措施相比，少免耕措施小麦产量提高了约 6.95%，差异未达到显著水平；秸秆全量还田下，结果则相反，少免耕措施下小麦产量降低了约 3.54%。可见，秸秆全量还田下，适当的增加耕作强度（如旋耕）有利于稳定产量。

2016 年和 2017 年耕作措施试验结果表明，水稻秸秆全量还田后，不同耕作方式下小麦产量变化有所不同，两年小麦季旋耕处理均大于免耕处理；与免耕处理相比，旋耕处理小麦产量增加了 6.1%，两年趋势一致。对于水稻季秸秆全量还田条件下，与旋耕处理相比，2016 年翻耕处理水稻产量增加了约 8.4%，2017 年却降低了约 7.0%，但两年处理间差异均未达到显著水平。从周年产量上来讲，秸秆全量还田下，翻耕处理的两年平均周年作物产量比旋耕处理降低了约 1.7%，处理间差异不显著。试验结果表明，小麦季旋耕处理有利于提高小麦产量，而水稻季翻耕和旋耕处理对水稻的产量影响不明显。

二、气候智慧型麦-稻生产技术培训与服务咨询

怀远项目区重点围绕气候智慧型农业相关理念、政策和技术等，邀请农业农村部领导、安徽省农业农村厅主管领导、中国农业大学、中国农业科学院和安徽农业大学等单位相关领域专家及怀远当地领导等为当地农户、农机人员及村干部等开设讲座，并针对麦-稻生产系统中常规农事操作、病虫害防治等农户切身关注的农业技术进行手把手的现场教学，开展田间课堂系列活动。响应国家乡村振兴战略，因地适宜地在当地引进了新型的种养结合技术，同时将配套的农产品营销策略对农户进行了讲解与培训，让农户不仅能种好、养好，还能更好地销售，真正地改善当地农户的农业现

状，提高农户收入。这也有助于进一步提升当地村干部、农技人员和种粮大户对气候智慧型农业理论和技术的了解，有力推动气候智慧型农业落地生根。2016—2019 年，项目组编写了《气候智慧型农业发展理念与模式》《中粳稻优质高产栽培技术》《小麦病虫草害综合防治技术》《小麦测土配方施肥及氮肥后移技术》《稻麦两熟制麦秸秆还田机械化作业技术规范》《万福镇 2017 年小麦春季田间管理技术》《稻田养鸭关键技术》等培训材料，在怀远项目区开展农业技术培训课堂 20 余次，组织培训农技员、种粮大户和村镇干部等 2 000 余人次，取得了较好的效果，有力地推动了气候智慧型农业理念和技术的传播。

（一）气候智慧型农业理念与实践课题培训

为了当地村干部、农技人员、种植大户和普通农户更深入地了解气候智慧型农业理论与实践效果，项目区培训团队邀请领域知名专家，组织了 10 余次"气候智慧型农业"专题讲座，包括"气候智慧型主要粮食作物生产项目技术培训"和"农田生态系统节能减排的理论与实践"，系统阐述了气候智慧型农业原理、主要技术和在生产上的应用，有效提高了农民对气候智慧型农业新技术和新生产模式的接受能力。此外，培训专家将"怀远县贫困村创业致富带头人"与气候智慧型农业有机结合，就贫困村创业致富带头人如何适应气候变化进行结构调整和产业提升，为脱贫攻坚作贡献进行了系统讲解和培训。

（二）麦-稻生产管理技术培训与技术指导

怀远项目区是我国优质麦-稻产区，优化麦-稻高产条件下的水肥等管理措施是提升作物生产效率、减少温室气体排放的重要途径。2016—2019 年，怀远项目区培训团队组织了"水稻高产栽培与肥水管理技术""水稻机械化生产技术和装备专题培训""高效种植模式优化与精准施肥技术""水稻轻简化栽培技术""水稻肥水耦合技术与水稻中后期管理""水稻肥水耦合技术与水稻中后期管理""稻茬小麦春季管理要点与拔节肥施用技术""稻麦两熟精准平衡施肥技术""水稻精准施肥技术""土壤生态修复与小麦肥水管理技术""稻麦的需肥规律和精准施肥技术""绿色低碳循环种养结合模式与关键技术""稻茬麦绿色高质高效栽培技术探讨""稻茬小麦拔节肥施用技术""小麦栽培技术与田间管理""优质小麦生产与粮食安全""小麦精准施肥技术"等 20 余个专题培训报告。

培训报告不仅包括高产水稻的基本特征、机插壮秧培育技术、机插稻大田精确定量肥水管理技术、水稻肥水耦合技术与水稻中后期管理农作制度革新带来的新问题；也包括春季稻茬麦的田间水分管理、杂草防治、拔节肥施用等问题；同时就气候变化条件下如何选择小麦品种、气候条件下小麦栽培技术如何适应等方面的相关内容进行了深入分析；并以 2018—2019 年度秋冬阴雨连绵造成稻茬小麦播种晚导致苗小苗弱为例，就如何做好春季田间管理，尤其是起身拔节肥的科学施用，进行详细地讲解。培训报告也强调麦-稻生产应关注绿色低碳生产模式，科学管理肥水，建立健全土壤环境质量检测，为生态农业提供健康的土壤环境，从而发展绿色无公害的有机农产品；报告也系统介绍了绿色低碳循环发展理念，以及实行种养结合的必要性和可能性，展示了安徽种养结合的成功模式，举例详细介绍了种养结合的主要模式和关键技术等。经过连续四年的课堂培训，当地农机人员、种粮大户和农民的水氮-小麦高产高效栽培管理的理论与技术均得到了极大提升，有力地推动了气候智慧型农业技术在示范区的应用和推广（图 7-4）。

图 7-4　麦-稻项目区课堂培训

（三）麦-稻秸秆还田技术

水稻和小麦秸秆量大，麦-稻秸秆还田是提升农田土壤有机质、减少秸秆污染的重要途径，秸秆还田技术是气候智慧型农业技术的重要组成部分。2016—2019 年怀远项目区培训团队邀请相关领域专家，组织了"绿色增产模式与秸秆还田机械化技术""水稻机械化秸秆还田技术""稻麦生产的农机农艺结合技术""秸秆还田条件下的农机农艺相结合技术""机械化秸秆还田与小麦绿色高产栽培技术""作物秸秆机械化还田与综合利用技术""麦茬水稻秸秆还田机械化技术""稻茬秸秆机械化还田与小麦整地技术""稻麦两熟区秸秆还田装备与关键技术""机械化秸秆还田技术"等 10

余个专题培训报告（图7-5）。

图7-5　麦-稻项目区田间技术指导

　　报告重点讲解秸秆还田农机农艺相结合技术、精准配方施肥技术及精细整地、选种育种、适期播种、合理密植、播种匀播、病虫防害等绿色高产栽培技术，特别是在化肥的使用、小麦的种植密度及倒春寒晚霜冻害的防治上给予了详细的讲解。围绕农作物秸秆综合利用、麦-玉轮作秸秆机械化还田、麦-稻轮作秸秆机械化还田、秸秆机械化收集，在小麦秸秆还田、不同农业机械的选择和相应的技术要点上进行重点讲解；在秸秆还田机械化技术措施着重地介绍了稻麦两熟制工艺措施，尤其是麦茬秸秆机械化还田的技术关键，工艺措施中做到"六个度"（割茬高度、秸秆切碎长度、抛撒均匀度、耕作深度、灌水深度、氮肥增施幅度）。并认为小麦秸秆粉碎要求包括秸秆粉碎长度：小于10cm；割茬高度：小于15cm；秸秆铺放：均匀抛撒，避免成条铺放；选择动力充足的联合收割机进行安装秸秆粉碎装置，应将快速拆卸作为功能目标。同时，重点讲解了稻麦两熟制秸秆还田技术工艺和稻茬麦机械化生产新措施的技术要点。这有效提升了当地农技人员、种植大户和农民对麦-稻周年生产秸秆还田技术的了解，有力推动了怀远项目麦-稻周年生产秸秆还田技术的全面普及。

（四）麦-稻病虫害绿色综合防治

　　病虫害是制约怀远项目区麦-稻高产的重要因素，项目培训团队组织相关领域知名专家，组织了"稻茬小麦病虫害防治技术""水稻病虫害绿色防控技术""稻麦病害研究进展与绿色防控""农药残留和农产品质量安全""水稻后期病虫害防治技术""水稻、小麦主要病虫害与防治""稻茬小麦病虫害综合防治技术""稻麦两熟病虫草害综合防治技术""水稻病虫害草绿色防控技术""小麦病虫害综合防治技术""稻麦病虫害绿色防控"等10余个专题培训报告。

从水稻小麦总体防控技术、一季稻病虫害综合防治、双季晚稻主要病虫害综合防治方法等方面对水稻最常面临"三虫三病"（三虫：稻飞虱、稻纵卷叶螟、水稻螟虫（钻心虫），三病：纹枯病、稻瘟病、稻曲病）进行防治，并对小麦主要病害（纹枯病、锈病、白粉病、赤霉病）、小麦主要虫害（吸浆虫、蚜虫、麦蜘蛛）进行防治。结合照片实例，围绕春季稻茬小麦和水稻病虫害发生规律，以及病虫害的发病时期、发病部位、症状，讲解病虫草害绿色防治技术：做到适时药剂防治、绿色环保（图7-6）。通过培训，极大提升了当地农技人员和种粮大户对麦-稻生产病虫害的发生与防治的认知，有效减少了病虫害对麦-稻生产造成的不利影响。

图7-6　麦-稻项目区病虫害防治

（五）新型种养技术

促进农民增产增收是气候智慧型农业的重要内容，发展新型种养技术是增加农户收入的重要途径（图7-7）。项目培训团队组织了"现代农业与农业结构调整""现代农业与供给侧农业结构调整""国内外稻渔综合种养现状解读与发展趋势""我国水生蔬菜特产区概况及无公害莲藕栽培技术""水稻-龙虾生态综合种养技术""虾田稻有害生物绿色防控技术""肥水管理技术""综合种养"等10余个专题报告。报告重点讲解气候智慧型农业下如何三产融合，农业种植结构、品种结构、种养结构等怎样调整，探索高产高效节能减排新模式，以水稻-龙虾生态种养为例，从龙虾养殖的前景、小龙虾养殖发展概况、站在新的高度认识水稻种养模式、安徽省重点推广稻田综合种养、龙虾养殖中存在的问题、龙虾养殖品种的选择等多方面对农民进行培训，并以全椒县水稻-龙虾生态种养技术模式为例，全方位解析了水稻-龙虾生态综合种养关键技术，课后通过互动，回答稻田小龙虾养殖和虾田稻病虫害绿色防控肥水管理等方面技术问题。同时，也从稻田养殖工程的建设、水稻的栽培与管理及小龙虾苗种的选择和放养、饲料的投喂、水质管理、日常管理、小龙虾的起捕与收获等方面对稻虾连作进行了详细的介绍。

图 7-7　麦-稻项目区新型种养技术

（六）作物生产田间综合技术指导

项目组织作物生产专家、植保与农产品质量安全专家等开设田间课堂，在田间地头就麦-稻高产品种选择、水肥优化管理，稻田养鸭、稻田养鱼等立体种养模式的关键技术与管理方法等，麦-稻病虫害综合防治、无人机施肥和打药田间操作，麦-稻秸秆还田等农药生产核心技术问题，对种植大户和农民进行技术咨询、指导和技术服务。通过现场诊断和讨论解决农户作物生产难题，比如病虫害防治和秸秆还田技术等；通过现场展示和讲解加深农户对无人机在肥料和农药施用方面的应用（图 7-8）。

（七）农产品营销

农产品销售是农业生产的重要环节，尤其是种植大户生产规模大，农产品数量多，提升农户的营销意识有助于增加农民收入。项目培训团队组织了"产品现代市场营销基本理论与策略""品质量与安全""农产品现代市场营销的策略""现代农

图 7-8　麦-稻项目区田间综合技术指导

产品市场营销理论与策略""农产品上行运营策略与案例分析"等 10 余个专题报告。

报告从中央 1 号文件和政府工作报告到电子商务的发展，从销售电商化向产业电商化转型，通过线上线下融合、远近服务结合、农旅体验配合破解市场竞争同质化瓶颈，让学员了解当前农村电商的困境；通过生动的实例，着重分析如何做好农产品上行，不仅要加强品牌建设，重视农产品安全、电商平台和供应链，而且强调人才培养的关键性。以安徽上谷农产品物流园有限公司为例，重点介绍了"品牌和交易平台双驱动模式助推怀远农业升级"。

培训报告也对农产品市场营销的基本理论以及营销策略实际的应用进行了详细生动的阐述。不仅要生产好的农产品，而且要更加地重视对农产品的深加工和市场营销，从而提高农民的收入，建设社会主义新农村。强调发展高产、优质、高效、生态、安全的现代农业意义重大，提高农产品质量安全水平，同样提升农产品竞争力。农产品质量安全问题应备受农民群众的重视，详细讲解了农产品质量安全现状、"三品一标"质量安全认证、有机农产品的加工认证等。讲解了品牌商标的重要性，品牌商标是产品整体的一个重要组成部分，是企业重要的无形资产。

（八）乡村振兴理论与实践

乡村振兴是气候智慧型农业促进农村社会发展的直接体现，项目培训团队组织了

132

"美丽乡村建设与环境综合整治""乡村振兴战略与农村发展""决战脱贫攻坚""建设现代农业三大体系助推产业精准脱贫"等主题培训报告。报告系统介绍了2017年中央1号文件《中共中央　国务院关于深入推进农业供给侧结构性改革加快培育农业农村发展新动能的若干意见》，指出项目区抓住农业供给侧结构性改革机遇，在保证粮食产量的同时，改善粮食品质，调整农业生产结构，一二三产业融合发展，探索高产高效节能减排新模式。并结合怀远县当前实际情况为怀远县实施乡村振兴战略提出：要严格执行耕地保护制度，全面提升耕地质量；优化农业产业结构，积极开展规模化经营；提高用水效率，保障农业安全用水；调整优化畜禽养殖布局，合理设置畜禽养殖规模；加强畜禽粪污处理设施建设，提高农业资源循环利用水平；大力推广配方施肥，全面实施绿色防控技术；全面推进美丽乡村建设，加快改善农村生态环境等建议和意见（图7-9）。

图 7-9　麦-稻项目区乡村振兴

（九）国家级农业园区参观学习

组织项目区农技人员、种粮大户和农民等前往山东寿光国际蔬菜科技博览会、庐江县国家现代农业示范区、安徽友鑫农业科技有限公司、上海绿色超级稻研发中心安徽片区、安徽省农垦农场和安徽农业大学皖中综合试验站等地参观学习（图7-10），实地了解农业科技进步和成果转化应用，亲身感受和了解现代农业的新理念、新成果、新装备、新材料、新品种和新经营管理方式。认真学习蔬菜种苗培育、农产品及蔬菜加工、蔬菜病虫害的生物防治、高科技的应用、工厂化育秧的技术及如何应对不良气候影响，以及稻虾立体种养的现状、养殖技术、养殖风险与规避等技术，极大地激发了参会人员的学习积极性和农业生产热情，有力地推动了气候智慧型农业技术在项目区的应用。

图 7-10　麦-稻项目区国家级农业园区参观学习

三、气候智慧型麦-稻生产监测与评价

建立适宜的动态监测与评价机制是及时反馈、调节项目执行策略与追踪项目整体效果的重要手段。通过与设置的基线相对比，及时准确地评价气候智慧型农业项目进展情况、反思项目实施中存在的问题并提出相应对策，能有效保障项目进行并取得既定目标。2016—2019 年项目期间，重点追踪了项目区的作物生产、固碳减排、环境效果、病虫害管理及成果和社会影响等方面的情况，在项目条件下，项目区的水稻、小麦产量高于基线条件下水稻、小麦产量；项目条件可有效降低水稻季温室气体排放，增加土壤有机碳储量、林木碳汇量，提高地表水、农田退水、地下水 的水质质量；项目条件下项目区的病虫害、农药使用情况、药械情况均比基线条件有所改善。

（一）固碳减排监测与评价

针对气候智慧型麦-稻生产系统，项目组确定项目区、项目边界、项目目标群体、项目活动对象；根据项目相关实施技术的应用情况，开展项目区监测评价方案设计，选取样本村、样本农户和样本农田，有针对性地布设监测点位和监测区域；开展相关控制指标的连续、动态监测，评估项目区气候智慧型农业生产体系中温室气体排放和土壤碳储量；基于实地观测和 DNDC 模型（面向过程的土壤碳氮生物地球化学计算模拟模型）研究并预测项目区的总体固碳减排能力和优化提升途径；量化气候智慧型农业的固碳减排潜力，为推动气候智慧型农业提供科学支撑。

　　从 2015 年开始在安徽怀远布置监测点、启动试验监测（图 7-11）。根据项目的要求和技术攻关的需求，系统监测土壤碳汇变化、温室气体排放、产量构成等方面，力求全面评价项目的碳汇减排效应。

图 7-11　麦-稻项目区冬小麦-水稻种植模式监测

1. 作物产量动态监测

　　项目实施期间，项目团队在安徽怀远麦-稻系统选择 120 个产量监测样品进行产量信息收集，其中每个取样点取 5 个重复样品（图 7-12 和图 7-13）。

　　监测结果表明，冬小麦产量在不同的项目区存在一定的差异。2016 年在安徽怀远项目区内项目条件下冬小麦产量低于基线条件下的冬小麦产量；2016 年，怀远项目区基线条件下，冬小麦产量为 6 410kg/hm²，项目条件下产量为 5 723kg/hm²，项目条件比基线条件下产量低了 10.7％。2017 年项目条件下的冬小麦产量要大于基线条件下的项目产量；2017 年，在安徽怀远县项目区，项目条件下冬小麦产量为 7 928 kg/hm²，基线条件下产量为 7 630kg/hm²，项目条件下产量比基线条件下产量增加了 3.8％。2018 年，安徽项目区项目条件下的冬小麦相比较于基线条件下的产量呈现出增加的趋势，项目条件下冬小麦产量为 6 851kg/hm²，相比较于基线条件的增产幅

图 7-12　麦-稻项目区取样点空间分布

图 7-13　麦-稻项目区测产现场

度为 5.1%。第一年项目条件下冬小麦相比于基线条件下的减产主要是因为农业管理措施对土壤和作物生长造成较大的扰动，会造成对产量较大的影响甚至减少；但是项目执行第二年后，由于各项措施对冬小麦的干扰减少，项目条件下冬小麦的产量都有所增加，开始逐渐显现出项目的增产或稳产效果，达到了预期结果。

　　安徽怀远项目区的水稻监测结果表明，2016—2018 年，项目条件下的水稻产量均高于基线条件的水稻产量。2016 年，项目条件下的水稻产量为 8 303kg/hm²，基线条件下的产量为 8 170kg/hm²，项目条件下产量增加了 1.6%；2017 年 10 月收获后田间监测，不同监测点平均产量来看，安徽怀远项目区基线条件下水稻产量为 7 928kg/hm²，项目条件下产量为 8 605kg/hm²，相比基线条件下产量提高了 8.5%。2018 年，项目条件下的水稻产量为 9 129kg/hm²，相比较于基线条件下的 8 622 kg/hm²，产量增加了 5.9%。从三年的实施情况来看，项目的实施对水稻起到了良好的增产效果。

2. 农田温室气体排放特征

(1) 小麦季 N_2O 排放

2016 年和 2017 年安徽怀远项目区的冬小麦季 N_2O 排放规律不同；2016 年，

怀远项目区内在项目条件下的冬小麦 N_2O 排放量要大于基线条件下的 N_2O 排放量，而在 2017 年则是项目条件下的排放量小于基线条件下的。2016 年，怀远项目区内，基线条件下冬小麦生育期内的 N_2O 排放量为 3.47kg/hm² （以 N 计），而项目条件下的排放量为 4.19kg/hm²，项目条件下比基线条件下排放量增加了 20.75%；2017 年，怀远项目区内，冬小麦在基线和项目条件下的 N_2O 排放量分别为 11.92kg/hm² 和 9.29kg/hm²，项目条件下相比较于基线条件下 N_2O 排放量降低了 22.06%。

（2）水稻季 CH_4 和 N_2O

水稻季主要排放 CH_4 和 N_2O 两种温室气体，N_2O 在项目实施的前两年，均表现为项目条件下的排放量高于基线条件，2018 年项目条件的排放量才低于基线条件；而对于 CH_4 的排放来说，三年的项目实施期间，项目条件下的排放量均小于基线条件，三年排放量的降低幅度分别为 9.64%、5.56% 和 4.07%。CH_4 是主要的温室气体，试验结果表明项目实施期间水稻季 CH_4 的排放量得到了有效的降低，有效降低了水稻季温室气体排放。

3. 土壤碳储量

项目区土壤碳储量采用《CSA-C-3—碳汇减排监测与评价》中的计算方法，计算结果表明 2016—2018 年，在两个项目区项目技术条件下的土壤碳储量均会增加，即项目条件下的干预措施可以增强土壤的碳汇功能；随着项目干预措施的时间增长，其会增强土壤的碳汇功能。

2019 年碳汇数据结果表明，在安徽怀远项目区 0～30cm 土层有机质含量变幅为 19.51～20.59g/kg （图 7-14）；土壤单位面积有机碳含量为（61.82±0.94）t/hm²（以 C 计），较基线提高 14.79%（图 7-15）。怀远固碳减排技术示范应用面积为 2 000hm²。计算可得怀远项目区 2019 年 0～30cm 土壤碳储量相对于 2018 年增加 16 904 t CO_2（表 7-1）。

表 7-1　2016—2019 年安徽怀远项目区土壤碳储量变化

年份	项目	土壤碳密度（t/hm²）	面积（hm²）	ΔDSOC（t/hm²）	ΔSOC（t）
	Baseline	53.86±0.62			
2016	Project	54.26±0.78	433.33	0.40	643
2017	Project	56.19±3.09	966.67	1.93	6 839
2018	Project	59.52±0.78	1 766.67	3.33	21 544
2019	Project	61.82±0.94	2 000.00	2.31	16 904

注：DSOC 为土壤碳密度，以 C 为参照；SOC 为土壤有机碳，以 CO_2 为参照。

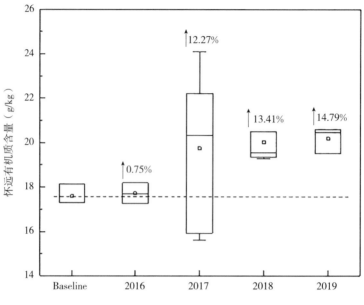

图 7-14　安徽怀远项目区有机质含量

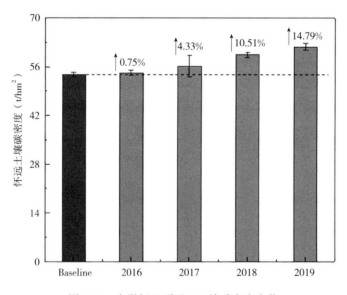

图 7-15　安徽怀远项目区土壤碳密度变化

4. 林木碳汇量

2016—2018 年，在项目条件下，项目区的植树造林面积和林木碳汇量持续增加。2016 年，怀远项目区植树数量按每年 7 000 株进行计算，固碳量为 143.94 t C。2017 年，怀远项目区完成植树造林面积 1 000 余亩，种植法桐等各类苗木20 000余棵。根据公式计算，怀远县林木碳汇量达到每年 1 118.02 t C。2018 年，怀远项目区完成植树造林面积 1 000 余亩，种植法桐等各类苗木 20 000 棵，林木碳汇量达到每年

1 672.03 t C（图 7-16）。

图 7-16 麦-稻项目区林木周长检测

（二）环境效应监测与评价

随着国际社会对气候变化、温室气体减排和粮食安全的日趋重视，农田土壤固碳减排技术研究得到了科学界的空前关注。推广应用粮食主产区保障粮食产量前提下的节能与固碳技术，并进行示范与减排效果评价，可以提高土壤肥力和生产力、减缓土壤温室气体的排放，是我国保持农业可持续发展的战略选择（图 7-17）。

图 7-17 麦-稻项目区环境效应检测

怀远麦-稻轮作模式面积较大，可以代表我国水旱轮作区的发展状况，并且当地农业合作组织齐全，新型农机与农技推广应用基础好。项目区包括：万福镇和兰桥乡的联合、孙庄、镇东、茨南、刘楼、陈安、砖桥、后集、关圩、回汉、余夏、找母等12个行政村（图7-18）。

项目2015年开始实施，随着项目各类方案的实施，包括测土配方施肥、配方深施肥、农作物减量施药、秸秆还田、土地平整等，可以使化肥、农药的施用量降低，农田退水减少，使进入项目区水域的农业污染源减少，降低有害物质和营养污染物进入水体的风险。通过对项目区地表水、地下水的监测，确定其在环境方面产生的效益。

图7-18　项目位置图

1. 项目区监测点安排

安徽项目区主要种植模式为麦-稻轮作，灌溉主要靠茨淮新河和茨河水，农田灌溉水排入茨河流出，农户以浅层地下水为饮用水。土壤类型可分为棕土和砂姜黑土两大类。怀远项目区取样主要包括：①河流灌溉用水，取样位点位于茨淮新河项目区进水断面、茨河项目区进水断面；②项目区出水，取样点位于茨河项目区出水断面；③20m的浅层地下水，主要选择联合村、找母村、刘楼村、砖桥村和镇南村。调研采样综合考虑了项目区土壤图和行政区划图，并参考项目区灌溉形式等确定采样点位，形成采样点位图。

2. 采样监测内容

根据项目区灌溉类型、土壤分类、作物种植面积和河流分布设置监测位点等信息，每年至少监测两次地表水，测定指标包括重铬酸钾指数（COD_{Cr}）、铵态氮（NH_4^+-N）、全氮（TN）、全磷（TP）和硝态氮（NO_3^--N）等指标。地下水是项目区居民的饮用水源，地下水的水质状态对当地人的健康非常重要。地下水监测根据项目区灌溉类型、土壤分类及种植面积设置监测位点，每年至少监测两次地下水，测定指标包括高锰酸盐指数（COD_{Mn}），硝态氮（NO_3^--N），全磷（TP）和铵态氮（NH_4^+-N）。水质监测主要的评价方法有单因子评价法、多因子评价法和熵权模糊物元评价模型等方法。本研究选择熵权模糊物元模型方法进行多因子综合评价中权重的计算。熵权模糊物元模型对各评价指标分辨性大，评价中权重值的大小是评价的关键因子，它的大小会对评价结果起到决定性的作用。权重采用熵权法，其基本原理是依据各项指标值变化的程度，指标值变化程度越大，信息熵值越小，表明该指标提供的信息量越大，相应权重越大；反之，权重越小。该方法可以免去人为评分引起的误差，用因子本身的变化情况客观的求出权重值进行评价。

3. 项目区水质情况

对安徽省怀远县的水质监测从 2014 年开始，分别于 2014 年 1 月、2015 年 6 月、2016 年 5 月、2016 年 12 月、2017 年 4 月、2017 年 7 月、2017 年 12 月、2018 年 4 月、2018 年 11 月、2019 年 5 月和 2019 年 12 月进行取样检测。在怀远县一共选择了 5 个监测点进行监测，监测的指标包括水体的化学需氧量（COD）、铵态氮（NH_4^+-N）、全磷（TP）和全氮（TN）含量。监测的水体包括地表水和地下水，监测结果地表水按照国标（GB 3838）评价水质类别，地下水按照国标（GB/T 14848）评价水质类别。

（1）地表水监测结果

对地表水的监测结果分析（表 7-2）可以看出，2014—2019 年，夏季的水质相较于冬季较差，因为整个冬季农事活动较少，肥料施用灌溉等活动也几乎没有，所以水质条件相对较好。进入春季以后，随着施肥、灌溉、打药、排涝等农事活动频率的增加，农田排放的水体污染物的量也在不断增加，水质状况会变差。地表水监测指标中，主要变化的指标是化学需氧量和全氮含量。

表 7-2　2014—2019 年茨淮新河进水断面水质监测结果（mg/L）

测试地点	时间	COD	NH_4^+-N	TP	TN	水质类别
茨淮新河进水口	2014 年 1 月	8.49	0.1	0.06	1.15	IV
	2015 年 6 月	15.4	0.08	0.03	1.26	IV
	2016 年 5 月	<15	0.17	0.01	0.605	III
	2016 年 12 月	11.9	0.15	0.05	1.89	V
	2017 年 4 月	6.9	0.08	0.02	0.899	III
	2017 年 7 月	14.5	0.2	0.07	1.18	IV
	2017 年 12 月	<2.3	0.21	0.08	0.575	III
	2018 年 4 月	6	0.2	0.02	1.1	IV
	2018 年 11 月	5.7	0.1	0.1	1.21	IV
	2019 年 5 月	4.0	0.30	0.04	0.61	III
	2019 年 12 月	12.9	0.111	0.03	1.00	III

(续)

测试地点	时间	COD	NH_4^+-N	TP	TN	水质类别
茨河进水口	2014 年 1 月	20.91	0.1	0.96	0.06	Ⅳ
	2015 年 6 月	27.9	0.33	0.04	0.74	Ⅳ
	2016 年 5 月	30	0.42	0.05	0.78	Ⅳ
	2016 年 12 月	24.6	1.51	0.06	9.8	劣Ⅴ
	2017 年 4 月	16.6	0.37	0.11	0.691	Ⅲ
	2017 年 7 月	64	1.06	0.19	1.49	劣Ⅴ
	2017 年 12 月	22.1	0.28	0.08	0.689	Ⅳ
	2018 年 4 月	21	0.48	0.62	0.95	劣Ⅴ
	2018 年 11 月	8	0.28	0.09	0.67	Ⅲ
	2019 年 5 月	16.0	0.34	0.16	0.62	Ⅲ
	2019 年 12 月	18.0	0.214	0.04	0.56	Ⅲ
镇南村	2015 年 6 月	133	1.71	0.93	3.3	劣Ⅴ
	2017 年 4 月	6.6	0.24	0.04	1.25	Ⅳ
	2017 年 7 月	30	0.72	0.29	1.06	Ⅳ
	2017 年 12 月	18.2	0.52	0.33	2.21	劣Ⅴ
	2018 年 4 月	12	0.36	0.06	1.17	Ⅳ
	2018 年 11 月	4.6	0.11	0.09	0.43	Ⅱ
	2019 年 5 月	10.0	0.53	0.32	1.07	Ⅴ
茨河出水口	2014 年 1 月	22.57	0.14	1.6	0.13	Ⅴ
	2015 年 6 月	25.8	0.34	0.09	1.15	Ⅳ
	2016 年 5 月	25	0.38	0.08	0.698	Ⅳ
	2016 年 12 月	21.4	1.19	0.07	5.79	劣Ⅴ
	2017 年 4 月	14	0.22	0.06	0.581	Ⅲ
	2017 年 7 月	27.2	0.46	0.19	1.11	Ⅳ
	2017 年 12 月	11.3	0.1	0.07	0.565	Ⅲ
	2018 年 4 月	13	0.27	0.07	0.86	Ⅲ
	2018 年 11 月	5	0.38	0.13	0.91	Ⅲ
	2019 年 5 月	13.0	0.34	0.32	0.77	Ⅴ
	2019 年 12 月	17.5	0.173	0.03	0.59	Ⅲ

（续）

测试地点	时间	COD	NH$_4^+$-N	TP	TN	水质类别
	2015 年 6 月	27.7	0.33	0.05	0.71	Ⅳ
	2016 年 5 月	29	0.37	0.12	0.997	Ⅳ
	2016 年 12 月	27.2	1.74	0.23	2.73	劣Ⅴ
	2017 年 4 月	21.3	0.75	0.11	1.08	Ⅳ
找母村	2017 年 7 月	55	5.4	1.11	7.33	劣Ⅴ
	2017 年 12 月	40	0.38	0.07	0.998	Ⅴ
	2018 年 4 月	45	1.39	0.41	2.66	劣Ⅴ
	2018 年 11 月	2.3	0.34	0.26	0.71	Ⅲ
	2019 年 5 月	16.0	1.07	0.26	1.35	Ⅳ

注：劣Ⅴ为污染程度已超过Ⅴ类的水。

对于各地表水观测点而言，水体质量中变化幅度较大的主要是化学需氧量，且随着项目实施年限的增加，水体中的化学需氧量逐渐呈现出下降的趋势，表明项目的实施对减少水体中的化学需氧量，有着一定的积极作用。对于各地表水观测点的水体质量而言，随着项目实施年限的增加，水体质量也在呈现逐步提高的趋势，虽然水体整体质量在不断地提升，但水体全氮含量在大多数地表水观测点中呈现出稍有增加的趋势，表明项目的实施有可能会增加全氮的流失风险。

（2）农田退水的观测结果

对于安徽省怀远县的农田退水在项目实施期间也进行了取样观测，观测的结果见表 7-3。从观测结果来看，农田退水质量在同一年份的不同季节存在一定的差异，总体上夏季的农田退水质量要差于冬季的质量。农田退水的质量在项目实施期间，随着项目的实施，呈现出逐步变好的趋势。尤其是进入 2018 年后，夏季农田退水的质量为Ⅲ类，冬季为Ⅱ类，相比较于 2015 年的农田退水质量，有了明显改善。说明项目的实施有利于提高农田退水的质量。

表 7-3　2015—2019 年怀远县农田退水质量监测结果（mg/L）

监测日期	COD$_{Cr}$	NH$_4^+$-N	TP	TN	水质类别
2015 年 1 月	22.43	2.09	0.17	7.92	劣Ⅴ
2015 年 6 月	62	1.69	0.5	2.88	劣Ⅴ
2015 年 9 月	<15	0.58	0.17	1.17	Ⅳ
2015 年 12 月	22	0.19	0.04	0.234	Ⅳ
2016 年 5 月	227	6.62	3.49	6.82	劣Ⅴ
2016 年 6 月	30	1.08	0.47	1.67	劣Ⅴ

（续）

监测日期	COD_{Cr}	NH_4^+-N	TP	TN	水质类别
2016 年 7 月	34.3	0.73	0.36	2.18	劣 Ⅴ
2016 年 8 月	23.8	0.3	0.14	1.09	Ⅳ
2016 年 12 月	13.9	0.38	0.05	1.1	Ⅳ
2017 年 4 月	9.8	0.1	0.1	0.472	Ⅱ
2017 年 7 月	53	2.14	0.29	2.51	劣 Ⅴ
2017 年 12 月	11.8	0.15	0.08	0.72	Ⅲ
2018 年 5 月	19	0.35	0.08	0.91	Ⅲ
2018 年 12 月	2.3	0.14	0.1	0.35	Ⅱ
2019 年 12 月	6.3	0.098	0.04	0.85	Ⅲ

注：COD_{Cr} 为重铬酸钾指数，是化学需氧量的一种。

在农田退水的测量指标中，化学需氧量的变化幅度较大，且呈现出波动中下降的趋势；在不同年份的相同月份，随着项目实施年份的增加，农田退水的化学需氧量在不断降低。2015 年 6 月农田退水的化学需氧量为 62mg/L，2016 年 6 月农田退水的化学需氧量降低到 30mg/L；2015 年、2016 年、2017 年和 2018 年 12 月的化学需氧量分别为 22mg/L、13.9mg/L、11.8mg/L 和 2.3mg/L，其下降趋势十分明显。除了化学需氧量外，农田退水中的全氮含量变化幅度也十分明显。在项目实施的过程中，农田退水中的全氮含量也在波动中不断降低，表明在项目中采取的相关措施能够有效地减少农田中全氮的流失，对减少农田养分的流失和水体的污染有重要的作用。

（3）地下水的观测结果

安徽省怀远县的地下水监测结果如表 7-4 所示。从表格中可以看出，从 2015 年 6 月开始，项目区内的地下水质量基本都在Ⅰ类和Ⅱ类之间，地下水质量非常好，在项目没有实施之前的 2014 年 1 月，监测点的地下水质量相较于项目实施之后的质量较差，因此，项目的实施可以提升项目区的地下水质量。

表 7-4　2014—2019 年安徽怀远县项目区地下水监测结果（mg/L）

监测日期	监测点	COD_{Mn}	TP	NH_4^+-N	NO_3	水质类别
	刘楼村	2.24	0.01	0.11	—	Ⅲ
	砖桥村	1.94	0.07	0.09	—	Ⅱ
2014 年 1 月	镇南村	3.02	0.03	0.05	—	Ⅳ
	联合村	2.21	0.03	0.07	—	Ⅲ
	找母村	1.81	0.02	0.11	0.143	Ⅱ

（续）

监测日期	监测点	COD$_{Mn}$	TP	NH$_4^+$-N	NO$_3$	水质类别
2015 年 6 月	刘楼村委外水井	0.73	0.01	0.22	0.37	I
	砖桥村委会水井	0.89	0.01	0.3	0.38	I
	联合村	0.62	0.02	0.05	0.37	I
2016 年 5 月	联合村	0.58	0.09	<0.050	0.384	I
	镇南村委外	1.08	0.09	<0.050	0.373	II
	刘楼村委外水井	0.92	0.06	0.08	0.344	I
	砖桥村委会水井	1	0.07	<0.050	0.387	I
2017 年 5 月	联合村	0.4	0.06	0.451	0.272	I
	刘楼村委外水井	0.48	0.06	0.524	0.268	I
	镇南村委外	0.55	0.05	0.42	0.272	I
	砖桥村委会水井	0.55	0.06	0.545	0.269	I
2017 年 7 月	联合村	0.53	0.1	0.519	0.294	I
	刘楼村委外水井	0.72	0.11	0.8	0.324	I
	镇南村委外	0.49	0.08	0.654	0.324	I
	砖桥村委会水井	0.52	0.1	0.795	0.262	I
2018 年 5 月	联合村	0.65	0.09	0.44	0.4	I
	刘楼村委外水井	0.69	0.08	0.46	0.38	I
	镇南村委外	0.89	0.08	0.46	0.4	I
	砖桥村委会水井	0.65	0.08	0.42	0.41	I
2018 年 12 月	联合村	1.25	0.1	0.15	0.15	II
	刘楼村委外水井	1.7	0.08	0.32	0.15	II
	镇南村委外	1.49	0.07	0.38	0.37	II
	砖桥村委会水井	1.49	0.1	0.4	0.4	II
2019 年 5 月	联合村	0.74	0.04	<0.05	<0.15	I
	刘楼村委外水井	0.65	0.06	0.30	<0.15	I
	镇南村委外	0.48	0.03	0.16	<0.15	I
	砖桥村委会水井	0.48	0.06	0.13	<0.15	I
2019 年 12 月	联合村	0.40	0.04	<0.05	<0.009	I
	刘楼村委外水井	0.32	0.03	0.16	<0.009	I
	镇南村委外	0.32	0.03	<0.05	<0.009	I
	砖桥村委会水井	0.32	0.03	0.22	<0.009	I

注：COD$_{Mn}$为高锰酸钾指数，是化学需氧量的一种。

从安徽省怀远县的地表水、地下水和农田退水的分析来看，项目的实施可以有效地减少水体中污染物含量，提高水体的质量。

（三）病虫害管理监测与评价

根据项目区农业生产实际，项目在保证粮食产量的前提条件下减少农药化肥使用量，开展病虫害综合防治，控制病虫害危害程度，减少农药污染。因此，项目实施要更加重视病虫害综合管理技术和专业化统防统治的应用。病虫害综合管理是害虫综合管理的策略，是从农业生态系统整体出发，根据有害生物和环境之间的相互关系，协调运用农业、物理、生物和化学防治等各种措施，充分发挥农业生态中自然控制因素的作用，将农业有害生物控制在经济损失允许水平之下。害虫综合管理非常重视抗性品种、栽培措施、生物天敌、化学药剂等综合防治技术的应用，尤其是利用天敌等生物控制因子来控制病虫害，而对化学农药的使用则采取慎重的态度。农作物病虫害专业化防治是指具备相应植物保护专业技术和设备的服务组织，开展社会化、规模化、集约化农作物病虫害防治服务的行为。专业化防治是农业发展到一定阶段的产物，符合当今世界农业发展的一般规律，是贯彻"公共植保、绿色植保"理念的重要支撑，是促进粮食生产和各类经济作物产量稳定增长的重要措施，是确保农产品数量安全、质量安全及农业生态环境安全的有效手段，是农业增效、农民增收、农村稳定的重要保障（图 7-19）。

图 7-19　怀远项目区病虫害检测与评价

1. 农户生产调查技术方案

（1）病虫害发生和产量调查

项目组先后于 2015 年 9 月、2016 年 9 月、2016 年 12 月、2017 年 4 月、2017 年

7 月、2018 年 6 月、2018 年 8 月、2019 年 6 月和 2019 年 8 月对安徽省怀远县项目区开展了 9 次农户调查，用于评估项目实施中小麦和水稻病虫害的发生情况。

水稻病虫害发生调查中，2015 年从安徽省怀远县的示范村中随机选择了 8 个水稻种植户，从非示范村中随机选了 6 个水稻种植户，用于评估项目对水稻病虫害发生情况的影响；2016 年从安徽省怀远县的示范村中随机选择了 1 个水稻种植户（大户），从非示范村中随机选了 5 个水稻种植户，用于评估项目对水稻产量的影响；2017 年、2018 年和 2019 年从安徽省怀远县的示范村中随机选择了 1 个水稻种植大户，从非示范村中随机选了 9 个水稻种植户，用于评估项目对水稻病虫害发生情况的影响。

小麦病虫害发生调查中，2015 年从示范村中随机选择了 27 个小麦种植户（其中麦-稻生产系统 8 户，麦-玉生产系统 19 户），从非示范村中随机选择了 9 个小麦种植户（其中麦-稻生产系统 6 户，麦-玉生产系统 3 户），用于评估项目对小麦病虫害发生情况的影响；2016 年从麦-稻生产系统的示范村中随机选择了 1 个小麦种植户，从非示范村中随机选了 5 个小麦种植户，用于评估项目对小麦产量的影响；2017 年、2018 年和 2019 年分别从示范村中随机选择了 8 个小麦种植户（其中麦-稻生产系统 1 户，麦-玉生产系统 7 户），从非示范村中随机选择了 10 个小麦种植户（其中麦-稻生产系统 9 户，麦-玉生产系统 1 户），用于评估项目对小麦病虫害发生情况的影响。

（2）病虫害防治情况调查

项目组先后于 2015 年 9 月、2016 年 9 月、2016 年 12 月、2017 年 4 月、2017 年 7 月、2018 年 6 月、2018 年 8 月、2019 年 6 月和 2019 年 8 月对安徽省怀远县项目区开展了 9 次农户调查，对农户使用农药的情况进行监测。调研对象选择同病虫害发生情况调查。项目主要对 2015 年和 2016 年示范村和非示范村中各农户用药次数、用药种类及亩用药量和总用药量进行了调查，并对各类作物生产成本中的农药成本进行了核算；调研对象选择同病虫害发生情况调查，用于评估项目的实施对小麦、水稻作物产量的影响；调研对象选择同病虫害发生情况调查，主要对示范村和非示范村中各农户农药药械使用情况进行调查。

2015 年和 2016 年项目实施中购买的大型宽幅施药机与无人施药机由于种种原因还未大规模应用起来，农户用得最多的是常规喷雾器。2017 年、2018 年和 2019 年安徽怀远县示范区使用的是项目实施中种植大户购买的大型宽幅施药机，非示范区农户使用的均是普通背负式电动喷雾器。2017 年和 2018 年在安徽怀远县万福镇砖桥村做了农药利用率试验，以诱惑红指示剂作为实验指示剂，参照中国农业科学院植物保护研究所农药有效利用率测定流程，分别测定了静电喷雾器、大型宽幅施药机和普通电动喷雾器的农药有效利用率。

2. 作物病虫害调查结果

(1) 水稻病虫草害

2015 年示范村水稻种植户的病虫草害平均发生次数为 6.75 次，其中病害 3 次，虫害 2.875 次，草害 0.875 次；非示范村病虫草害平均发生次数为 7.167 次，其中病害 3.167 次，虫害 3 次，草害 1 次。非示范村病害、虫害和草害平均发生次数均要多于示范村，但差异不显著。2016 年示范村水稻种植户病虫草害平均发生次数为 6 次，其中病害 3 次，虫害 3 次，草害 0 次；非示范村病虫草害平均发生次数为 6 次，其中病害 3 次，虫害 3 次，草害 0 次。示范村和非示范村水稻病虫草害平均发生次数相同。2017 年示范村水稻种植户病虫草害平均发生次数为 7 次，其中病害 3 次，虫害 2 次，草害 2 次；非示范村病虫草害平均发生次数为 7 次，其中病害 3 次，虫害 2 次，草害 2 次。示范村和非示范村水稻病虫草害平均发生次数相同。2018 年示范村水稻种植户病虫草害平均发生次数为 7 次，其中病害 3 次，虫害 2 次，草害 2 次；非示范村病虫草害平均发生次数为 7.1 次，其中病害 3 次，虫害 2 次，草害 2.1 次。示范村和非示范村水稻病虫草害平均发生次数没有显著差异。2019 年示范村水稻种植户病虫草害平均发生次数为 6 次，其中病害 2 次，虫害 2 次，草害 2 次；非示范村病虫草害平均发生次数为 7.1 次，其中病害 3 次，虫害 2 次，草害 2.1 次；可以看出，示范村比非示范村水稻病虫草害平均发生次数有所下降，说明示范村水稻病虫害预防、控制得较好，示范效果较好。

(2) 小麦病虫草害

2015 年示范村小麦种植户的病虫草害平均发生次数为 5.778 次，其中病害 1.926 次，虫害 2.074 次，草害 1.778 次；非示范村病虫草害平均发生次数为 6.889 次，其中病害 3 次，虫害 2.333 次，草害 1.556 次。非示范村小麦病害和虫害平均发生次数均要多于示范村。2016 年示范村小麦种植户病虫草害平均发生次数为 8 次，其中病害 3 次，虫害 2 次，草害 3 次；非示范村病虫草害平均发生次数为 9 次，其中病害 2 次，虫害 4 次，草害 3 次。非示范村小麦病虫草害平均发生次数要多于示范村，其中病害平均发生次数比示范村少 1 次，草害两者发生次数相同，但非示范村虫害平均发生次数比示范村要多 2 次。2017 年示范村小麦种植户病虫草害平均发生次数为 5 次，其中病害 2 次，虫害 2 次，草害 1 次；非示范村病虫草害平均发生次数为 7 次，其中病害 3 次，虫害 3 次，草害 1 次。非示范村小麦病虫草害平均发生次数要多于示范村，其中病、虫害平均发生次数均比示范村多 1 次，草害两者发生次数相同。2018 年示范村小麦种植户病虫草害平均发生次数为 5 次，其中病害 2 次，虫害 2 次，草害 1 次；非示范村病虫草害平均发生次数为 7.1 次，其中病害 3.1 次，虫害 3 次，草害 1 次。非示范村小麦病虫害平均发生次数要多于示范村，其中病、虫害平均发生次数均比示范村基本多 1 次，草害两者发生次数相同。2019 年示范村小麦种植户病虫草害平均发生次数为 5 次，其中病害 2 次，虫害 2 次，草害 1 次；非示范村病虫草害平均发生次数为 7.9 次，其中病害 3.3 次，虫害 3.3 次，草害 1.3 次；可以看出，非示范村小麦病虫草害平均发生次数要多于示范村，其中病、虫害平均发生次数比示范村基本多 1～2 次，说明示范村小麦病虫害预防、控制得较好，示范效果较好。

3. 农药使用情况调查结果

（1）水稻农药使用情况

2015 年水稻示范村和非示范村平均用药次数分别为 3.13 次和 3 次，相差基本不大。示范村平均亩用药成本为 9.68 元，非示范村平均亩用药成本 88.95 元。示范村平均亩用药成本远低于非示范村。2015 年示范村水稻种植户的病虫草害平均发生次数比非示范村要略低，在项目专家的指导下，示范村农户增加了用药量，平均亩产量比非示范村增加了 40%，项目实施效果显著。2016 年水稻示范村和非示范村平均用药次数分别为 4 次和 3.1 次，示范村平均用药次数比非示范村多 1 次。示范村平均亩用药成本为 100 元，非示范村平均亩用药成本 72.14 元。示范村平均亩用药成本比非示范村高 27.86 元。2016 年示范村水稻种植户的病虫草害平均发生次数与非示范村相同，示范村用药次数比非示范村多 1 次，但是示范村平均亩产量比非示范村要低 16%。示范村 2016 年平均亩产量比 2015 年低 13%，非示范村 2016 年平均亩产量比 2015 年要高 48%。由此估计，2016 年农药以外的其他因素（旱灾、水灾以及其他气象灾害等）对示范村和非示范村水稻产量的影响更大。2017 年水稻示范村和非示范村平均用药次数分别为 6 次和 7 次，相差基本不大。示范村平均亩用药成本为 65.5 元，非示范村平均亩用药成本 90.0 元。示范村平均亩用药成本远低于非示范村。2017 年示范村水稻种植户的病虫草害平均发生次数比非示范村要略低，在项目专家的指导下，平均亩产量比非示范村增加了 10%，项目实施效果显著。2018 年和 2019 年水稻示范村和非示范村平均用药次数分别为 6 次和 7 次，相差基本不大。示范村平均亩用药成本为 63 元，非示范村平均亩用药成本 92 元。2018 年示范村水稻种植户的病虫草害平均发生次数比非示范村要略低，在项目专家的指导下，平均亩产量比非示范村增加了 10%，项目实施效果显著。其中示范村农户中有一个种植大户，种植面积 9 000 亩，其中自播稻田 6 000 亩，机插秧稻田 3 000 亩，远高于其他农户的种植规模，得益于大批量采购农药的价格优惠，以及大范围平均施药的农药利用率较高，使得农药成本大幅度降低。

（2）小麦农药使用情况

2015 年小麦示范村和非示范村平均用药次数分别为 2.8 次和 3.7 次，非示范村平均用药次数比示范村多 0.9 次。示范村平均亩用药成本为 42.0 元，非示范村平均亩用药成本 64.2 元。示范村平均亩用药成本比非示范村低 22.2 元。2015 年示范村病虫草害发生次数和用药次数均比非示范村低，平均亩产量却低了 20%，说明除病虫草害以外的其他因素对产量影响更大。2016年小麦示范村和非示范村平均用药次数分别为4次和2.5次，示范村平均用药次数比非示范村多1.5次。示范村用药成本由政府提供，非示范村平均亩用药成本为42.9元。2016年示范村的小麦病虫草害发生的次数比非示范村要低1次，用药次数要高1.5次，平均亩产量要高16%，项目实施效果明显。2017年小麦示范村和非示范村平均用药次数分别为3次和4次，非示范村平均用药次数比示范村多1次。示范村平均亩用药成本为23.6元，非示范村平均亩用药成本34.5元。示范村平均亩用药成本比非示范村低10.9元。2017年示范村病虫草害发生次数和用药次数均比非示范村低，平均亩产量却低了10%。这可能是由于病虫草害以外的其他因素造成的，例如气候因素、施药器械不足导致最佳施药时间延误、统一施肥时不同地块地势高度不同导致水肥分布不均匀等。2018年和2019年小麦示范村和非示范村平均用药次数分别为3次和4次，非示范村平均用药次数比示范村多1次。示范村平均亩用药成本为24元，非示范村平均亩用药成本36.5元。示范村平均亩用药成本比非示范村低12.5元。

4. 作物产量影响评估报告

2015年示范村水稻平均亩产量为599kg，非示范村平均亩产量为425kg，示范村比非示范村平均亩产量高了174kg。需要说明的是示范村中有一个种植大户亩产量600kg，其余的种植户亩产量在400~450kg，与非示范村种植户的水稻平均亩产量差不多。2016年示范村水稻平均亩产量为525kg，非示范村平均亩产量为629kg，示范村平均亩产量比非示范村低104kg。2017年示范村水稻平均亩产量为600kg，非示范村平均亩产量为540kg，示范村比非示范村平均亩产高了60kg。2018年示范村水稻平均亩产量为620kg，非示范村平均亩产量为530kg，示范村比非示范村平均亩产高了90kg。2019年示范村水稻平均亩产量为598kg，非示范村平均亩产量为521kg，示范村比非示范村平均亩产高了77kg。需要说明的是示范村中只有一个种植大户，亩产量598kg。

2015年示范村小麦平均亩产量为378kg，非示范村平均亩产量为478kg，示范村平均亩产量比非示范村低100kg。2016年示范村小麦平均亩产量为410kg，非示范村平均亩产量为355kg，示范村平均亩产量高出非示范村55kg。2017年示范村小麦平均亩产量为300kg，非示范村平均亩产量为325kg，示范村平均亩产量比非示范村低25kg。2018年示范村小麦平均亩产量为330kg，非示范村平均亩产量为310kg，示范村平均亩产量比非示范村高出20kg。2019年示范村小麦平均亩产量为345kg，非示范村平均亩产量为308kg，示范村平均亩产量比非示范村高出37kg。

经调查分析，项目区通过开展作物生产减排增碳的关键技术集成与示范、配套政策的创新与应用、公众知识的拓展与提升等活动，对作物产量产生了不同程度的影响。与非项目区相比，项目区的总体产量高于非项目区总体产量。

2015 年水稻示范村平均亩产量比非示范村高，说明示范技术得到了较好推广；2016 年水稻非示范村平均亩产量高于示范村，主要原因是非示范村病虫害发生次数要小于示范村。2017—2019 年水稻的示范村平均亩产量比非示范村高，说明示范技术在项目区得到了较好推广。

2015 年示范村小麦平均产量比非示范村低，结合病虫害发生情况可知，这主要是由于病虫草害以外的其他因素造成的。2016 年小麦示范村比非示范村亩产量要高。2017 年示范村小麦平均产量比非示范村略低，这可能是由病虫草害以外的其他因素造成的，例如气候因素、示范区施药器械不足导致最佳施药时间延误、示范区不同地块的地势高度不同导致水肥分布不均匀等。2018 年和 2019 年小麦的示范村平均产量比非示范村高，说明示范技术在项目区得到了较好推广。

项目对作物产量产生了不同程度的影响，主要是对示范村和非示范不同作物的平均产量和亩均产量影响，且作物产量在示范村和非示范村间没有稳定的大小关系。项目区个别农户的这两种产量理论与实际出现相反的情况，造成这种情况可能的原因：自然因素，如水灾、旱灾、突发天气影响等；人为因素，如农户对新技术接受积极性不高，还按照原来的种植技术继续种植；农户综合素质欠缺，对国家政策或新技术不能完全理解，使得技术未能按照预想的思路得到推广。针对这些可能的因素，应该从客观和主观两个方面着手，更进一步推广新技术，从而提高作物产量，实现农业可持续发展。

5. 药械使用情况调查报告

(1) 水稻药械使用情况

2015 年水稻示范村和非示范村均采用常规喷雾器喷药，在项目专家的指导下，示范村农户增加了用药量，亩均产量比非示范村增加了 40%，项目实施效果显著。2016 年水稻示范村和非示范村均采用常规喷雾器喷药，示范村 2016 年亩均产量比 2015 年低 13%，非示范村 2016 年亩产量比 2015 年要高 48%。由此估计，2016 年农药以外的其他因素（旱灾、水灾以及其他气象灾害等）因素对示范村和非示范村水稻产量的影响更大。2017 年、2018 年和 2019 年水稻示范村水稻示范区采用的施药方式是大型宽幅施药机施药，非示范区采用的是普通背负式电动喷雾器施药。在安徽怀远县试验中测得的结果显示，使用大型宽幅施药机的农药有效利用率（56.6%）高于使用普通背负式电动喷雾器的农药有效利用率（52.4%）。需要说明的是 2017 年和 2018 年示范村农户只有一个种植大户，种植面积 9 000 亩，示范区的数据以该种植大户的数据为主。

(2) 小麦药械使用情况

2015 年小麦示范村和非示范村均采用常规喷雾器进行施药，示范村病虫草害发生次数和用药次数均比非示范村低，亩均产量却低了 20%。除病虫草害以外的其他因素对产量影响更大。2016 年小麦示范村和非示范村均采用常规喷雾器进行施药，示范村的小麦病虫草害发生的次数比非示范村要低 1 次，用药次数要高 1.5 次，亩产量要高 16%，项目实施效果明显。2017 年、2018 年和 2019 年安徽怀远县示范区小麦采用的施药方式是大型宽幅施药机，非示范区小麦种植农户采用的是普通背负式电动喷雾器施药。安徽怀远县的试验结果显示，使用大型宽幅施药机的农药有效利用率（56.6%）高于非示范区使用普通背负式电动喷雾器的农药有效利用率（52.4%）。这一结果表明，要达到相同的防治效果，非示范区平均用药次数要比示范区多 1 次，从而使得非示范区每亩平均用药成本（34.5 元）也高于示范村用药成本（23.6 元）。

6. 问题与建议

（1）非项目因素对项目实施效果的影响及建议

项目作物产量的影响可能受到农户种植习惯、水灾、旱灾以及各种气象灾害和人为因素的影响，项目实施效果的评价需要全面考虑各种因素的综合影响。建议将影响作物产量的其他因素考虑在内，剥离掉非项目因素对项目实施效果的影响，以便对项目的实施效果进行科学评价。

（2）关于项目实施的建议

调研发现示范村与非示范村农户用药情况较复杂，需要在今后的项目实施中结合实际情况对示范村与非示范村农户用药的合理性进行科学评价。

（3）调研对象选择

项目实施中在调研对象方面，年际示范村与非示范村之间整齐性差，户数有多有少，种植规模有大有小，难以进行科学对比。建议选择固定的农户进行长期监测，提高项目调研的科学性。

（4）药械使用

项目区新采购的大型宽幅施药机与无人机应尽快大规模应用起来，以便进行项目区新型器械的药效调查及使用情况调查。

（四）社会影响监测与评价

1. 项目背景与调研情况

随着国际社会对气候变化、温室气体减排和粮食安全的日趋重视，农田土壤固碳减排技术研究得到了科学界的空前关注，并逐步在各国农业生产中得到了广泛应用。气候智慧型农业旨在不降低作物生产力水平的前提下，提高农田土壤固氮能力，同时减少田间温室气体排放量，并采取多样性的栽培管理模式，以增强作物生产对气候变化的适应性。

中国的气候条件、土地资源以及种植制度都具有明显的区域特征，固碳减排技术在各个地区有不同的要求和效果，某些管理措施由于影响产量而难以持续推广。小麦、水稻、玉米为我国三种主要粮食作物，其总产量占中国粮食产量的85%以上。我国华北和华东等粮食主产区承担着保障粮食安全的重任，其粮食作物播种面积和粮食产量分别占全国粮食作物总面积和总产量的63%和67%。同时，粮食主产区也面临着有机碳损失严重、氮肥施用量大等问题以及固碳迫切、温室气体节能减排潜力巨大的现实需求。因此，在粮食主产区推广应用保障粮食产量前提下的节能与固碳技术，并进行示范与减排效果评价，不仅可以提高土壤肥力和生产力、减缓土壤中温室气体的排放，也是我国保持农业可持续发展的战略选择。

怀远县地处皖北，淮河中游，位于北纬 $32°43'\sim30°9'$、东经 $116°45'\sim117°19'$。县域总面积 $2\,192km^2$，总人口33万。项目区万福镇位于怀远县西南部，距离县城40km左右。项目区全部为平原地区，内有两条河，分别为芡河和茨淮新河。全年平均温度15.8℃，最高月（7月）平均温度为28.6℃，最低月（1月）为1.5℃；年降水量为791.6mm，最大降水月份（7月）为188.1mm，最低降水月（1月）为7.6mm；日照时数累积 $1\,889.8h$，最大月份（4月）为207.7h，最低月份（2月）为90.7h。无霜期平均219d。

2017年在安徽省怀远县走访了2个项目村，分别是砖桥村和刘楼村，除了2户大户外，还选择了流转出土地的农户40户进行了调研。为了进行项目效果的对比分析，选了5个非项目村分别是孙庄村、找母村、陈安村、镇东村和镇南村，每个村选择了15户农户进行调研。项目组成员与村干部交流填写了村级问卷调查，详细了解7个村的社会经济情况、农作物种植情况、土地流转情况和合作社发展状况，共收回有效问卷117份。2018年调研集中在怀远县万福镇和兰桥乡的8个村，其中包括万福镇的4个项目村，分别为刘楼村、砖桥村、镇南村和镇东村；另外4个非项目村，分别为回民新村、孙庄村、找母村和陈安村，共计收回有效问卷97份。2019年项目团队成员在安徽省怀远县调研气候智慧型主要粮食作物生产项目对当地社会经济发展及生态发展的影响。调研集中在怀远县万福镇的8个村，包括镇南村、镇东村、找母村等，共计收回有效问卷100份。

2. 项目实施的经济社会效果评价

(1) 稳产量降投入，促进增产增收

主要粮食作物产量稳中有升。2016—2019年怀远县项目区和非项目区水稻平均单产分别为 $8\,009kg/hm^2$ 和 $8\,004kg/hm^2$，非项目区水稻单产呈下降趋势，下降速率约为每年 $230kg/hm^2$，从2016年项目实施之后，2017—2019年项目区水稻单产均高于非项目区。2016—2019年怀远县项目区和非项目区小麦单产均呈先降低后回升的现象，项目区和非项目区小麦平均单产分别为 $4\,685kg/hm^2$ 和 $4\,413kg/hm^2$；项目区小麦平均单产均高于非项目区，2016—2018年项目区与非项目区之间的小麦产量差值以平均每年 $250kg/hm^2$ 的速率上升，2019年有小幅回落。2016—2019年怀远县麦-

稻轮作系统项目区与非项目区单产分别以每年 374kg/hm² 上升和 76kg/hm² 下降，4 年平均单产分别为 12 695kg/hm² 和 12 418kg/hm²，从 2016 年项目实施之后，2017—2019 年项目区麦-稻周年单产均高于非项目区，平均高出约 615kg/hm²。

主要粮食作物种植成本逐步下降。2016—2019 年怀远县项目区与非项目区水稻种植成本分别以平均每年 52 元/hm² 和 79 元/hm² 下降，4 年平均成本分别为 8 350 元/hm² 和 8 390 元/hm²，项目区种植成本相对较低。2016—2019 年怀远县项目区与非项目区小麦种植成本分别以每年 107 元/hm² 和 112 元/hm² 下降，4 年平均成本分别为 6 500 元/hm² 和 6 618 元/hm²，项目区比非项目区平均低了 118 元/hm²。2016—2019 年怀远县项目区与非项目区麦-稻周年种植成本分别以平均每年 159 元/hm² 和 191 元/hm² 下降，4 年平均成本分别为 14 850 元/hm² 和 15 010 元/hm²，项目区比非项目区平均低了 160 元/hm²。

主要粮食作物生产成本的整体下降，体现了气候智慧型主要粮食作物生产项目的积极成效。然而农业生产成本依旧处于较高水平，项目区较高的农业生产投入，一方面保障了粮食的产出，另一方面也增加农民的支出负担，限制农业经营性收入的持续增加。

主要粮食作物单位面积收益稳定向好。2016—2018 年怀远县水稻和小麦单位面积收益总体均呈下降趋势，在 2019 年均有较大回升。项目区和非项目区 4 年水稻平均单位面积收益分别为 11 706 元/hm² 和 11 603 元/hm²；自 2016 年项目实施以来，2017—2019 年项目区水稻单位面积收益均高于非项目区，3 年平均高出 780 元/hm²。2016—2019 年怀远县项目区与非项目区小麦平均单位面积收益分别为 2 835 元/hm² 和 2 226 元/hm²；项目区单位面积收益均高于非项目区，4 年平均高出约 609 元/hm²。2016—2018 年怀远县项目区与非项目区麦-稻周年轮作系统单位面积收益变化较小，但 2019 年却相较于 2018 年分别增加了 57.4% 和 68.0%；项目区和非项目区 4 年平均单位面积收益分别为 14 540 元/hm² 和 13 829 元/hm²，项目区单位面积收益比非项目区高出约 711 元/hm²。

农业机械化程度逐步提高，生产效率大幅提升。近几年来，在项目支持下和国家农机补贴下，项目县的机械化率不断提高，怀远县农业机械总动力达到 277 万 kW，拥有各类拖拉机 17.5 万台，其中大中型拖拉机约 5 500 台，联合收割机约 6 400 台，农机结构不断优化，装备水平持续提高。

伴随着农业机械的持续增加，以农机合作社形式和个人开展的农业社会化服务蓬勃兴起。从调研情况来看，怀远县水稻的机耕、机播和机收率在 90% 以上，小麦的机耕、机播和机收率在 85% 以上。安徽地发农业科技有限公司甚至使用无人机等先进的农业生产设备进行生产，极大地提高了效率，节省了大量劳动力。农业生产的机械化和社会化服务在提高农业生产效率的同时，极大减轻了农民的劳动负担，节约了劳动时间，增加了农民的社会福利。

新型种养模式在探索中发展。随着稻田养虾、稻田养鸭等新型种养模式的探索与实施，农业增产增效得到了进一步推动。稻田养鸭仅在鸭子生长初期补充喂食，后期主要靠水中的杂草和害虫等养肥鸭子。庄稼不用除草、喷洒农药，绿色环保，鸭子野外放养，成本低肉质好，市场前景广阔。2018 年，安徽地发农业科技有限公司在 3 000 亩稻田开展了稻田养鸭，出售新品种南粳米 165 万 kg，销售价格在 3.56～5.6 元/kg，销售额达到 720 万元，粮食收入远高于普通的水稻种植；稻田养鸭 30 000 只，生长周期仅需 130d，鸭子销售价为 16 元/kg，鸭子净利润为 12 元/只，鸭子纯收入达 36 万元。此外，企业还开展了稻虾新型种养殖模式，在 500 亩稻田饲养大虾，每亩稻米可新增 5 000 元大虾销售额，每亩大虾的净利润达到 2 900 元。在项目的支持和推动下，项目区内还在不断探索和完善水稻泥鳅和莲藕鸭等新模式，不仅取得了经济效益和生态效益的双丰收，还实现了农户、农业企业、村集体等多赢，为农村种养结合模式的发展和农业增产增效提供了较好思路和宝贵经验。

（2）减肥减药，促进节能减排

主要粮食作物化肥用量逐年减少。2016—2019 年怀远县水稻化肥用量呈先上升后下降的趋势，项目区与非项目区 2016—2019 年水稻化肥平均用量分别为 1 065kg/hm^2 和 1 059kg/hm^2，2016—2019 年项目区与非项目区水稻化肥用量差逐年减小，以每年 22kg/hm^2 的速率下降，从 2017 年开始，项目区水稻化肥用量便与非项目区相等，2018 年以后便少于非项目区。2016—2019 年怀远县小麦化肥用量整体呈下降趋势，项目区与非项目区分别以每年 26kg/hm^2 和 4kg/hm^2 的速率减少，项目区与非项目区 2016—2019 年小麦化肥平均用量分别为 980kg/hm^2 和 960kg/hm^2，2016—2019 年项目区与非项目区小麦化肥用量差逐年减小，以每年 20kg/hm^2 的速率下降，从 2019 年开始，项目区小麦化肥用量少于非项目区。2016—2019 年怀远县麦-稻轮作系统中，化肥用量整体呈下降趋势，项目区与非项目区 4 年平均化肥用量分别为 2 047kg/hm^2 和 2 016kg/hm^2；目前，虽然项目区总体化肥用量较高，但与非项目区之间的差距逐年减小，有稳中向好的发展态势。

整体上来说，化肥使用量减少，体现了项目中的关键部分——农田化肥减量施用技术示范应用的成功，但从绝对数量来说，项目区的化肥使用量仍然较大，有待进一步的减量施用。

主要粮食作物农药使用次数逐年减少。2016—2019 年怀远县水稻农药用药次数呈显著下降趋势，项目区和非项目区分别以每年 0.3 次和 0.2 次的速率下降，4 年平均用药次数均为 5.3 次；4 年来项目区与非项目区之间农药使用次数的差距逐渐减小，到 2017 年项目区平均农药使用次数已经低于非项目区。2016—2019 年怀远县小麦农药用药次数整体呈下降趋势，项目区以每年 0.1 次显著下降，非项目区 2016—

2018 年下降幅度较大，3 年平均每年下降 0.2 次，2016—2019 年 4 年平均降幅较小，为每年 0.1 次；2016—2019 年项目区与非项目区之间小麦用药次数的差距以每年 0.1 次的速率下降，2017—2019 年下降较快。2016—2019 年怀远县麦-稻轮作系统用药次数呈显著减少趋势，项目区与非项目区分别以每年 0.5 次和 0.3 次的速率下降，4 年平均用药次数分别为 9.3 次和 9.4 次；4 年来项目区与非项目区之间用药次数的差距逐渐减小，2018 年项目区用药次数稍低于非项目区。

2016—2019 年怀远县实施气候智慧型主要粮食作物生产项目后，麦-稻轮作系统化肥用量基本维持稳定，而非项目间则以每年 64kg/hm² 的速率持续增长，同时该系统项目区用药次数与非项目区相比以较快的速率减少。

秸秆还田率升高，农民绿色可持续发展意愿增强。秸秆还田是气候智慧型主要粮食作物生产项目的一项关键技术，既是培肥地力的增产措施，也是固碳减排的核心技术，减排效果明显。秸秆中含有大量的新鲜有机物料，在归还于农田之后，经过一段时间的腐解作用，就可以转化成有机质和速效养分。秸秆还田能增加土壤有机质，改良土壤结构，使土壤疏松，孔隙度增加，容量减轻，促进微生物活力和作物根系的发育，改善土壤理化性状，也可供应一定的钾等养分。秸秆还田可促进农业节水、节成本、增产、增效。秸秆还田增肥增产作用显著，一般可增产 5%～10%。项目实施以来，项目区已经实现了 90% 的秸秆还田率，效果极佳。

农民科技环保等观念逐步增强，节能减排意愿持续提高。怀远县调研中 81% 农户表示愿意接受统一的配方施肥；80% 的农户愿意接受统一的病虫害防治；75% 的农户表示气候的变化对农业生产是有影响的，且大多为负面影响；83% 的农户认为农业科技对于解决当前农业难题非常重要。整体而言，项目区农民的农业科技意识、环保意识都有较大和较高的提升，已经从认知上接受气候智慧型主要粮食作物生产项目的理念，有从行动上跟随的意愿。

（3）带动弱势群体，助力脱贫攻坚

气候智慧型主要粮食作物生产项目积极结合乡村振兴战略和精准扶贫工作，十分重视对弱势群体的照顾；在项目实施过程中，对妇女、老人、残疾人等弱势群体以及贫困户进行最大程度地帮扶和带动。

怀远县参加气候智慧型主要粮食作物生产项目的农户中贫困户占比达 7.5%，参加项目培训的农户中贫困户占比达到 18%，参加培训的人员中贫困人口约占 23%，参加培训的妇女占比高达 58%。村均吸纳残疾人就业人数为 14 人，其人均收入可达 3 820 余元；村均吸纳女性就业人数为 250 人，人均收入可达 4 300 元；村均吸纳老年人就业人数 330 人，人均收入可达 4 000 余元。

第八章

中国气候智慧型麦-玉生产实践与探索

提　要

　　气候智慧型麦-玉生产技术实践主要围绕固碳减排新材料、固碳减排新模式和保护性耕作与配套栽培技术等方面展开，通过近5年的试验和模式集成示范，阐明了脲酶抑制剂、硝化抑制剂和生物炭肥等固碳减排新材料在减少温室气体排放、提高资源利用效率方面的良好效果；探索了冬小麦-夏花生和冬小麦-夏大豆等新型气候智慧型农业生产模式的固碳减排和稳产增收效应；明确了保护性耕作在麦-玉系统固碳减排和稳产增效的作用。通过开展气候智慧型农业理念及相关技术培训、作物高产高效的管理培训技术与指导、作物生产保护性耕作技术和作物绿色综合防治技术等活动推动气候智慧型农业理念和技术的普及应用。通过固碳减排、环境效应、病虫害管理和社会影响等方面的监测与评价，通过5年的跟踪调研，系统对比分析了项目区与非项目区农户麦-玉种植系统病虫害发生频率、农药使用情况、机械化程度、作物产量、农业生产成本以及土壤碳储量的差异，阐明了气候智慧型农业应用效果，定量评估了气候智慧型农业的推广可行性和社会影响力。总体而言，气候智慧型项目的实施有力推动了项目区作物生产固碳减排、环境绿色生态发展和农户稳产增收。

一、气候智慧型麦-玉生产技术实践

　　为提高麦-玉生产系统的土地质量，减少农业生产过程中温室气体的排放，项目组2015—2018年在叶县分别开展了固碳减排新材料筛选与示范试验、固碳减排新模式试验和保护性耕作与配套栽培技术试验。其中，新材料主要包括生物炭肥（BN）、硝化抑制剂（双氰胺）（DCD）、脲酶抑制剂（氢醌）（HQ）和高分子聚合物包膜尿素（PCU）；新模式主要包括小麦-玉米、小麦-花生和小麦-大豆轮作模式；保护性耕作与配套栽培技术主要包括免耕（NT）、旋耕（RT）和翻耕（CT）3种耕作方式以及无氮（NN）、低氮（LN）和常规施氮（CN）3种施肥处理。

通过对以上试验土壤酶活性、氮矿化速率、温室气体排放以及作物产量进行分析，结果表明：①脲酶抑制剂和硝化抑制剂的施用均可以降低土壤蔗糖酶和脲酶活性，然而施用高分子聚合物包膜尿素和生物炭肥却可以提高土壤蔗糖酶活性；②脲酶抑制剂和硝化抑制剂的施用均可以减少土壤中铵态氮向硝态氮转化，以脲酶抑制剂和硝化抑制剂配施抑制效果最好，相较于常规施肥，该处理下的土壤铵态氮浓度提高了65.18%，硝态氮浓度降低了56.14%；③各种固碳减排新材料的使用均会在一定程度上减少冬小麦季温室气体的排放，高分子聚合物包膜尿素的减排效果最为明显；④硝化抑制剂和生物炭肥的使用会提高小麦产量；⑤小麦-花生和小麦-大豆轮作模式相较于小麦-玉米轮作模式能有效降低农田温室气体排放；⑥翻耕有利于提高土壤蔗糖酶和脲酶活性，施氮量的增加可以使土壤蔗糖酶活性提高，但对脲酶活性无明显影响；⑦免耕＋常规施氮（NT＋CN）和翻耕＋低氮（CT＋LN）减排效果表现最好；⑧旋耕和免耕方式下，土壤氮素净矿化速率较高，减少氮肥用量会降低土壤氮素净矿化速率；⑨翻耕＋常规施氮（CT＋CN）既有利于小麦出苗，又能使小麦获得较高产量。

综上所述，通过利用合适的固碳减排新材料，适当增加花生、大豆的种植面积，结合合理的耕作措施及栽培调控措施，对于该地区气候智慧型农业的发展具有重要的实践意义。

（一）农田固碳减排新材料筛选与示范

氮肥的施用量逐年增加是我国农业实际生产中存在的一个重要问题。尿素施入土壤后，在尿素水解专一性酶——脲酶的作用下，可以在短时期内大量转化为铵态氮，导致严重的氨挥发和肥料损失，最终造成农田温室气体排放增加。目前，关于提高氮肥利用效率的调控措施的研究多集中在通过添加脲酶/硝化抑制剂来提高肥料稳定性和生产包膜控释尿素的方法及其影响上，以往的研究往往局限于单一类型肥料的研究，鲜有对不同的氮肥调控措施进行对比分析。因此，研究分析不同氮肥调控措施，从中筛选出能够减少温室气体排放、降低氮肥施用负效应的新途径，对农田生态文明建设及全球变暖趋势的缓解意义重大。本研究试图在田间通过氮肥管理措施优化，研究脲酶/硝化抑制剂添加及包膜肥料施用对麦田土壤氮素转化、温室气体排放、小麦产量的影响及其调控机理，以期为本区域发展农田温室气体减排的施肥模式提供理论依据。

项目组于2015年10月开始在河南省叶县龙泉乡全集村开展固碳减排新材料筛选

试验，2017年10月至2019年10月进行新材料应用示范（图8-1）。在项目区选择代表性地块设置相应的田间定位试验，比较秸秆还田和利用生物炭等新材料对小麦-玉米种植模式下作物生长发育、产量、温室气体排放及土壤碳氮变化的影响。本研究中新材料包括生物炭肥、硝化抑制剂（双氰胺）、脲酶抑制剂（氢醌）、高分子聚合物包膜尿素，生物炭单位用量为 $0.5kg/m^2$（合5 000 kg/hm^2，相当于全年秸秆的生物炭转化量），硝化抑制剂单位用量为 $1g/m^2$（合10 kg/hm^2）、脲酶抑制剂单位用量为 $0.1g/m^2$（合1 kg/hm^2）、高分子聚合物包膜尿素单位用量为 $45g/m^2$（合450 kg/hm^2）。设置4种氮肥调控措施处理，分别为尿素＋硝化抑制剂（U＋DCD），尿素＋脲酶抑制剂（U＋HQ），尿素＋脲酶抑制剂＋硝化抑制剂（U＋HQ＋DCD），以常规施肥（U）做对照，其余生产管理措施与当地常规一致。

2018年采用田间小区试验的方法，在秸秆还田的基础上，设置6种氮肥调控措施处理：常规施肥（U）、尿素＋硝化抑制剂（U＋DCD）、尿素＋脲酶抑制剂（U＋HQ）、尿素＋硝化抑制剂＋脲酶抑制剂（U＋DCD＋HQ）、高分子聚合物包膜尿素（PCU）和生物炭肥（BN）。供试作物为冬小麦（周麦27），以等氮量（纯氮量225 kg/hm^2）为施肥原则，各处理氮（N）、磷（P_2O_5）、钾（K_2O）的施用量分别为225 kg/hm^2、75 kg/hm^2 和150 kg/hm^2，抑制剂与肥料混合均匀施用，脲酶抑制剂和硝化抑制剂的用量分别为尿素用量的 0.5％ 和 5％。氮肥分2次施入，60％作基肥施用（2017年10月12日），剩余40％在小麦拔节期进行追施（2018年3月31日）。于2017年12月及2018年2月、3月、4月和5月完成小麦各生长时期土壤性状的调查和相关指标的测定（图8-1）。

图8-1 麦-玉生产系统农田固碳减排新材料筛选与示范

1. 不同氮肥调控措施对土壤酶活性的影响

蔗糖酶活性与土壤有机质、氮、磷含量及微生物数量、土壤呼吸强度等高度相关。2016年和2017年试验结果表明，脲酶抑制剂和硝化抑制剂的施用均可以降低土壤蔗糖酶活性，然而施用高分子聚合物包膜尿素和生物炭肥却可以提高土壤蔗糖酶活性。不同生长期，尿素＋脲酶抑制剂处理土壤蔗糖酶活性在所有处理中均为最低，表明脲酶抑制剂很好地发挥了对蔗糖酶的抑制作用。尿素＋硝化抑制剂和尿素＋硝化抑制剂＋脲酶抑制剂处理在追肥后也不同程度地降低了土壤蔗糖酶活性。小麦进入返青期之后，不同的氮肥调控措施下土壤蔗糖酶活性都呈现先上升后下降的趋势，且在追肥过后出现峰值。追肥后增大了反应底物的浓度，同时土壤中铵态氮浓度也急剧升高，加速了土壤有机体的分解，土壤中有机质的含量不断增加，土壤蔗糖酶活性也出现升高的趋势。

脲酶的酶促反应产物氮是植物氮源之一，施入土壤中的尿素只能在脲酶的参与下才能水解，其活性大小能够反映土壤养分供给水平，是土壤中氮转化速度和呼吸强度高低的体现。试验结果表明，不同的新材料作用下，土壤脲酶活性存在差异，但均不同程度降低了土壤脲酶活性，其中脲酶抑制剂的添加对土壤脲酶活性降低作用最大。小麦从返青期到拔节期，所有处理中土壤脲酶活性都有所减低，表明小麦进入返青期后生长迅速，不断消耗土壤养分，从而导致脲酶活性的下降。随着追肥后养分的供给，小麦生长旺盛，地下根系发达且生物及微生物活动旺盛，激发了脲酶的活性，各处理的土壤脲酶活性均迅速上升，之后趋于稳定，在 4～20d 后开始下降。

2. 不同氮肥调控措施对土壤矿质氮的影响

不同的氮肥调控措施中，尿素＋脲酶抑制剂、尿素＋硝化抑制剂和尿素＋硝化抑制剂＋脲酶抑制剂均可降低土壤硝态氮浓度，发挥良好的氮素调控作用。试验结果表明，与常规施肥相比，同一时期添加抑制剂处理的土壤硝态氮含量较低，表明脲酶抑制剂和硝化抑制剂均可以抑制土壤铵态氮向硝态氮的氧化转化，使土壤硝态氮浓度有所降低，以脲酶抑制剂和硝化抑制剂配施抑制效果最好，硝态氮浓度最大降低幅度为56.14％。小麦生长过程中，所有处理的硝态氮浓度从施肥播种后不断上升直至出现峰值，随着小麦的生长期推进逐渐下降，最后在成熟期硝态氮浓度几乎达到一样的水平。尿素施入土壤后，在脲酶的作用下分解生成铵态氮，铵态氮很容易被氧化为硝态氮，此时土壤中硝态氮的含量大大升高。然而土壤中的硝态氮累积后，通过淋失、被吸收和反硝化损失等多种途径，使得不同氮肥措施的土壤硝态氮降到相近水平。

2017 年试验结果表明，尿素＋脲酶抑制剂、尿素＋硝化抑制剂和尿素＋硝化抑制剂＋脲酶抑制剂处理均可使土壤中铵态氮浓度升高，降低土壤硝态氮浓度，发挥良好的氮素调控作用。冬小麦苗期，与常规施肥相比，尿素＋脲酶抑制剂和尿素＋硝化抑制剂处理的土壤铵态氮含量较高；表明脲酶抑制剂和硝化抑制剂很好地发挥了作用，让土壤中铵态氮浓度水平得到了提升。尿素＋硝化抑制剂＋脲酶抑制剂模式也以提高铵态氮浓度，使得小麦成熟期土壤铵态氮浓度仍保持在较高水平。不同的氮肥调控措施下，土壤铵态氮浓度在追肥之后均出现峰值；环境温度及土壤水分均充分满足尿素的分解条件，从而导致土壤铵态氮浓度大幅提升，而氮肥调控措施又使得土壤铵态氮得以长时间保存。与常规施肥相比，尿素＋脲酶抑制剂、尿素＋硝化抑制剂和尿素＋硝化抑制剂＋脲酶抑制剂处理下的土壤铵态氮浓度分别提高 49.15％、86.18％和 65.18％。

3. 不同氮肥调控措施对农田温室气体排放的影响

(1) N_2O 排放

硝化抑制剂的添加可以有效降低农田 N_2O 的排放。试验结果表明，N_2O 排放的峰值通常出现在基肥期和追肥期，N_2O 排放在拔节追肥期间变化速率较为剧烈，表现为排放。不同固碳减排新材料中，常规施肥模式下 N_2O 排放峰值最大［0.18mg/$(m^2 \cdot h)$，以 N 计］；硝化抑制剂的峰值仅为 0.11mg/$(m^2 \cdot h)$。在小麦播种后，田间土壤水分及温度条件适宜，施入土壤中的肥料分解速度较快，而此时小麦幼苗的土壤养分吸收能力较弱从而导致氮素盈余，为 N_2O 的生成提供了充足的氮源。随着小麦对氮素吸收能力的增强及氮源数量的减少，N_2O 排放通量也逐渐减少，在小麦越冬期排放通量最低，仅为 0.01mg/$(m^2 \cdot h)$。小麦进入返青期后，随着气温的逐步回升，N_2O 的排放量也有所升高，在追肥后迅速增高，并出现排放峰值。随后 N_2O 的排放量逐渐降低，直到小麦成熟时，排放强度降至较低水平。在小麦整个生长过程中，尿素＋硝化抑制剂、尿素＋硝化抑制剂＋脲酶抑制剂措施相较于常规施肥均不同程度降低了 N_2O 的排放，表明硝化抑制剂的施加，会对土壤硝化作用产生抑制作用，从而减少 N_2O 排放。

(2) CO_2 排放

各种固碳减排新材料的使用均能降低土壤 CO_2 的排放，其中，高分子聚合物包膜尿素和脲酶抑制剂的减排效果显著。CO_2 排放在施基肥播种后有一定的排放小高峰，在拔节追肥期间排放通量最大。不同固碳减排新材料中，常规施肥模式下的 CO_2 排放峰值最大，为 619.95mg/$(m^2 \cdot h)$（以 C 计），使用高分子聚合物包膜尿素的 CO_2 排放峰值最低，仅为 419.41mg/$(m^2 \cdot h)$（以 C 计）。小麦播种后，受肥料及土地翻耕等因素的影响，CO_2 排放通量保持在较高水平，随着气温下降及土壤水分的减少，CO_2 排放通量逐渐降低，在越冬期出现最小值，仅为 3.90mg/$(m^2 \cdot h)$。小麦进入返青期后，小麦植株和根系生长速度加快，同时土壤微生物活性增加，土壤的呼吸速率也随之增加，因此促进了 CO_2 排放通量的升高。在追肥后小麦拔节至开花期，CO_2 排放通量出现峰值，呈现出 U［619.95mg/$(m^2 \cdot h)$］＞U＋DCD［613.83mg/$(m^2 \cdot h)$］＞U＋HQ＋DCD［566.59mg/$(m^2 \cdot h)$］＞U＋HQ［482.86mg/$(m^2 \cdot h)$］＞PCU［419.41mg/$(m^2 \cdot h)$］，高分子聚合物包膜尿素和尿素＋脲酶抑制剂处理显著降低了 CO_2 排放通量的峰值（$P < 0.05$）。

(3) CH_4 排放

不同固碳减排新材料中，常规施肥模式下 CH_4 吸收峰值最大［0.21mg/$(m^2 \cdot h)$，以 C 计］，生物炭肥处理的 CH_4 吸收峰值最小［0.10mg/$(m^2 \cdot h)$］。在小麦的整个生长过程中，农田CH_4排放曲线波动起伏较大，交换通量均表现为吸收。小麦刚播种后，不同氮肥调控措施下麦田对CH_4的吸收通量较大，这可能是由于翻耕等措施使得土壤结构蓬松，土壤中O_2含量充足，甲烷氧化菌活性较高而产甲烷菌活性受到抑制，土壤对CH_4氧化作用较强。在CH_4排放曲线中，不同处理下CH_4的吸收量在灌溉后均下降，这可能跟灌溉后土壤含水率（19.30%）较高，致使土壤中有效空隙减少，大气CH_4和O_2向土壤迁移运动受到阻碍，扩散量减少，反应底物和O_2的缺乏使得甲烷氧化菌活性下降，从而导致CH_4的吸收量也下降。此时CH_4的吸收量下降的另一可能原因是追肥后，土壤中NH_4^+含量升高，过多的NH_4^+与CH_4发生竞争，共同争夺甲烷氧化酶的活性位点，从而导致土壤氧化吸收CH_4的能力下降。

（4）综合温室气体排放

不同的氮肥调控措施较常规施肥均有效减少了N_2O累积排放量，减排效果呈现U＋DCD＞PCU＞U＋HQ＞U＋HQ＋DCD的规律，与常规施肥相比，分别使得N_2O排放降低了62.24%、51.88%、13.05%和5.40%。常规施肥处理下CO_2累积排放量最大为5 701.17kg/hm^2（以C计），尿素＋脲酶抑制剂、尿素＋硝化抑制剂＋脲酶抑制剂和高分子聚合物包膜尿素处理均显著减少了CO_2的排放量，尿素＋硝化抑制剂措施也能够有效降低CO_2的排放，但未达到显著水平。高分子聚合物包膜尿素调控措施下CO_2累积排放量最小为3 812.78kg/hm^2，减排效率达到33.12%。CH_4的累积吸收量最大发生在常规施肥处理的农田里，累积吸收量为4.77kg/hm^2，其他氮肥措施作用下，农田CH_4吸收量均低于常规施肥处理，并都达到显著水平（$P<0.05$），尿素＋硝化抑制剂＋脲酶抑制剂措施下CH_4吸收量最小，仅为1.53kg/hm^2。综合考虑不同氮肥调控措施对土壤氮素转化、温室气体排放及小麦产量的影响，尿素＋硝化抑制剂和高分子聚合物包膜尿素措施较常规施肥措施有明显的优势，在该区域今后的实际生产中，可以采用氮肥配施硝化抑制剂和包膜尿素的调控措施。

不同抑制剂对小麦田的单位产量温室气体排放表现为：U＋HQ＋DCD＞U＞U＋HQ＞PCU＞BN＞U＋DCD。不同固碳减排新材料表现为尿素＋硝化抑制剂效果最佳，尿素＋硝化抑制剂＋脲酶抑制剂效果不理想，二者相差4倍左右，原因可能在于一方面尿素＋硝化抑制剂＋脲酶抑制剂可能存在潜在的相互作用，另一方面对植物的产量也有较大影响，尿素＋硝化抑制剂＋脲酶抑制剂处理的小区产量最低。综合比较不同固碳减排新材料处理的使用成本和潜在环境效益，本研究认为使用高分子聚合物包膜尿素和生物质炭肥处理对示范区的推广具有较大可行性，能达到预期效果，这两个处理的GHGI分别为0.099kg/kg（以CO_2计）和0.080kg/kg，且产量也较其他处理具有比较优势。

4. 不同固碳减排新材料对冬小麦产量及产量构成因素的影响

不同固碳减排新材料对产量及产量构成因素的影响不同，对产量影响较大而对千粒重影响较小，产量三要素中对影响产量最大的因素为穗粒数，其中硝化抑制剂和脲酶抑制剂的叠施（U＋DCD＋HQ），会造成一定程度的减产。单施硝化抑制剂和生物炭肥会增加小麦产量，其中生物炭肥处理较对照增产 7.7%，双抑制剂减产 23.2%。综合考虑不同氮肥调控措施对土壤氮素转化、温室气体排放及小麦产量的影响，尿素＋硝化抑制剂和高分子聚合物包膜尿素措施较常规施肥措施有明显的优势，在该区域今后的实际生产中，可以尝试采用尿素＋硝化抑制剂和高分子聚合物包膜尿素的途径，实现经济效益与农田生态建设协同发展。

（二）农田固碳减排新模式筛选与示范

河南省是我国粮食生产第一大省，2015 年河南省小麦播种面积达到 8 138.5 万亩，总产首次突破 350 亿 kg；玉米产量 1 853.7 万 t，小麦-玉米一年两熟的种植方式是当前河南省大部分地区粮食生产的主要模式。玉米、大豆和花生为黄淮地区较为常见的 3 种秋熟作物，尽管人们对该地区农田 N_2O 的排放进行了一定的研究，但关于此地区不同作物轮作对农田 N_2O 排放影响的研究尚未见之。本试验针对小麦-玉米轮作、小麦-大豆轮作、小麦-花生轮作等 3 种轮作模式，研究不同轮作方式下温室气体排放规律，旨在为该地区建立固碳减排、作物高产、资源高效的保护性耕作技术体系，为气候智慧型农业的推广提供理论依据和技术支持。

试验于 2015 年 9 月至 2018 年 9 月在河南省叶县进行（图 8-2），试验地 0～20cm 和 20～40cm 耕层土壤中有机质含量分别为 8.34g/kg 和 5.88g/kg，全氮含量分别为 961.26g/kg 和 724.80g/kg，0～20cm 土层中速效磷和速效钾含量分别为 26.45mg/kg、168.03mg/kg。试验期间采用随机区组设计共设置了 3 个处理，即小麦-玉米、小麦-大豆、小麦-花生轮作模式，每个处理 3 个重复，共 9 个小区，每个小区 1 亩。小麦季和玉米季氮肥（N）施用量均为 225kg/hm²，基追比为 5∶5；大豆氮肥（N）施用量为 70kg/hm²，基肥一次性施入；花生氮肥（N）施用量为 140kg/hm²，基追比 6∶4。所有作物磷肥（P）和钾肥（K）用量一致，均作为基肥一次性施入，分别施入 46kg/hm² 和 50kg/hm²；整个轮作周期内，灌溉 2 次，其他管理措施同当地常规管理措施。

不同种植模式下农田 N_2O 和 CO_2 排放均表现为小麦-玉米轮作模式高于小麦-大豆和小麦-花生这 2 种轮作模式；但是大豆和花生对 CH_4 表现为排放效应，玉米对 CH_4 却表现为吸收效应。不过，小麦-大豆和小麦-花生种植模式温室气体排放总量均小于小麦-玉米种植模式，因此，小麦-大豆和小麦-花生均可以作为项目区小麦-玉米轮作的气候智慧型替代种植模式。

（1）N_2O 排放

土壤 N_2O 排放在这两个轮作周期之间表现明显的差异，2016 年主要集中在夏玉

图 8-2　麦-玉生产系统固碳减排新模式试验

米季，玉米处理的 N_2O 排放峰值达到了 $9\,000\mu g/$（$m^2 \cdot h$）（以 N 计）；2017 年峰值排放主要集中在小麦播种期，峰值为 $430\mu g/$（$m^2 \cdot h$），仅为第一年峰值的 1/20。这可能是由于第一年夏季作物施肥后往往伴随降水，从而导致土壤水分含量较高，大量氮素经反硝化过程释放。2018 年 3 种轮作模式的 N_2O 排放通量主要发生在夏季 6～8 月。N_2O 排放主要受到施肥、降雨、温度的共同作用驱动，不同种植模式 N_2O 排放通量为小麦-玉米＞小麦-大豆＞小麦-花生。

（2）CO_2 排放

2016 年和 2017 年试验期间小麦季土壤 CO_2 排放的季节动态变化基本一致，均与土壤温度的季节性动态变化具有相似性。冬季气温较低，小麦处于越冬期，生长缓慢甚至停止生长，植物呼吸作用减弱，呼吸作用排放的 CO_2 较低且变化不大；3 月中旬后，随着气温回升，小麦进入返青期，生长旺盛，小麦根系呼吸作用强度逐渐增大。然而在玉米、大豆和花生生长季，其土壤 CO_2 排放出现较大的差异，第二轮作周年排放峰值仅 $430mg/$（$m^2 \cdot h$）（以 C 计），远远低于第一轮作周年的 $1\,600mg/$（$m^2 \cdot h$）。这是由于第一年采样期间罩植株采样对试验样地扰动较大，故第二年整体不罩植株导致第二年的 CO_2 通量显著下降。2018 年夏季作物 CO_2 排放通量与 2016 年趋势一致。

（3）CH_4 排放

两个轮作周年中 CH_4 整体上表现为大气 CH_4 净汇，尤其在小麦播种期、小麦拔节期和玉米抽雄期吸收最为明显，吸收峰值可达 $0.05mg/（m^2·h）$（以 C 计）。这主要与这些时期的气候条件有关系，温度高同时无明显降水，干燥透气的土壤环境有利于增强甲烷氧化菌的活性。三种轮作模式下的 CH_4 排放速率不尽相同。在小麦季主要表现吸收作用，而在高温多雨的夏季，花生和大豆季有排放趋势，玉米季则仍然保持吸收趋势。

（4）GHGs 净效应与排放强度

通过三年的田间观测，我们发现小麦-玉米轮作模式 CH_4 和 N_2O 年排放量分别介于 $-1.25\sim1.06kg/hm^2$（以 C 计）和 $8.59\sim14.96kg/hm^2$（以 N 计），其全球增温潜势为 $3\,986\sim6\,964kg/hm^2$（以 CO_2 计）之间，温室气体排放强度为 $0.22\sim0.45kg/hm^2$（以 CO_2 计）。小麦-大豆和小麦-花生种植模式的 CH_4 和 N_2O 温室气体排放总量均小于小麦-玉米种植模式。小麦-花生和小麦-大豆种植模式的全球增温潜势较低，这可能主要是由于大豆和花生为固氮作物，其种植过程不需要过多施肥，故极大减少因化肥而导致的 N_2O 排放。小麦-大豆和小麦-花生均可以作为项目区小麦-玉米轮作的气候智慧型替代种植模式（图 8-3）。

图 8-3　麦-玉生产系统固碳减排新模式

（三）保护性耕作与配套栽培技术示范

河南叶县项目区通过设立 3 种耕作方式与 3 种施氮量的双因素处理，采用裂区试验，在玉米季秸秆全量粉碎还田的基础上，以耕作方式为主区，分别为翻耕（CT）、旋耕（RT）和免耕（NT），副区为施氮量处理，设无氮（NN，0kg/hm²N）、低氮（LN，120kg/hm²N）、常规施氮（CN，225kg/hm²N）；计9个处理组合，大区对比，无氮每区面积（10m×18m），低氮和常规施氮每区面积（50m×18m）。磷肥（P₂O₅）和钾肥（K₂O）用量均为150kg/hm²，作为基肥在耕作作业前一次性施入，在小麦拔节期追施尿素，氮肥的基追肥比为5：5，其他管理措施同其他高产田（图8-4）。

图 8-4　麦-玉生产系统保护性耕作配套栽培技术示范

1. 不同耕作方式对土壤酶活性的影响

耕作方式对土壤酶活性有较大影响，其中翻耕有利于提高土壤蔗糖酶和脲酶活性；施氮量的增加可以使土壤蔗糖酶活性提高，但对脲酶活性无明显影响。在0～20cm土层中土壤蔗糖酶活性从冬小麦返青期到灌浆期呈现出缓慢降低的趋势，在成熟期又突然增高。在低氮条件下，翻耕措施0～20cm土层蔗糖酶活性较强。增加施氮量可以在一定程度上提高免耕处理下0～20cm土层中土壤蔗糖酶活性；耕作方式与施氮量对蔗糖酶活性的影响方面互作效应显著。不同施氮量对脲酶活性的影响不是特别明显，不同耕作方式对脲酶活性的影响较为突出；在低氮条件下，翻耕方式有利于脲酶活性的提高；耕作方式与施氮量对脲酶活性的影响互作效应显著。20～40cm土层的脲酶活性明显低于0～20cm土层的脲酶活性。在三种耕作方式中，免耕条件下，20～40cm土层返青期的脲酶活性较强；翻耕条件下，20～40cm土层中脲酶活性变化幅度较为稳定。在小麦拔节期之前，施氮量对20～40cm土层中脲酶活性的影响较大；小麦开花期之后，施氮量对20～40cm土层中脲酶活性的影响没有前期明显。

2. 不同耕作方式对温室气体排放的影响

免耕处理相较于翻耕能有效减少温室气体排放；随着氮肥用量的增加，N_2O 和 CO_2 排放增加，但是 CH_4 的吸收量也随之增加。免耕＋常规施氮和翻耕＋低氮处理减排效果表现最好。

（1）N_2O 排放

冬小麦播种后 N_2O 的排放出现排放高峰，在播种后到苗期期间，免耕和旋耕处理下的 N_2O 排放逐渐减缓，而翻耕处理则稳中有升，但是在越冬期三种耕作方式处理下 N_2O 排放通量均迅速下降，N_2O 排放通量在拔节期追肥之后呈现上升趋势，高峰出现在小麦拔节期到灌浆期。在较低的施氮量水平下，各耕作方式下 N_2O 排放通量表现为旋耕＞翻耕＞免耕；在高施氮量水平下，则表现为翻耕＞旋耕＞免耕。在同一耕作方式下，增加施氮量提高了麦田的 N_2O 排放。

（2）CO_2 排放

试验气体采集箱为暗箱，CO_2 通量代表了该生态系统的总呼吸通量，包括土壤呼吸、根系呼吸和植物呼吸等。2016 年试验结果表明，小麦季 CO_2 排放高峰期出现在小麦追肥灌溉后的拔节期到灌浆期之间。不同施氮量水平下，小麦季 CO_2 的排放量均表现为免耕＞旋耕＞翻耕。在同一耕作方式下，CO_2 排放量与施氮量呈明显的正相关关系，减少施氮量在一定程度上有助于减少麦田 CO_2 的排放。2018 年小麦季出现了两个 CO_2 排放高峰期，分别在小麦播种后和拔节期施肥灌溉后。无氮处理下，免耕整个小麦生育期内 CO_2 的排放通量均低于旋耕和翻耕，其中拔节期之前旋耕的 CO_2 排放通量高于翻耕，拔节期之后翻耕的 CO_2 排放通量高于旋耕。低氮处理下，免耕处理 CO_2 的排放通量比旋耕和翻耕小，旋耕与翻耕两者间的表现与无氮处理下的表现一致。常规施氮处理下，整个小麦生育期中 CO_2 排放通量均表现为免耕＞旋耕＞翻耕。在同一耕作方式下，施氮量与 CO_2 排放通量呈正相关。

（3）CH_4 排放

麦田对 CH_4 总体表现为吸收，2016 年试验观测结果表明吸收高峰期出现在小麦拔节期到开花期。无氮或低氮处理下免耕和旋耕对 CH_4 的吸收量较大。常规施氮水平下麦田对 CH_4 的吸收量均高于低氮处理或无氮处理。观测结果表明，施氮量的增加可在一定程度上促进麦田对 CH_4 气体的吸收，翻耕条件下 CH_4 的吸收尤为明显。施氮量和耕作方式对 CH_4 排放的影响存在明显的互作效应。2018 年试验结果表明，小麦季 CH_4 的两次吸收峰出现在小麦播种后和拔节期施肥灌溉后。在低氮条件下，免耕在整个小麦生育期内对 CH_4 的吸收明显强于旋耕和翻耕。在低氮水平下，免耕处理对 CH_4 的吸收强度比旋耕和翻耕大，除拔节期追肥前这一时期翻耕大于旋耕外，其他时期均表现为旋耕强于翻耕。在常规施氮水平下，各小麦生育期免耕处理对 CH_4 的吸收强度均高于旋耕和翻耕，旋耕和翻耕处理对 CH_4 的吸收没有明显差异。在同一耕作方式下，麦田对 CH_4 的吸收强度均表现出随施氮量增加而增加的趋势。

（4）综合温室气体排放

2016 年试验结果表明，免耕方式下，常规施氮处理小麦季 CO_2 排放累积量最大，为 29 279kg/hm²（以 C 计）；旋耕方式下，无氮处理小麦季 CH_4 吸收累积量最大，为 3.2kg/hm²（以 C 计）。免耕＋低氮（NT＋LN）处理下小麦季 N_2O 排放累积量最大，为 8.0kg/hm²（以 N 计）。不同耕作处理，减少施氮量均使得 CO_2 和 N_2O 的排放量显著减少，但 CH_4 的吸收量增加。不同耕作方式对 CO_2 和 N_2O 排放累积量的影响表现为：免耕＞旋耕＞翻耕，对 CH_4 的影响则呈现与此相反的趋势。施氮量与耕作方式之间存在着明显的互作效应。2018 年试验结果表明，温室气体排放量随施氮量的增加而升高，尤其是 N_2O 和 CO_2 排放量。不同耕作方式的温室气体排放量表现为翻耕＞旋耕＞免耕，全球增温潜势同温室气体排放量表现趋势一致。从单位粮食产量的温室气体排放来看，免耕＋常规施氮（NT＋CN）和翻耕＋低氮（CT＋LN）表现最好，均为 1.50kg/kg（以 CO_2 计），不同耕作方式之间对比可知，正常施氮肥能更好地平衡碳排放和产量之间的关系。结果表明，在温室气体排放通量的影响方面，施氮量和耕作方式之间存在明显的互作效应；不同施氮水平下，麦田旋耕方式的 N_2O 排放通量明显高于其他两种耕作方式。从总体趋势来看，增加施氮量提高了麦田的 N_2O 排放；减少施氮量能够有效减少麦田的温室气体排放。

3. 不同耕作方式与施氮量对土壤氮素净矿化速率的影响

通过三种施氮量比较可以发现，土壤氮素净矿化速率与施氮量呈现一定的正相关关系。减少施氮量，土壤氮素净矿化速率有降低的趋势。旋耕和免耕方式下，土壤氮素净矿化速率较高，在小麦生育后期表现得尤为明显。

小麦返青期到拔节期各处理之间氮素净矿化速率很低，而拔节期到开花期土壤氮素净矿化速率明显高于其他时期，过了开花期直到成熟收获氮素净矿化速率又明显下降。说明微生物对土壤氮素的矿化在拔节期到开花期最为强烈，与这一时期气温升高和雨水充足有密切关系。整体上来看，免耕条件下土壤的氮素净矿化速率明显优于旋耕和翻耕，免耕和翻耕的氮素净矿化速率均表现为低氮＞常规施氮＞无氮，但旋耕条件下表现为常规施氮＞低氮＞无氮。

4. 耕作方式与氮肥管理互作对小麦出苗和产量的影响

试验结果表明，三个氮肥处理下不同耕作方式的小麦出苗情况均表现为：翻耕＞旋耕＞免耕，且不同耕作方式之间表现出较为明显的差异，其中出苗最好的是翻耕＋常规施氮（CT＋CN）处理。在同一耕作方式下，不同氮肥使用量之间出苗情况相似，常规施氮处理稍高于其他两种施氮量处理。在小麦出苗时期，耕作方式造成的耕作层土壤物理性状对其影响很大，而施氮量对小麦出苗的影响相对要小。

小麦成穗数，在同一施氮量下除常规施氮处理中免耕略小于旋耕外，整体表现为免耕＞旋耕＞翻耕；千粒重，在各处理之间差异不是很明显。在同一耕作方式下，小麦产量均表现为常规施氮＞低氮＞无氮；常规施氮条件下，产量表现为旋耕最高；在常规施氮和低氮条件下，均表现为翻耕处理产量最高。整体来说按照当地习惯常规施氮＋免耕（CN＋NT），玉米秸秆全量还田后免耕播种小麦较旋耕产量略高但低于翻耕处理，当地农田在施肥管理等方面还有很大的增产潜力可以挖掘。

二、气候智慧型麦-玉生产技术培训与服务咨询

技术培训与服务咨询是向一线生产主体传授新技术、新理念的重要平台，对于强化农民（或农业生产经营者）认识并采纳气候智慧型农业更是如此。气候智慧型主要粮食作物生产项目在河南叶县通过开展技术培训与服务咨询工作，向项目区农户与农业生产经营者、基层管理人员、技术推广人员等介绍气候智慧型农业的理念、政策与技术，重点就气候智慧型农业的相关研究与实践、小麦-玉米种植模式中气候智慧型农业的关键技术进行培训。2016—2019年项目期间，项目组开展了多项技术培训课、田间技术指导、专题研讨，组织编写了相关技术说明与操作规范等材料，有力地推动了中国气候智慧型农业项目的执行，为进一步推广气候智慧型农业提供了大量的素材。

项目针对粮食主产区河南叶县示范区小麦-玉米生产系统，开展作物生产固碳减排的关键技术集成与示范、配套政策的创新与应用、公众知识的拓展与提升等活动，2016—2019年共举行各类培训28次，累计准备培训课件和视频材料40余份，制作技术培训与服务相关纸质资料50余份，指导培训农民13 000余人次（图8-5）。通过培训与指导，旨在提高化肥、农药、灌溉水等投入品的利用效率和农机作业效率，减少作物系统碳排放，增加农田土壤碳储量。通过技术培训与服务，为建立气候智慧型作物生产体系，增强项目区作物生产对气候变化的适应能力，推动农业生产的节能减排，以及该县小麦-玉米生产应对气候变化提供理论指导和技术支持。

图 8-5　麦-玉生产系统农民培训

（一）气候智慧型农业理念及相关技术培训

2016—2019 年，项目组织相关专家团队在项目示范区多次开展气候智慧型农业发展理念与模式培训报告，讲授什么是气候智慧型农业、如何发展气候智慧型农业、中国气候智慧型农业发展模式等核心问题。通过视频和纸质材料等宣传实施气候智慧型农业的意义，带领农技人员和种粮大户参观气候智慧型农业试验设施，讲解节能减排效果分析。通过培训，极大地普及了气候智慧型农业的理念，其中合作社、种粮大户参加了集中培训，了解固碳、节能减排、适应气候变化等理念，学习了提高作物生产适应气候变化的能力等技术，并通过微信群、座谈会传播给各示范区农户，同时，巡回培训又加强了示范区农户的认知，促进了当地农业可持续发展。

（二）作物高产高效管理培训与技术指导

2016—2019 年，项目培训团队组织相关专家多次到示范区权印村、娄樊村、西慕庄村、郭吕庄等地开展课堂培训、现场咨询和田间技术指导等活动。系统组织了"小麦冬季田间管理技术""小麦苗期差异及其原因分析""小麦提质增效栽培技术""小麦测土配方施肥技术""小麦丰优化学调控技术""小麦高效施肥技术""小麦高质量播种技术""小麦播前种子处理及种衣剂使用技术""小麦种子处理剂""小麦高产高效技术培训""玉米种植业结构调整""玉米生产形势""玉米丰产高效栽培技术""河南省玉米生产问题及关键栽培技术要点""河南省大豆生产概况及大豆新品种介绍""花生高产栽培技术""高产土壤培育与地力提升技术""培肥施肥的基本涵义与原理"等 20 余个专题培训。

培训内容包括小麦播期播量选择、播前整地施肥、种子拌种包衣、病虫害防治、化肥农药选择与适量使用以及机械化管理等高质量播种、减排增效栽培技术和提质增收管理措施；也对玉米品种选择、肥料选择与施用、中后期病虫害防治、防灾减灾及适期晚收等高产高效管理技术进行了培训；同时，针对河南省花生种植现状，也从品种选择、病虫害防治、适期收获、药害及预防、花生生产机械化等方面对花生生产管理进行了详细讲解（图8-6）。

图8-6　麦-玉生产系统示范区培训

通过培训，种粮大户、合作社及广大农民进一步掌握作物高产高效栽培技术、肥料优化管理技术和花生、大豆高产高效种植技术，实现了花生、大豆高产高效栽培。扩大小麦-大豆、小麦-花生种植面积，增强了作物生产应对极端气候事件的耐受力，提高了示范区粮食生产的效率和效益，带动了当地种植业结构的调整，缓解了普遍存在的高投入、低利用率问题，有效减少了温室气体排放，推动了环境友好型农业可持续发展。

（三）作物生产保护性耕作技术

2016—2019年，叶县项目区咨询团队多次组织领域知名专家，围绕保护性耕作技术理论与实践开展课堂培训与田间技术指导，组织了"保护性耕作""河南省保护性耕作机具与技术规范""黄淮海大豆免耕覆盖机械化生产技术"等多个培训报告，系统介绍了保护性耕作理论知识与典型案例、小麦和玉米保护性耕作机具、河南保护性耕作类型及其技术规范、大豆麦茬免耕覆秸机械化生产技术等。通过培训，种粮大户和广大农民进一步掌握了少免耕技术和作物秸秆覆盖技术，有力地推动了小麦-玉米生产系统秸秆还田和保护性耕作的推广应用，促进了气候智慧型小麦-玉米生产技术的推广。

（四）作物绿色综合防治技术

2016—2019 年，叶县项目区咨询团队多次组织领域知名专家深入项目区权印村、娄樊村、西慕庄村、郭吕庄村、大河庄村和曹庄村等地开展作物绿色防治技术的培训与实践指导。系统组织了"小麦病虫害综合防治""小麦生育后期病虫害防治技术""麦田杂草及化学防治""小麦主要病虫害识别与防治""小麦病害识别诊断及综合防控技术""玉米病虫害识别诊断及防控技术""小麦病虫害整体解决方案""麦田杂草识别与防治"等 10 次课题培训和田间技术咨询指导，深入浅出地培训了河南省麦田杂草的主要种类、麦田杂草的危害、小麦病害发生情况及防治技术、麦田杂草的发生规律和最佳防治时期、麦田常用除草剂简要介绍、麦田使用除草剂应注意的问题和麦田除草剂药害补救措施、玉米病虫发生规律及其识别防控技术等，使得种粮大户和广大农户进一步掌握了病虫害高效防控技术和农药减量高效施用技术，极大地促进了当地农业绿色高质量发展。

三、气候智慧型麦-玉生产监测与评价

建立适宜的动态监测与评价机制是及时反馈调节项目执行策略与追踪项目整体效果的重要手段。通过与设置的基线对比，及时准确地评价气候智慧型农业项目进展情况，反思项目实施中存在的问题，并提出相应对策，能有效保障项目进行并取得既定目标。2016—2019 年项目期间，重点追踪了项目区的作物生产、固碳减排、环境效果、病虫害防治及效果和社会影响等方面的情况。

监测与农户调研结果表明，自 2016 年项目实施以来，①项目区麦-玉作物生产系统产量呈现出逐年上升趋势，同时，周年产量均高于基线产量；②项目的实施显著降低了农田 N_2O 的排放，提高了土壤有机碳含量，小麦季和玉米季相较于基线分别减排 50％和 20％以上，有机碳储量增加 1％以上；③麦-玉生产系统林木碳汇量持续增加；④项目区地表水和地下水污染物减少，水质提升；⑤项目区麦-玉生产系统病虫草害发生频率较基线低，同时项目区用药次数和农药成本均低于非项目区；⑥大型宽幅施药机和背负式静电喷雾器的使用提高了农药利用率，并降低了农药成本。整体来看，麦-玉生产系统气候智慧型项目的实施，增强了项目区产量稳定性，降低了农业生产成本，促进了农民增收；同时减少了农药和肥料用量，增强了农民的气候智慧型理念，有利于项目区的节能减排；气候智慧型项目与乡村振兴和精准扶贫等国家战略结合，起到了带动弱势群体、助力脱贫攻坚的作用。

该监测与评价过程详细展示了项目进展的阶段性成果，有效反映了项目重点措施的技术效果和相关成果，并对项目实施过程进行了总结，为中国气候智慧型农业的进

一步发展提供了参考与借鉴。

（一）固碳减排监测与评价

项目团队以叶县冬小麦-玉米种植模式为研究对象，确定项目区、项目边界、项目目标群体、项目活动对象；根据项目相关实施技术的应用情况，开展项目区监测评价方案设计，选取样本村、样本农户和样本农田，有针对性地布设监测点位和监测区域；开展相关控制指标的连续、动态监测，评估项目区气候智慧型农业生产体系中温室气体排放和土壤碳储量变化；基于实地观测和 DNDC 模型研究并预测项目区的总体固碳减排能力和优化提升途径；量化气候智慧型农业的固碳减排潜力，为推动气候智慧型农业提供科学支撑（图 8-7）。

图 8-7 麦-玉生产系统固碳减排监测

从 2015 年开始在河南省叶县布置了监测点（图 8-8），启动了试验监测。

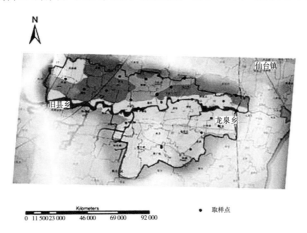

图 8-8 麦-玉生产系统取样点空间分布

根据项目的要求和技术攻关的需求，该试验点针对冬小麦-夏玉米种植模式，系统监测土壤碳汇变化、温室气体排放、产量构成等几个方面，力求全面评价项目的碳汇减排效应。

1. 作物产量动态监测

项目实施期间，项目团队在河南叶县麦-玉种植系统选取 124 个产量监测样品点进行产量信息收集（图 8-8），其中每个取样点取 5 个重复样品。

2016 年的河南叶县项目区内，项目条件下冬小麦产量低于基线条件下冬小麦产量。2016 年，叶县项目区基线条件下，冬小麦产量为 6 031kg/hm²，在项目条件下，冬小麦产量为 5 161kg/hm²，项目条件相比较于基线条件产量低了 14.4%。2017 年项目条件下的冬小麦产量要高于基线条件下的项目产量；河南叶县项目区 2017 年项目条件下冬小麦产量为 7 272kg/hm²，基线条件下产量为 6 715kg/hm²，项目条件相比较于基线条件产量增加幅度为 8.3%。2018 年，在河南项目区项目条件下的冬小麦产量相比较于基线条件均呈现出增加的趋势，项目条件下叶县的冬小麦产量为 8 125kg/hm²，相比较于基线条件的增产幅度为 6.5%。第一年项目条件下冬小麦产量相比于基线条件较低主要是因为农业管理措施对土壤和作物生长造成较大的扰动，会对产量造成较大的影响甚至减少；但是项目执行第二年后，由于各项措施对冬小麦的干扰减少，项目条件下冬小麦的产量都有所增加，开始逐渐显现出项目的增产或稳产效果，达到了预期结果。

项目区的夏玉米产量均呈现出项目条件下的产量要高于基线条件下的产量。2016 年，项目条件下夏玉米产量为 5 549kg/hm²，基线条件下夏玉米产量为 4 736kg/hm²，项目条件相比较于基线条件产量增加幅度为 17.2%。2017 年，项目条件下夏玉米产量为 9 228kg/hm²，基线条件下夏玉米产量为 8 724kg/hm²，项目条件下产量增加幅度为 5.8%。2018 年，叶县项目区项目条件下夏玉米产量为 8 972kg/hm²，基线条件下产量为 8 612kg/hm²，项目条件相比较于基线条件产量增加了 4.2%。由 2016—2018 年三年的试验结果可知，项目条件的干预措施可以增加下玉米的产量。

2. 农田温室气体排放特征

叶县项目区 2015—2019 年冬小麦 N_2O 排放结果表明，每年非项目区 N_2O 排放均高于项目区。2018—2019 年项目实施面积为 2 535.7hm²，从 N_2O 排放总量来看，2018—2019 年项目区和非项目区分别为 629.3 t CO_2 和 1 377.4 t CO_2，相比于非项目区，在冬小麦季减排达 54.3%，表明项目区相对于基线具有较明显的减排作用。

叶县项目区 2015—2019 年夏玉米 N_2O 排放结果表明每年非项目区 N_2O 排放均高于项目区。2018—2019 夏玉米 N_2O 排放总量在项目区和非项目区分别为 5 901.5 t

CO_2 和 8 347.6t CO_2，相比于非项目区，夏玉米减排达 29.3%，可见在夏玉米季项目的实施产生了良好的减排效果。

3. 耕作施肥等燃油消耗

叶县项目区农户调研结果发现灌溉以井灌为主，部分靠近河流田块采用河水灌溉。由于缺少配套高压电力系统，灌溉采用柴油机抽水结合小白龙管道的方式，一般小麦与玉米季各灌溉 1 次，每次消耗柴油量平均达 96L/hm^2，根据公式计算可得燃油消耗排放 882.2t CO_2。由于此数据没有精确观测，根据温室气体排放量计算保守性原则，在计算总减排量时不予计入。

4. 土壤碳储量

项目区土壤碳储量依据《CSA-C-3—碳汇减排监测与评价》中计算方法，计算结果表明 2016—2018 年，在叶县项目区项目技术条件下土壤碳储量均会增加，即项目条件下的干预措施可以增强土壤的碳汇功能；随着项目干预措施的持续实施，该地区土壤的碳汇功能会增强。

该项目区土壤类型主要是黄褐土，土壤养分偏低，但保肥性能较好。2019 年项目 0～30cm 土层有机质含量变幅为 19.88～21.61g/kg（图 8-9）；土壤单位面积有机碳含量为（46.03±1.05）t/hm^2 C，较基线提高 13.62%（图 8-10）。叶县固碳减排技术示范应用面积为 3 480.9 公顷，计算可得河南叶县项目区 2019 年 0～30cm 土壤碳储量相对于 2018 年增加 25 982t CO_2（表 8-1）。

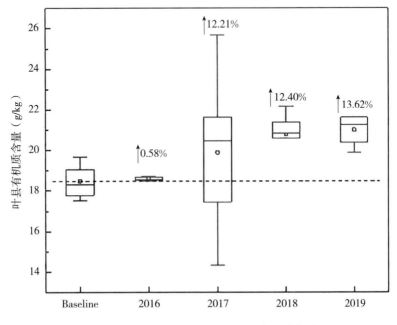

图 8-9　河南叶县项目区 0～30cm 有机碳含量

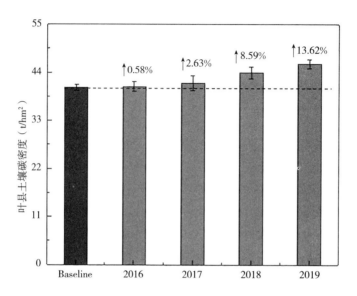

图 8-10　河南叶县项目区 0~30cm 土壤碳密度变化

表 8-1　2016—2019 年河南叶县项目区土壤碳储量变化

年份	项目	土壤碳密度（t/hm²）	面积/（hm²）	ΔDSOC（t/hm²）	ΔSOC（t）
	Baseline	40.52±0.66			
2016	Project	40.75±1.13	863.27	0.24	748
2017	Project	41.58±1.68	1 318.60	0.83	4 017
2018	Project	44±1.37	1 669.20	2.41	14 776
2019	Project	46.03±1.05	3 480.90	2.04	25 982

注：DSOC 为土壤碳密度，以 C 为参照；SOC 为土壤有机碳，以 CO_2 为参照。

5. 林木碳汇量

2016—2018 年，项目区林木碳汇量随着农田林木防护网建设的持续推进，呈现逐年上升的趋势（图 8-11）。2016 年，叶县项目区植树数量按每年 7 000 株进行计算，可固碳量为 143.94t C。2017 年，叶县项目区内种植法桐等各类苗木 20 000 余棵，根

图 8-11　麦-玉生产系统农田林木防护网

据公式计算林木固碳达到每年920.92 t C。2018年，叶县项目区内种植法桐等各类苗木20 000棵。根据公式计算林木固碳达每年1 864.42t C。

（二）环境效应监测与评价

随着国际社会对气候变化、温室气体减排和粮食安全的日趋重视，农田土壤固碳减排技术研究得到了科学界的空前关注。粮食主产区保障粮食产量的前提下推广应用节能与固碳技术，并进行示范与减排效果评价，不仅可以提高土壤肥力和生产力、降低土壤温室气体的排放，也是我国保持农业可持续发展的战略选择。

叶县农业生产基础较好，土地面积规模成片，小麦-玉米一年两熟是该地区主要的作物生产模式，在黄淮海粮食主产区具有较好的代表性；项目区包括龙泉乡的权印、郭吕庄、北大营、牛杜庄、娄樊、西慕庄、全集、铁张、大何庄、冢张、曹庄、小河王、小河郭、龙泉、贾庄、白浩庄、草场、武庄、沈庄、南大营和大湾张等21个行政村和叶邑镇的蔡庄、万渡口、思诚、段庄、沈湾、连湾和同心寨等7个行政村，共计2个乡镇的28个行政村，作为麦-玉两熟制示范区。具体位置见图8-12。

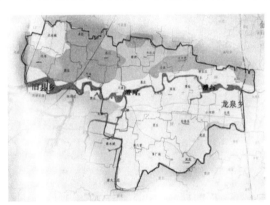

图8-12　麦-玉生产系统位置图

项目2015年开始实施，随着项目各类方案的实施，包括测土配方施肥、配方深施肥、农作物减量施药、秸秆还田、土地平整等，可以使化肥、农药的施用量降低，农田退水减少，使进入项目区水域的农业污染源减少，降低有害物质和营养污染物进入水体的风险。通过对项目区地表水、地下水的监测，确定其在环境方面产生的效益。

1. 项目区监测点安排

河南省叶县项目区主要种植模式为小麦-玉米轮作，项目区灌溉包括水库引水灌溉和地下水灌溉两大类，水库灌溉引用孤石滩灌区水，地下水灌溉用20～50m深水井，农田排水进入澧河。叶县项目区取样主要包括①水库引水灌溉，取样点位于孤石滩灌区项目区进水口；②项目区出水，取样点位于澧河项目区出水口；③20～50m

地下水，主要选择万渡口、沈庄、同心寨和蔡庄（图 8-13）。

图 8-13　麦-玉生产系统水质监测

2. 采样监测内容

根据项目区灌溉类型、土壤分类、作物种植面积和河流分布等信息设置监测位点，每年至少监测两次地表水，测定指标包括重铬酸钾指数（COD_{Cr}）、铵态氮（NH_4^+-N）、全氮（TN）、全磷（TP）和硝态氮（NO_3^--N）等指标。

地下水是项目区居民的饮用水源，而且是河南省项目区的主要灌溉水源。地下水的水质状态，对当地人的健康非常重要。地下水监测根据项目区灌溉类型、土壤分类以及种植面积设置监测位点，每年至少监测两次地下水，测定指标包括高锰酸盐指数（COD_{Mn}）、硝态氮（NO_3^--N）、全氮（TN）、全磷（TP）和铵态氮（NH_4^+-N）。

水质监测主要的评价方法有单因子评价法，多因子评价法和熵权模糊物元评价模型等方法。本研究选择熵权模糊物元模型方法进行多因子综合评价中权重的计算。熵权模糊物元模型对各评价指标分辨性大，评价中权重值的大小是评价的关键因子，它的大小会对评价结果起到决定性的作用。熵权法的基本原理是依据各项指标值变化的程度来确定各个指标所占的权重的大小，指标值变化程度越大，信息熵值越小，表明该指标提供的信息量越大，相应权重越大；反之，权重越小。该方法可以免去人为评分引起的误差，用因子本身的变化情况客观的求出权重值进行评价。

3. 项目区水质情况

对河南叶县的水质监测从 2014 年开始，分别于 2014 年 1 月、2015 年 6 月、2016 年 5 月、2016 年 12 月、2017 年 4 月、2017 年 7 月、2017 年 12 月、2018 年 4 月、2018 年 11 月、2019 年 5 月和 2019 年 12 月进行取样检测。在叶县一共选择了 5 个监测点进行监测，监测的指标包括水体的化学需氧量（COD）、铵态氮（NH_4^+-N）、全磷（TP）和全氮（TN）含量。监测的水体包括地表水和地下水，监测结果地表水按照国标（GB 3838）评价水质类别，地下水按照国标（GB/T 14848）评价水质类别。总体来看，随着项目的实施，叶县地下水和地表水中的水体污染物逐年减少，水体质量有所改善。

从地表水的观测结果来看，河南叶县项目区内的地表水质量 2014～2018 年处于不断的波动中。从地表水测量的各项指标看，地表水的化学需氧量和全氮含量都有明显的减少趋势，表明项目的实施可能有降低地表水中化学需氧量和全氮含量的效果。但对于地表水中的铵态氮和全磷含量则没有明显的效果（图 8-14 和表 8-2）。

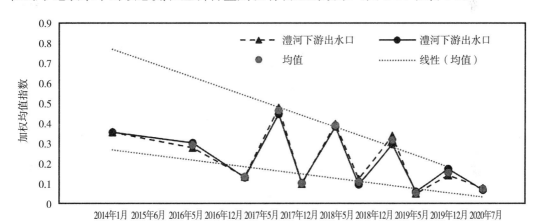

图 8-14　麦-玉生产系统地表水水质加权均值指数

表 8-2　2014—2019 年麦-玉生产系统地表水监测结果（mg/L）

监测日期	监测点	COD	NH_4^+-N	TP	TN	水质类别
2014 年 1 月	澧河出水断面	8.49	0.09	0.04	3.93	V
2014 年 1 月	孤石滩水库进水断面	2.29	0.13	0.07	3.23	V
2015 年 6 月	澧河下游出水口	<15	0.11	0.03	2.75	劣V
2016 年 5 月	澧河下游出水口	<15	0.11	0.05	0.914	III
2016 年 12 月	澧河下游出水口	<15	<0.05	0.1	5.09	劣V
2017 年 4 月	澧河下游出水口	9.9	0.07	0.02	0.753	III
2017 年 12 月	澧河下游出水口	5.4	0.05	0.03	4.64	劣V
2018 年 5 月	澧河下游出水口	4	0.11	0.04	1.2	IV

（续）

监测日期	监测点	COD	NH_4^+-N	TP	TN	水质类别
2018 年 12 月	澧河下游出水口	2.3	0.12	3.89	0.05	劣 V
2019 年 5 月	澧河下游出水口	3.0	0.10	0.02	0.36	Ⅱ
2019 年 12 月	澧河下游出水口	5.5	<0.025	0.02	1.49	V

河南省的地下水质量较差，但是根据项目实施过程中的历次监测结果来看，地下水质量呈现出逐渐变好的趋势（图 8-15 和表 8-3）。从河南省地表水和地下水的监测结果来看，河南省项目区内项目的实施有效地降低了水体中污染物量，提升了水体质量。

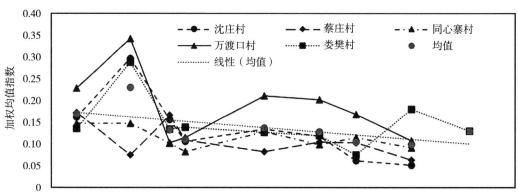

图 8-15 麦-玉生产系统地下水水质加权均值指数

表 8-3 2014—2019 年麦-玉生产系统地下水监测结果（mg/L）

监测日期	监测点	COD_{Mn}	TP	TN	NO_3^-	水质类别
2014 年 1 月	万渡口村	1.58	0.13	4.83	4.395	Ⅱ
	沈庄村	2.06	0.02	2.71	2.741	Ⅲ
	同心寨村	2.32	0.21	2.16	2.203	Ⅲ
	蔡庄村	2.51	—	—	4.533	Ⅲ
2015 年 6 月	沈庄村	0.51	<0.01	6.38	9.75	Ⅲ
	湾庄村	0.65	0.01	15.3	19.3	Ⅲ
2016 年 5 月	沈庄村	0.67	0.2	8.96	9.08	Ⅲ
	蔡庄村	0.71	0.14	14.6	14.2	Ⅲ
	同心寨村	0.67	0.16	9.62	9.37	Ⅲ
	万渡口村	1.08	0.14	21.9	21.4	Ⅳ

（续）

监测日期	监测点	COD$_{Mn}$	TP	TN	NO$_3^-$	水质类别
2016 年 12 月	沈庄村	0.86	0.38	21.1	17.9	III
	蔡庄村	0.85	0.13	0.685	0.33	I
	同心寨村	0.84	0.16	9.42	8.93	III
	万渡口村	0.99	0.34	27.7	23.9	IV
	娄樊村	0.84	0.37	17.1	14.9	III
2017 年 5 月	沈庄村	0.87	0.08	15.6	15.4	III
	蔡庄村	0.87	0.07	17.7	17.5	III
	同心寨村	0.95	0.06	8.82	8.65	III
	万渡口村	0.63	0.08	8.45	8.28	III
2017 年 12 月	沈庄村	0.7	0.07	10.2	8.47	III
	蔡庄村	0.66	0.08	9.53	8.9	III
	同心寨村	0.82	0.07	5.56	5.32	III
	万渡口村	0.66	0.07	10.8	10.4	III
	娄樊村	0.74	0.07	15.6	12.8	II
2018 年 5 月	沈庄村	0.81	0.09	12.2	11.4	III
	蔡庄村	0.75	0.09	4.97	4.1	II
	同心寨村	0.44	0.11	10.6	10.3	III
	万渡口村	0.81	0.09	23.3	22.7	IV
	娄樊村	1.05	0.08	10.9	10.5	III
2018 年 12 月	沈庄村	1.25	0.08	8.99	8.83	III
	蔡庄村	1.45	0.11	4.84	4.48	II
	同心寨村	1.41	0.1	4.71	4.46	II
	万渡口村	1.29	0.1	20.5	19.4	III
	娄樊村	1.37	0.09	8.32	8.22	III
2019 年 5 月	沈庄村	0.32	0.07	3.83	3.74	II
	蔡庄村	0.44	0.07	9.49	9.28	III
	同心寨村	0.36	0.09	10.1	10.0	III
	万渡口村	0.40	0.06	19.7	19.5	III
	娄樊村	0.73	0.06	5.48	5.23	III
2019 年 12 月	沈庄村	0.32	5.53	0.02	5.47	III
	蔡庄村	0.32	6.89	0.03	6.19	III
	同心寨村	0.32	10.19	0.04	9.72	III
	万渡口村	0.32	13.70	0.02	13.4	III
	娄樊村	0.48	24.22	0.02	23.5	IV

（三）病虫害管理监测与评价

根据项目区农业生产实际，在保证粮食产量的前提条件下，通过项目的实施以减少农药化肥使用量，开展病虫害综合防治，控制病虫害危害程度，减少农药污染。因此项目实施要更加重视病虫害综合管理技术和专业化统防统治的应用。病虫害综合管理是有害生物综合管理（IPM）的策略，是从农业生态系统整体观点出发，根据有害生物和环境之间的相互关系，协调运用农业、物理、生物和化学防治等各种措施，充分发挥农业生态中的自然控制因素作用，将农业有害生物控制在经济损失允许水平之下。IPM非常重视包括抗性品种、栽培措施、生物天敌、化学药剂等综合防治技术的应用，尤其是利用天敌等生物控制因子来控制病虫害，而对化学农药的使用则采取慎重的态度。农作物病虫害专业化防治是指具备相应植物保护专业技术和设备的服务组织，开展社会化、规模化、集约化农作物病虫害防治服务的行为。专业化防治是农业发展到一定阶段的产物，符合当今世界农业发展的一般规律，是贯彻"公共植保、绿色植保"理念的重要支撑，是促进粮食生产和各类经济作物稳定增长的重要措施，是确保农产品数量安全、质量安全及农业生态环境安全的有效手段，是农业增效、农民增收、农村稳定的重要保障。

1. 农户生产调查技术方案

（1）病虫害发生和产量调查

项目组先后于 2015 年 9 月、2016 年 9 月、2016 年 12 月、2017 年 4 月、2017 年 7 月、2018 年 6 月、2018 年 8 月、2019 年 6 月和 2019 年 8 月河南省叶县项目区开展了 9 次农户调查，用于评估项目实施中小麦和玉米病虫害发生情况。

小麦病虫害发生调查中，2015 年从示范村中随机选择了 27 个小麦种植户，从非示范村中随机选择了 9 个小麦种植户，用于评估项目对小麦病虫害发生情况的影响；2016 年从示范村中随机选择了 1 个小麦种植户，从非示范村中随机选了 5 个小麦种植户，用于评估项目对小麦产量的影响；2017 年、2018 年和 2019 年分别从示范村中随机选择了 8 个小麦种植户，从非示范村中随机选择了 10 个小麦种植户，用于评估项目对小麦病虫害发生情况的影响。

玉米病虫害发生调查中，2015 年从河南省叶县的示范村中随机选择了 19 个玉米种植户，从非示范村中随机选了 3 个玉米种植户，用于评估项目对玉米病虫害发生情况的影响；2017 年、2018 年和 2019 年分别从河南省叶县的示范村中随机选择了 7 个玉米种植户，从非示范村中随机选了 1 个玉米种植户，用于评估项目对玉米病虫害发生情况的影响。

（2）病虫害防治情况调查

项目组先后于 2015 年 9 月、2016 年 9 月、2016 年 12 月、2017 年 4 月、2017 年

7月、2018年6月、2018年8月、2019年6月和2019年8月河南省叶县项目区开展了9次农户调查，对农户使用农药的情况进行监测，调研对象选择同病虫害发生情况调查，主要对2015年和2016年示范村和非示范村中各农户用药次数、用药种类及亩用药量和总用药量进行了调查，并对各类作物生产成本中的农药成本进行了核算；调研对象选择同病虫害发生情况调查，用于评估项目的实施对小麦和玉米产量的影响；调研对象选择同病虫害发生情况调查，主要对示范村和非示范村中各农户农药药械使用情况进行调查。调查中对用药次数、用药种类及亩用药量和总用药量进行了调查对比，并对各类作物生产成本中的农药成本进行了核算。

2015年和2016年项目实施中购买的大型宽幅施药机与无人施药机由于种种原因还未大规模应用起来，农户用得最多的是常规喷雾器。2017年、2018年和2019年河南叶县示范区使用的是项目实施中购买的背负式静电喷雾器和普通背负式电动喷雾器，而静电喷雾器后期出现漏电等其他问题，主要使用仍是背负式电动喷雾器，非示范区农户使用的均是普通背负式电动喷雾器。

2017年和2018年在河南叶县龙泉乡权印村做了农药利用率试验，以诱惑红指示剂作为实验指示剂，参照中国农业科学院植物保护研究所农药有效利用率测定流程，分别测定了静电喷雾器、大型宽幅施药机和普通电动喷雾器的农药有效利用率。

2. 作物病虫害调查结果

2015年示范村小麦种植户的病虫草害平均发生次数为5.778次，其中病害1.926次，虫害2.074次，草害1.778次；非示范村病虫草害平均发生次数为6.889次，其中病害3次，虫害2.333次，草害1.556次。非示范村小麦病害和虫害平均发生次数均要多于示范村。

2016年示范村小麦种植户病虫草害平均发生次数为8次，其中病害3次，虫害2次，草害3次；非示范村病虫草害平均发生次数为9次，其中病害2次，虫害4次，草害3次。非示范村小麦病虫草害平均发生次数要多于示范村，其中病害平均发生次数比示范村少1次，草害两者发生次数相同，但非示范村虫害平均发生次数比示范村要多2次。

2017年示范村小麦种植户病虫草害平均发生次数为5次，其中病害2次，虫害2次，草害1次；非示范村病虫草害平均发生次数为7次，其中病害3次，虫害3次，草害1次。非示范村小麦病虫草害平均发生次数要多于示范村，其中病、虫害平均发生次数均比示范村多1次，草害两者发生次数相同。

2018年示范村小麦种植户病虫草害平均发生次数为5次，其中病害2次，虫害2次，草害1次；非示范村病虫草害平均发生次数为7.1次，其中病害3.1次，虫害3次，草害1次。非示范村小麦病虫草害平均发生次数要多于示范村，其中病、虫害平均发生次数均比示范村基本多1次，草害两者发生次数相同。

2019 年示范村小麦种植户病虫草害平均发生次数为 5 次，其中病害 2 次，虫害 2 次，草害 1 次；非示范村病虫草害平均发生次数为 7.9 次，其中病害 3.3 次，虫害 3.3 次，草害 1.3 次。可以看出非示范村小麦病虫草害平均发生次数要多于示范村，其中病、虫害平均发生次数比示范村基本多 1～2 次，草害平均发生次数比示范村基本多将近 1 次，说明示范村小麦病虫害预防、控制得较好，示范效果较好（图 8-16）。

图 8-16　麦-玉生产系统冬小麦病虫草害监测与防治

2015 年示范村玉米种植户的病虫草害平均发生次数为 5 次，其中病害 2 次，虫害 1 次，草害 2 次；非示范村病虫害平均发生次数 5 次，其中病害 2 次，虫害 1 次，草害 2 次。非示范村玉米病虫草害平均发生次数与示范村相同。

2017 年示范村玉米种植户的病虫草害平均发生次数为 6 次，其中病害 2 次，虫害 2 次，草害 2 次；非示范村病虫害平均发生次数 6 次，其中病害 2 次，虫害 2 次，草害 2 次。非示范村玉米病虫草害平均发生次数与示范村相同。

2018 年示范村玉米种植户的病虫草害平均发生次数为 6 次，其中病害 2 次，虫害 2 次，草害 2 次；非示范村病虫害平均发生次数 6.1 次，其中病害 2 次，虫害 2.1 次，草害 2 次。非示范村玉米病虫草害平均发生次数与示范村无显著差异。

2019 年示范村玉米种植户的病虫草害平均发生次数为 5.6 次，其中病害 1.6 次，虫害 2 次，草害 2 次；非示范村病虫害平均发生次数 6.7 次，其中病害 2 次，虫害 2.6 次，草害 2.1 次。可以看出非示范村玉米病害、虫害和草害平均发生次数均比示范村略高，说明示范村玉米病虫害预防、控制得较好，示范效果较好（图 8-17）。

图 8-17　麦-玉生产系统夏玉米病虫草害监测与防治

在病虫草害发生频率方面，玉米的频率较低，而小麦较高。总体来说，示范村在小麦的病虫草害表现上较非示范村弱，而示范村的玉米病虫草害与非示范村没有差异。

3. 农药使用情况调查结果

2015年小麦示范村和非示范村平均用药次数分别为2.8次和3.7次，非示范村平均用药次数比示范村多0.9次。示范村平均亩用药成本为42.0元，非示范村平均亩用药成本64.2元。示范村亩均用药成本比非示范村低22.2元。2015年示范村病虫草害发生次数和用药次数均比非示范村低，亩均产量却低了20%。除病虫草害以外的其他因素对产量影响更大。

2016年小麦示范村和非示范村平均用药次数分别为4次和2.5次，示范村平均用药次数比非示范村多1.5次。示范村用药成本由政府提供，非示范村平均亩用药成本为42.9元。2016年示范村的小麦病虫草害发生的次数比非示范村要低1次，用药次数要高1.5次，亩产量要高16%，项目实施效果明显。

2017年小麦示范村和非示范村平均用药次数分别为3次和4次，非示范村平均用药次数比示范村多1次。示范村平均亩用药成本为23.6元，非示范村平均亩用药成本34.5元。示范村亩均用药成本比非示范村低10.9元。2017年示范村病虫草害发生次数和用药次数均比非示范村低，亩均产量却低了10%。这可能是由病虫草害以外的其他因素造成的，例如气候因素、施药器械不足导致最佳施药时间延误、统一施肥时不同地块地势高度不同导致水肥分布不均匀等。

2018年和2019年小麦示范村和非示范村平均用药次数分别为3次和4次，非示范村平均用药次数比示范村多1次。示范村平均亩用药成本为24元，非示范村平均亩用药成本36.5元。示范村亩均用药成本比非示范村低12.5元。

2015年玉米示范村和非示范村平均用药次数分别为2次和3次，非示范村平均用药次数比示范村多1次。示范村平均亩用药成本为16.3元，非示范村平均亩用药成本30.99元。示范村亩均用药成本比非示范村低14.69元。2015年示范村的玉米病虫草害发生次数与非示范村相同，示范村用药次数要低1次，亩均产量相同。在项目专家的指导下，示范村农户减少了农药用量，不仅降低了成本，也减轻了对环境的影响，项目实施效果明显。

2017年玉米示范村和非示范村平均用药次数分别为4次和4次，非示范村平均用药次数与示范村相同。示范村平均亩用药成本为30.0元，非示范村平均亩用药成本43.6元。示范村平均亩用药成本比非示范村低13.6元。2017年示范村的玉米病虫草害发生次数与非示范村相同，示范村用药次数与非示范村相同，两者平均亩产相差也不大，但每亩用药成本降低。

2018年和2019年玉米示范村和非示范村平均用药次数分别为4次和4次，非示范村平均用药次数与示范村相同。示范村平均亩用药成本为31元，非示范村平均亩用药成本 44 元。示范村亩均用药成本比非示范村低 13 元。2018 年和 2019 年示范村的玉米病虫草害发生次数与非示范村相同，示范村用药次数与非示范村相同，两者平均亩产相差也不大，但每亩用药成本降低，示范村平均亩用药成本比非示范村低 13.6 元。这是由于项目组在示范区推广了静电喷雾器，取代了部分传统电动喷雾器，使得项目区农药利用率高于非项目区，从而减少了单位面积农药使用量，降低了项目区农药使用成本。在项目专家的指导下，示范村农户减少了农药用量，不仅降低了成本，也减轻了对环境的影响，项目实施效果明显。

总体来说，示范村在小麦和玉米的用药次数低于非示范村，同时用药成本也低于非示范村。

4. 药械使用情况调查报告

2015 年小麦示范村和非示范村均采用常规喷雾器进行施药，示范村病虫草害发生次数和用药次数均比非示范村低，亩均产量却低了 20%。除病虫草害以外的其他因素对产量影响更大。

2016 年小麦示范村和非示范村均采用常规喷雾器进行施药，示范村的小麦病虫草害发生的次数比非示范村要低 1 次，用药次数要高 1.5 次，亩产量要高 16%，项目实施效果明显。

2017 年、2018 年和 2019 年河南叶县示范区小麦采用的施药方式是背负式静电喷雾器，非示范区小麦种植农户采用的均是普通背负式电动喷雾器。试验结果显示，使用背负式静电喷雾器的农药有效利用率（62.7%）高于非示范区使用普通背负式电动喷雾器的农药有效利用率（52.4%）。这一结果表明，要达到相同的防治效果，非示范区平均用药次数要比示范区多 1 次，从而使得非示范区每亩平均用药成本（34.5 元）也高于示范村用药成本（23.6 元）。

2015 年玉米示范村和非示范村均采用常规喷雾器进行施药，示范村的玉米病虫草害发生次数与非示范村相同，示范村用药次数要低 1 次，亩均产量相同。在项目专家的指导下，示范村农户减少了农药用量，不仅降低了成本，也减轻了对环境的影响，项目实施效果明显。

2017 年、2018 年和 2019 年河南叶县示范区玉米采用的施药方式是背负式静电喷雾器，非示范区采用的施药方式是普通背负式电动喷雾器。试验结果显示，使用背负式静电喷雾器的农药有效利用率（62.7%）高于非示范区使用普通背负式电动喷雾器的农药有效利用率（52.4%），从而减少了单位面积农药使用量，降低了项目区农药使用成本。在项目专家的指导下，示范村农户减少了农药用量，不仅降低了成本，也减轻了对环境的影响，项目实施效果明显。

大型宽幅施药机的农药有效利用率高于普通背负式电动喷雾器的农药有效利用率，背负式静电喷雾器的农药有效利用率高于普通背负式电动喷雾器的农药有效利用率，背负式静电喷雾器的农药有效利用率高于大型宽幅施药机的农药有效利用率，高效的农药器械使用有助于减少单位面积农药使用量，降低了农药使用成本（图 8-18）。

图 8-18　麦-玉生产系统农药机械

5. 作物产量影响评估报告

2015 年示范村小麦平均亩产量为 378 kg，非示范村平均亩产量为 478 kg，示范村平均亩产量比非示范村低 100 kg。2016 年示范村小麦平均亩产量为 410 kg，非示范村平均亩产量为 355 kg，示范村平均亩产量高出非示范村 55 kg。2017 年示范村小麦平均亩产量为 300 kg，非示范村平均亩产量为 325 kg，示范村平均亩产量比非示范村低 25 kg。2018 年示范村小麦平均亩产量为 330 kg，非示范村平均亩产量为 310 kg，示范村平均亩产量比非示范村高出 10 kg。2019 年示范村小麦平均亩产量为 345 kg，非示范村平均亩产量为 308 kg，示范村平均亩产量比非示范村高出 37 kg。2015 年示范村和非示范村玉米平均产量均为 550 kg。2017 年示范村和非示范村玉米平均产量均为 580 kg。2018 年示范村和非示范村玉米平均亩产量均为 590 kg。2019 年示范村玉米平均亩产量 610 kg，非示范村玉米平均亩产量 596 kg。经调查分析，项目区通过开展作物生产减排增碳的关键技术集成与示范、配套政策的创新与应用、公众知识的拓展与提升等活动，对作物产量产生了不同程度的影响。与非项目区相比，项目区的总体产量高于非项目区总体产量（图 8-19）。

2015 年示范村小麦平均产量比非示范村低，结合病虫害发生情况可知，这主要是由病虫草害以外的其他因素造成的。2016 年小麦示范村比非示范村亩产量要高。2017 年示范村小麦平均产量比非示范村略低，这可能是由病虫草害以外的其他因素造成的，例如气候因素、示范区施药器械不足导致最佳施药时间延误、示范区不同地块的地势高度不同导致水肥分布不均匀等。2018 年和 2019 年小麦的示范村平均产量比非示范村高，说明示范技术在项目区得到了较好推广。

2015 年玉米示范村亩产量和非示范村亩产量相同，示范村病虫害比非示范村病虫害发生次数多影响了产量。2017 年玉米示范村亩产量和非示范村亩产量相同，但每亩用药成本降低，示范村亩均用药成本比非示范村低 13.6 元。这是由于项目组在

图 8-19　麦-玉生产系统冬小麦测产

示范区推广了静电喷雾器，取代了部分传统电动喷雾器，使得项目区农药利用率高于非项目区，从而减少了单位面积农药使用量，降低了项目区农药使用成本。2018 年玉米示范村亩产量和非示范村亩产量相同，但每亩用药成本降低，示范村亩均用药成本比非示范村低 13 元。2019 年玉米示范村亩产量比非示范村亩产量略高，每亩用药成本降低，示范村亩均用药成本比非示范村低 13 元。这是由于项目组在示范区推广了静电喷雾器，取代了部分传统电动喷雾器，使得项目区农药利用率高于非项目区，从而减少了单位面积农药使用量，降低了项目区农药使用成本。

项目的实施对作物产量产生了不同程度的影响，主要是对示范村和非示范不同作物的平均产量和亩均产量影响，且作物产量在示范村和非示范村间没有稳定的大小关系。项目区个别农户的这两种产量理论与实际出现相反的情况，造成这种情况可能的原因有：自然因素，如水灾，旱灾，突发天气影响等等；人为因素，如农户对新技术接受积极性不高，还按照原来的种植技术继续种植；农户综合素质欠缺，对国家政策或新技术不能完全理解，使得技术未能按照预想的思路得到推广。针对这些可能的因素，应该从客观和主观两个方面着手，更进一步的推广新技术，从而提高作物产量，实现农业可持续发展。

6. 问题与建议

（1）非项目因素对项目实施效果的影响及建议

项目作物产量的影响可能受到农户种植习惯、水灾、旱灾以及各种气象灾害和人为因素的影响，项目实施效果的评价需要全面考虑各种因素的综合影响。建议将影响作物产量的其他因素考虑在内，剥离掉非项目因素对项目实施效果的影响，以便对项目的实施效果进行科学评价。

（2）关于项目实施的建议

调研中发现示范村与非示范村农户用药情况较复杂，需要在今后的项目实施中结合实际情况对示范村与非示范村农户用药的合理性进行科学评价。

（3）调研对象选择

项目实施中在调研的户数方面，年度之间，示范村与非示范村之间整齐性差，户数有多有少，种植规模有大有小，难以进行科学对比。建议选择固定的农户进行长期监测，提高项目调研的科学性。

（4）药械使用

项目区新采购的大型宽幅施药机与无人机应尽快大规模应用起来，以便进行项目区新型器械的药效调查及使用情况调查。

（四）社会影响监测与评价

1. 项目背景与调研情况

随着国际社会对气候变化、温室气体减排和粮食安全的日趋重视，农田土壤固碳减排技术研究得到了科学界的空前关注并逐步在各国农业生产中得到了广泛应用。气候智慧型农业旨在不降低作物生产力水平的前提下，提高农田土壤固氮能力，同时减少田间温室气体排放量，并采取多样性的栽培管理模式，以增强作物生产对气候变化的适应性。

中国的气候条件、土地资源以及种植制度都具有明显的区域特征，固碳减排技术在各个地区有不同的要求和效果，某些管理措施由于影响产量而难以持续推广。小麦、水稻、玉米为我国三种主要粮食作物，其总产量占中国粮食产量的 85％以上。我国华北和华东等粮食主产区承担着保障粮食安全的重任，其粮食作物播种面积和粮食产量分别占全国粮食作物总面积和总产量的 63％和 67％。同时，粮食主产区也面临着有机碳损失严重、氮肥施用量大等问题以及固碳迫切、温室气体节能减排潜力巨大的现实需要。因此，在粮食主产区推广应用保障粮食产量前提下的节能与固碳技术，并进行示范与减排效果评价，不仅可以提高土壤肥力和生产力、减缓土壤中温室气体的排放，也是我国保持农业可持续发展的战略选择。

叶县位于河南省中部偏西南，平顶山市。地处黄淮平原与伏牛山余脉接合部，县域总面积 1 387km²，辖 18 个乡镇，人口 86.8 万人。项目区龙泉乡位于叶县东南部。项目区全部为平原地区，项目村基本上延澧河两岸分布排列。全年平均温度 14.9℃，最高月（7月）平均温度为27.5℃，最低月（1月）为1.3℃；年降水量为778.9mm，最大降水月份（7月）为177.7mm，最低降水月（1月）为15.7mm。无霜期平均217d。土壤分三种类型，即黄棕壤土类、砂姜黑土类、潮土类。

2017年在河南省叶县走访了5个项目村，每个村选取了20户农户，分别是龙泉乡的5个村：娄凡村、牛杜庄村、郭吕庄村、北大营村、慕庄村。为了进行项目效果的对比分析，选了叶邑镇的4个非项目村（蔡庄村、沈湾村、同心寨村、万渡口村）和龙泉乡6个非项目村（南大营村、白浩庄村、沈庄村、权印村、龙泉村、冢张村）。每个非项目村选取了10户农户。项目组成员与村干部交流填写了村级问卷调查，详细了解5个项目村和10个非项目村的社会经济情况、农作物种植情况、土地流转情况及合作社发展状况，共收回有效问卷200份。2018年在叶县选取了龙泉乡和叶邑镇的14个村，其中包括龙泉乡的娄凡村、牛牧庄村、北大营村、郭吕庄村、西慕村和叶邑镇的沈湾村、万渡口村等12个项目村，龙泉乡的半截楼和辛善庄村2个非项目村，共收回有效问卷190份。2019年项目团队成员8人赴河南省叶县调研气候智慧型主要粮食作物生产项目对当地社会经济发展及生态发展的影响。本调研集中在叶县龙泉乡的8个村，包括南大营村、小河王村、半截楼村和辛善庄村等，共收回有效问卷112份（图8-20）。

图8-20 麦-玉生产系统农户调研

2. 项目实施的经济社会效果评价

(1) 稳产量降投入，促进增产增收

主要粮食作物产量稳中有升。2016—2019年叶县小麦单产整体呈上升趋势，项

目区 4 年平均单产为 6 304kg/hm²，并且以每年 652kg/hm² 的速度增长；非项目区小麦 4 年平均单产为 6 004kg/hm²，增长速率为每年 462kg/hm²；2016—2019 年项目区与非项目区之间小麦产量差值以平均每年 190kg/hm² 增加。2016—2019 年叶县玉米整体呈先下降后上升趋势，项目区和非项目区 4 年平均单产分别为 6 521kg/hm² 和 6 229kg/hm²，2016—2019 年项目区与非项目区之间玉米产量差值呈上升趋势，上升速率约为每年 111kg/hm²。2016—2019 年叶县项目区与非项目区小麦-玉米周年产量均呈上升趋势，分别以平均每年 717kg/hm² 和 416kg/hm² 上升，4 年平均周年单产分别为 12 825kg/hm² 和 12 233kg/hm²，项目区比非项目区平均高出 592kg/hm²（表 8-4）。

表 8-4　2016—2019 年叶县项目区与非项目区主要作物单位面积产量（kg/hm²）

年份	小麦			玉米			小麦-玉米		
	项目区	非项目区	差值	项目区	非项目区	差值	项目区	非项目区	差值
2016	5 190	5 123	67	6 480	6 450	30	11 670	11 573	97
2017	6 368	6 127	241	6 509	6 136	373	12 877	12 264	613
2018	6 259	6 091	168	6 344	5 985	359	12 603	12 076	527
2019	7 400	6 675	725	6 750	6 345	405	14 150	13 020	1 130

主要粮食作物种植成本逐步下降。2016—2018 年叶县项目区与非项目区小麦种植成本分别以平均每年 216 元/hm² 和 209 元/hm² 下降，3 年平均成本分别为 5 260 元/hm² 和 5 294 元/hm²，项目区种植成本相对较低。2019 年叶县小麦整体种植成本突然上升，导致项目区和非项目区成本相较于 2018 年分别提高了 7.5% 和 0.8%。2016—2019 年叶县项目区和非项目区玉米种植成本总体上变化不大，4 年平均成本分别为 4 825 元/hm² 和 4 883 元/hm²，项目区种植成本相对较低。2016—2019 年叶县项目区与非项目区小麦-玉米周年轮作系统种植成本分别以平均每年 64 元/hm² 和 146 元/hm² 下降，4 年平均成本分别为 10 103 元/hm² 和 10 109 元/hm²，项目区种植成本相对较低（表 8-5）。

表 8-5　2016—2019 年叶县项目区与非项目区主要作物种植总成本（元/hm²）

年份	小麦			玉米			小麦-玉米		
	项目区	非项目区	差值	项目区	非项目区	差值	项目区	非项目区	差值
2016	5 400	5 400	0	4 800	4 845	−45	10 200	10 245	−45
2017	5 401	5 500	−99	4 858	4 868	−10	10 259	10 367	−108
2018	4 969	4 982	−13	4 848	4 931	−83	9 816	9 913	−97
2019	5 343	5 024	319	4 793	4 887	−94	10 135	9 911	224

主要粮食作物生产成本的整体下降，体现了气候智慧型主要粮食作物生产项目的积极成效；然而农业生产成本依旧处于较高水平，项目区较高的农业生产投入，一方面保障了粮食的产出，另一方面也增加农民的支出负担，限制农业经营性收入的持续增加。

主要粮食作物单位面积收益稳定向好。2016—2019 年叶县小麦和玉米单位面积收益整体均呈上升趋势。2016—2019 年叶县项目区与非项目区小麦单位面积收益分别以每年 1 290 元/hm² 和 850 元/hm² 的速率增长，4 年平均单位面积收益分别为 8 135元/hm² 和7 450元/hm²；项目区与非项目区的收益差值也呈上升趋势，平均增长速率为每年 440 元/hm²。2016—2019 年叶县项目区与非项目区玉米单位面积收益呈波动变化，4 年平均单位面积收益分别为 5 941 元/hm² 和 5 365 元/hm²；然而玉米单位面积收益差值呈上升趋势，平均每年增长 160 元/hm²。2016—2019 年叶县小麦-玉米轮作系统项目区以平均每年 1 545 元/公顷的速率增长，非项目区变化较小，仅在 2019 年出现较大增长，较 2018 年增加了 22.7%；这就使得项目区与非项目区之间收益差以平均每年 600 元/公顷的速率增长，2019 年已达 2 444 元/hm²，项目区与非项目区 4 年平均收益分别为14 077元/hm² 和 12 815 元/hm²（表 8-6）。

表 8-6　2016—2019 年叶县项目区与非项目区主要作物单位面积收益（元/hm²）

年份	小麦			玉米			小麦-玉米		
	项目区	非项目区	差值	项目区	非项目区	差值	项目区	非项目区	差值
2016	6 750	6 615	135	5 865	5 610	255	12 615	12 225	390
2017	7 208	6 632	576	5 556	4 950	606	12 765	11 583	1 182
2018	7 674	7 322	352	5 684	5 004	680	13 357	12 326	1 031
2019	10 910	9 231	1 679	6 660	5 895	765	17 570	15 126	2 444

农业机械化程度逐步提高，生产效率大幅提升。近几年来，在项目支持下和国家农机补贴下，项目县的机械化率不断提高，叶县的农业机械总动力达到了 63 万 kW，机收面积达到 9.9 万 hm²。伴随着农业机械的持续增加，以农机合作社形式和个人开展的农业社会化服务蓬勃兴起。从调研情况来看，叶县小麦的机耕、机播和机收率在 85% 以上，玉米的机耕、机播和机收率在 80% 以上，整体上达到了较高的机械化率；特别是在整体流转的项目村，机械会生产几乎达到了 100%，对于高效率高品质的粮食生产提供了坚实的保障。农业生产的机械化和社会化服务在提高了农业生产效率的同时，极大减轻了农民的劳动负担，节约了劳动时间，增加了农民的社会福利。

（2）减肥减药，促进节能减排

主要粮食作物化肥用量逐年减少。2016—2018 年叶县小麦化肥用量总体呈下降趋势，但在 2019 年有所增加；2016—2018 年叶县项目区与非项目区小麦化肥用量分别以每年 18kg/hm² 和 30kg/hm² 的速率下降，3 年平均化肥用量分别为 801kg/hm² 和 809kg/hm²，从用量差可以看出，2016—2018 年项目区小麦化肥用量稍低于非项目区。2016—2019 年叶县玉米化肥用量呈下降趋势，特别是 2016—2017 年下降趋势尤为明显；2016—2019 年项目区与非项目区分别以每年 116kg/hm² 和 95kg/hm² 的速率下降，4 年平均化肥用量分别为 933kg/hm² 和 918kg/hm²；2016—2019 年项目区与非项目区之间玉米化肥用量差距逐渐减小，2016—2017 年降幅显著，2017—2019 年项目区虽然用量较低但下降不明显。2016—2019 年叶县小麦-玉米轮作系统化肥用量呈下降趋势，项目区与非项目区分别以每年 113kg/hm^2 和 106kg/hm^2 的速率下降，项目区下降速率更快；与玉米化肥用量情况相同，小麦-玉米周年轮作系统中项目区与非项目区化肥用量差在 2016—2017 年降幅较大，2017—2018 年有所减缓，2018—2019 再次表现为项目区用量高于非项目区（表 8-7）。

表 8-7　2016—2019 年叶县项目区与非项目区主要作物单位面积化肥用量（kg/hm^2）

年份	小麦			玉米			小麦-玉米		
	项目区	非项目区	差值	项目区	非项目区	差值	项目区	非项目区	差值
2016	825	848	−23	1215	1 148	67	2 040	1 995	45
2017	790	790	0	845	848	−3	1 635	1 637	−2
2018	788	790	−2	841	842	−1	1 629	1 632	−3
2019	836	811	25	830	834	−4	1 666	1 645	21

整体上来说，化肥使用量减少，体现了项目中的关键部分——农田化肥减量施用技术示范应用的成功，但从绝对数量来说，项目区的化肥使用量仍然较大，有待进一步的减量施用。

主要粮食作物农药使用次数逐年减少。2016—2019 年叶县小麦用药次数总体呈下降趋势，2016—2017 年下降幅度较大，项目区和非项目区分别下降 0.5 次和 1.6 次；2017—2019 年项目区农药使用次数变化不大，非项目区用药次数呈上升趋势，以每年 0.2 次的速率上升；项目区与非项目区 2017—2019 年 3 年平均用药次数均为 2.5 次，用药次数差距以每年 0.2 次逐渐减少。2016—2019 年叶县玉米项目区与非项目区均以每年 0.1 次的速率减少，4 年平均用药次数均为 2.2 次，非项目区总体用药次数较少，但是项目区与非项目区之间用药次数差距正以每年 0.05 次的速率减少。2016—2019 年叶县小麦-玉米轮作系统项目区与非项目区用药次数分别以平均每年 0.3 次和 0.5 次的速率减少，4 年平均用药次数分别为 4.8 次和 5.0 次（表 8-8）。

表 8-8　2016—2019 年叶县项目区与非项目区主要作物用药次数（次）

年份	小麦			玉米			小麦-玉米		
	项目区	非项目区	差值	项目区	非项目区	差值	项目区	非项目区	差值
2016	3.0	4.0	−1.0	2.4	2.3	0.1	5.4	6.3	−0.9
2017	2.5	2.4	0.1	2.2	2.1	0.1	4.7	4.5	0.2
2018	2.4	2.4	0	2.2	2.1	0.1	4.6	4.5	0.1
2019	2.5	2.7	−0.2	2.0	2.1	−0.1	4.5	4.8	−0.3

2016—2019 年叶县实施气候智慧型主要粮食作物生产项目后，小麦-玉米轮作系统化肥用量在实施项目之后，比非项目区少了 2.5kg/hm^2，从用量差可以看出二者差

距还在逐渐变大。同时，该系统在实施项目以后农药用药次数持续减少，虽然目前用量尚高于非项目区，但是非项目区用药变化趋势不够稳定，2016—2017年大幅下降，2017—2018年又有所回升。

秸秆还田率升高，农民绿色可持续发展意愿增强。秸秆还田是气候智慧型主要粮食作物生产项目的一项关键技术，既是培肥地力的增产措施，也是固碳减排的核心技术，减排效果明显。秸秆中含有大量的新鲜有机物料，在归还于农田之后，经过一段时间的腐解作用，就可以转化成有机质和速效养分。秸秆还田能增加土壤有机质，改良土壤结构，使土壤疏松，孔隙度增加，容量减轻，促进微生物活力和作物根系的发育，改善土壤理化性状，也可供应一定的钾等养分。秸秆还田可促进农业节水、节成本、增产、增效。秸秆还田增肥增产作用显著，一般可增产5%～10%。项目实施以来，项目区已经实现了90%的秸秆还田率，效果极佳。

农民科技环保等观念逐步增强，节能减排意愿持续提高。怀远县调研中81%农户表示愿意接受统一的配方施肥；80%的农户愿意接受统一的病虫害防治；75%的农户表示气候的变化对农业生产是有影响的，且大多为负面影响；83%的农户认为农业科技对于解决当前农业难题非常重要。叶县调研中农户78%表示愿意接受统一的配方施肥；83%的农户表示愿意接受统一的病虫害防治；超过60%的农户表示需要在农业生产中减肥减药；90%的农户认为农业新科技对解决农业生产很重要。整体而言，项目区农民的农业科技意识、环保意识都有较大和较高的提升，已经从认知上接受气候智慧型主要粮食作物生产项目的理念，有从行动上跟随的意愿。

（3）带动弱势群体，助力脱贫攻坚

气候智慧型主要粮食作物生产项目积极结合乡村振兴战略和精准扶贫工作，十分重视对弱势群体的照顾；在项目实施过程中，对妇女、老人、残疾人等弱势群体以及贫困户进行最限程度地帮扶和带动。叶县参加气候智慧型主要粮食作物生产项目的农户中贫困户占比达8.5%，参加项目培训的农户中贫困户占比达到25%，参加培训的人员中贫困人口约占30.5%，参加培训的妇女占比高达54%。村均吸纳残疾人就业人数为18人，其人均收入可达4 800余元；村均吸纳女性就业人数为240人，人均收入可达5 300元，村均吸纳老年人就业人数130人，人均收入可达4 140元。对于增加弱势群体的收入，提高其社会福利发挥了重要的作用，对脱贫攻坚较有帮助，引起了良好的社会反响。

第九章
中国气候智慧型农业模式经验总结

提　要

　　我国农业正处于重要转型期，如何布局长远，如何节能减排、适应和减缓气候变化，探索出中国气候智慧型农业发展道路，对于保障我国粮食安全、实现农民脱贫以及达成气候变化履约目标有着重要的现实意义。中国气候智慧型主要粮食作物生产项目探索了构建固碳减排和适应气候变化的补贴政策、技术示范、宣传培训、规模化生产等制度的创新途径，为发展气候智慧型农业奠定良好基础；证实了气候智慧型农业是我国农业绿色发展的一种重要模式，而且可以作为融入国际化的一种农业可持续发展模式。如何将气候智慧型农业提升为中国农业的主流模式，核心是进一步推动农业补贴政策和技术模式创新。综合国外气候智慧型农业发展经验来看，建立健全中国气候智慧型农业政策制度，建立中国气候智慧型农业技术、理论体系和推广机制是推动我国气候智慧型农业发展的重要举措。具体来讲，我国气候智慧型农业发展需要以下几方面的支持：①气候智慧型农业发展规划与配套激励政策措施，②国家对气候智慧型农业技术研发与模式集成提供稳定持续的经费支持，③强化气候智慧型农业生产技术集成、示范与应用，④因地制宜发展气候智慧型农业模式，⑤加强气候智慧型农业的国际合作与交流。

一、我国气候智慧型农业发展面临的挑战

　　我国气候智慧型农业处于起步阶段，相关的政策体系、制度建设和激励机制等诸多方面有待进一步完善。我国气候智慧型农业的相关政策与气候变化农业本身有一定距离，在农业生产应对气候变化和农业绿色可持续发展等领域分别出台了一系列政策推动相关领域政策落地。例如，2013 年颁布的《国家适应气候变化战略》明确了农

业适应气候变化是努力方向，包括加强农业监测预警和防灾减灾措施、提高种植业适应能力和加强农业发展保障力度；2016 年颁布的《"十三五"控制温室气体排放工作方案》明确了我国农业发展方向的同时要提升系统的生态系统功能。此外，气候智慧型农业是一门综合性科学，相关理论和技术支撑体系尚未完善，相关研究有待进一步加强。

当前我国农村社会的人口结构特征和发展现状是影响气候智慧型农业推广应用的主要因素。我国农业生产仍以小农户为主，近 20 年来我国城镇化发展迅速，使得农村青壮年人口大量外流，妇女和老年人俨然成为农业生产的主力军。项目研究结果表明，由于文化程度不高等多方面原因的限制，以妇女和老年人为主的农村群体对农业新理念和新技术的关注度较低，对气候智慧型农业的理解和接受程度有一定的滞后性。此外，农业收入占家庭总收入的比重不断降低，农民对种地收益的期望值不断下降，一定程度上也影响了气候智慧型农业的推广应用。

二、气候智慧型农业对我国农业发展的启示

现阶段我国农业正处于重要转型期，也是农业可持续发展的机遇期。在气候变化已成为世界重要议题的背景下，如何布局长远，如何节能减排、适应和减缓气候变化，探索出中国气候智慧型农业发展道路，对于保障我国粮食安全、实现农民脱贫以及达成气候变化履约目标有着重要的现实意义。

（一）建立健全中国气候智慧型农业政策制度

全国性的气候智慧型农业政策总结起来包括以下 4 个因素。一是特定背景下的基线情况评估，包括评估气候变化对农业特定领域功能的影响及其脆弱性，现有农业制度与实施气候智慧型农业的成本与收益，实施气候智慧型农业的障碍，现行有利于气候智慧型农业实施的行动。二是强有力的多方利益机构。建立固定平台，用于政治决策者、国内参与者、国际合作伙伴等分析相关风险，讨论政策优先性，以保证气候智慧型农业的有效推行。其中，透明、可信的信息分析是多方利益机构的重要作用之一。三是协调框架。适应、减缓气候变化和保障粮食安全需要政府、生产者、企业和国际合作伙伴的参与。中央政府可以建立政策框架协调公共和私营部分的关系，有效推行气候智慧型农业，如市场激励机制、融资机制、技术援助。同时，框架也要明确协调农业、林业和土地使用的关系，以避免不同部门之间的冲突。四是多尺度的信息系统。气候智慧型农业增加农业生产力、减少温室气体排放目标的实现对于评估风险、脆弱性及特定背景策略的要求很高。为了达到气候智慧型农业收益，国家需要多尺度的信息，包括研究与开发、咨询服务、信息技术及监测和评估。气候智慧型农业

相关项目改进的技术和方法的产出需作记录和报告，便于激励后来参与者及其对相关技术和方法进行检验。信息系统同样也需要气候智慧型农业各方面的成本和收益，以便于相关政策的建立和完善。

（二）建立中国气候智慧型农业技术、理论体系和市场推广机制

1. 建立中国气候智慧型农业技术和理论体系

虽然"气候智慧型农业"的概念提出时间并不长，但许多国家早已尝试和应用具体的减排固碳模式来应对气候变化，如澳大利亚的高效减排模式、美国的休耕固碳模式、加拿大的轮作模式和欧盟的系统性应对模式等。目前，我国也有许多低碳农业发展模式，如生态农业、有机农业、绿色农业，将这些农业发展模式按照气候类型及农业结构，梳理成不同区域应对气候变化的具体技术模式，综合形成中国气候智慧型农业技术体系。以稻作模式为例，在我国主要稻作区已初步形成了以秸秆覆盖全量还田、土壤条带旋耕、机械化旱直播、化肥定位深施、厢沟配套的浸润灌溉和病虫草害综合防治为关键技术的耕作栽培技术体系，这种集"保护性耕作、浸润灌溉、精确施肥"于一体的稻作新模式显著减低了稻田的温室气体排放。同时，对应相应技术模式，建立中国气候智慧型农业监测方法学和标准，构建中国气候智慧型农业理论体系。

2. 建立气候智慧型农业试点示范区

有针对性地借鉴国内外气候智慧型农业先进经验，整合丰产减排相关的技术模式，包括对平常气候和极端气候下的应对措施，建立适应不同气候区域类型的气候智慧型农业试点并在相应地区示范和推广。在全国和区域尺度，坚持因地制宜，根据不同地区的自然经济状况，包括水土资源状况、自然和气候条件、农业生产经营方式、经济发展水平等，科学确定农业配置、发展方向及发展模式，建立气候智慧型农业体系，包括农业气象灾害监测预警和调控服务体系建立、气象防灾减灾预警系统完善、农业病虫害发生的气象条件预测和防治、气候智慧型技术和模式的集成、农业气象灾害保险制度的发展等。依靠种植、养殖专业大户、专业合作社及其他新型农业经营主体，发展农业适度规模经营，建立气候智慧型农业试点示范区，根据当地条件，选育高产、养分高效利用、抗逆性强的优质种子，以及低排放、优质的畜禽品种，使用节水、农药化肥减量提效技术，综合利用农田废弃物（秸秆、农膜、畜禽粪便等），因地制宜发展适应各地区的特色技术模式和产业。

3. 建立基于绿色价值链和私营部门的市场推广方法

依靠政府力量，在前期改善气候智慧型农业基础设施和装备条件，建立气候智慧型组织构架和协作机制；依靠市场机制，完善利益联结机制，推动气候智慧型农业相关产业发展，实现自主参与性和可持续性的气候智慧型农业。例如，培育气候智慧型

农业的碳交易市场机制，探索农业智慧型农业投资与公私合作（public-Private Partnership，PPP）模式。农业碳交易尚处于起步阶段，是国际碳交易领域的一个薄弱环节。目前巴西、墨西哥、菲律宾和印度的农业碳交易项目数量较多，可以有针对性地联合开展农业碳交易项目合作，总结经验教训，为气候智慧型农业的市场发展机制提供有益借鉴。在 PPP 模式方面，发达国家和国际组织由于其社会发展历程和国际项目资源积累了不少经验，例如英国从 20 世纪 80 年代开始尝试 PPP 模式，在几乎所有公共服务领域予以推广，建议充分利用其智力资源和项目经验，有针对性地联合开展气候智慧型农业调研、专题研讨、实地考察、案例分析等，总结经验教训，提供有益借鉴，并请有关发达国家和国际组织提供必要的技术支持，开展气候智慧型农业项目设计和评估论证专题培训，帮助编制项目实施方案，为我国农业领域推广气候智慧型农业积累经验。

三、中国气候智慧型农业发展前景展望

中国气候智慧型主要粮食作物生产项目探索了构建固碳减排和适应气候变化的补贴政策、技术示范、宣传培训、规模化生产等制度的创新途径，为发展气候智慧型农业奠定良好基础。项目编制完成了《气候智慧型小麦-水稻生产技术规程》《气候智慧型小麦-玉米生产技术规程》《气候智慧型作物生产计量与监测方法规程》，并列入 2019 年资源环境领域行业标准草案。农业农村部《农业绿色发展技术导则（2018—2030 年）》中正式提出"发展气候智慧型农业"，为气候智慧型农业的推广应用提供了政策基础。气候智慧型农业在技术培训方式创新、科普宣传教育、新技术应用及推动新型经营主体生产方式转变等方面取得丰富经验和显著成效。

气候智慧型农业是我国农业绿色发展的一种重要模式，而且可以作为融入国际化的一种农业可持续发展模式。气候智慧型农业能够有效推动我国农业绿色发展，能够实现集约高产、节本增效、低碳环保、环境友好、农民增收。气候智慧型农业能够成为我国农业绿色发展的一种引领模式，在保障国家粮食安全、资源生态安全、农业提质增效和乡村振兴方面发挥重要作用。发展气候智慧型农业有利于我国广泛参与全球治理、履行气候变化国际公约，能够实质性地融入国际农业可持续发展的主流方向。

如何将气候智慧型农业提升为中国农业的主流模式，核心是进一步推动农业补贴政策和技术模式创新。需要按照"红、黄、绿灯"原则实现禁、限、促的发展目标，建立相应的法律法规及补贴政策做支撑。尤其要解决目前农业补贴政策渠道、种类繁多，且相互之间目标冲突的问题。需要建立与政策和管理体系相适应的生产控制标准和技术体系，彻底改变就作物论作物、就资源论资源、就环境论环境、就单项技术论技术的研究与推广模式。

四、中国气候智慧型农业的发展建议

（一）尽快出台气候智慧型农业发展规划与配套激励政策措施

借鉴国外气候智慧型农业发展的政策体系，结合中国的农业生产现状与社会经济发展水平，尽快出台国家层面的气候智慧型农业发展战略，明确固碳减排的总体目标，提出气候智慧型农业的优先发展领域，制定切实可行的实施进度安排。在配套政策上，建立合理的激励与考核体系，对坚持以气候智慧型农业理念发展的农户与涉农企业给予资金补助与优惠政策扶持。

（二）确保国家对气候智慧型农业技术研发与模式集成提供稳定持续的经费支持

国家应强化多部门和多学科合作，加大对气候智慧型农业新材料、新技术与方法的科研投入，加强理论与技术研发，加快节能减排模式的集成与应用。建立国家级的长期定位试验联网平台，形成统一的数据监测指标体系、测定方法规程以及数据整理规范，健全数据汇总与发布机制，为国内外研究机构开展相关研究提供支撑。

（三）强化气候智慧型农业生产技术集成、示范与应用

1. 加强农业气象预测服务，提升农业应对气候变化的适应能力

我国作物模型和气候模型研究起步较晚，农业气象预测在服务农业生产适应气候变化的效用有待进一步强化；加强气候变化对作物生产影响研究是提升我国农业生产对气候变化适应性的重要支撑。

2. 大力发展防灾减灾的气候适应性技术与模式

未来随着气候变化加剧，极端反常气候包括低温、高温、干旱、洪涝等气象灾害的发生频率将有所增加。应对这一变化的重点在于构建从品种选择、播期调整、水肥药调控、外来物种入侵防控到气候波动条件下农作物重大病虫草害防控应对等技术和模式。

3. 优化种植模式

优化种植制度、提升农田系统的生产能力与可持续性对于应对和缓解气候变化作用显著。这主要包括稻田种养、轮作休耕、间套复种等固碳减排种植模式的优化，例如通过构建合理的粮豆轮作模式减少化肥农业施用，提升系统资源利用效率；通过间套复种提升作物生产系统多样性，增强系统抵御灾害的能力。

4. 优化农田土壤固碳技术与模式

促进土壤固碳是封存大气中碳从而实现缓解气候变化的重要手段。这主要包括秸秆还田、保护性耕作、绿肥种植、有机肥施用、生物炭和沼肥等废弃物利用、农林复合种植系统、面源污染综合防控、生态农田构建等技术和模式。

5. 大力推动农田温室气体减排技术与模式

减少农田生态系统温室气体排放有利于减缓气候变化。这主要包括侧深施肥、种肥同播、添加硝化抑制剂或脲酶抑制剂、缓控释肥、水肥一体化等肥料高效利用技术，间歇灌溉、水稻旱直播、设施育秧等节水技术，以及病虫草害物理防治和生物防治等农药替代减排技术和模式。

（四）因地制宜选择气候智慧型农业发展模式

中国幅员广阔、区域资源禀赋条件不同，气候智慧型农业发展模式应依据区域农业发展情况与存在问题进行合理规划，以增强适应能力为首、固碳减排为支撑，实现粮食安全、农民生计改善、气候变化减缓的多赢。如在东北地区应以增强农田固碳潜力、提升农田应对气候变化的弹性与适应性为主，在水稻主产区应以稻田温室气体减排为首要目标，在西北等生态脆弱地区应以提高水肥资源利用效率、保持农田生物多样性为主，在牧区应以加强草原生态建设、提升畜产品生产效率为重点。

（五）加强气候智慧型农业的国际合作与交流

当今世界面临着气候变化与粮食安全等全球性挑战与风险，迫切需要各国携手合作，共同应对。近年来，中国虽然在农业固碳减排上取得较大成就，但依然存在很大的减排空间，应继续加强国际交流合作，学习其他国家包括发达国家和发展中国家的经验，为应对全球气候变化提供借鉴。在政府层面本着"互利共赢、务实有效""共同但有区别的责任"的原则积极参加和推动与各国政府、国际机构的务实合作，积极开展与联合国粮农组织、全球环境基金、世界银行等机构的合作；推进同美国、欧盟、澳大利亚等国家和地区的政策与技术经验交流，通过协同攻关，推动农业科技进步，分享气候智慧型农业成果。